Hugo Johann Karlik

Praktische Grammatik zur leichten und schnellen Erlernung

der böhmischen Sprache zum Gebrauche für Deutsche

Hugo Johann Karlik

Praktische Grammatik zur leichten und schnellen Erlernung
der böhmischen Sprache zum Gebrauche für Deutsche

ISBN/EAN: 9783743656734

Hergestellt in Europa, USA, Kanada, Australien, Japan

Cover: Foto ©Paul-Georg Meister /pixelio.de

Weitere Bücher finden Sie auf **www.hansebooks.com**

Praktische Grammatik

zur

leichten und schnellen Erlernung

der

böhmischen Sprache

zum Gebrauche für Deutsche

nach einer leichtfasslichen Methode verfasst

von

Hugo Joh. Karlik,

Kapitularpriester der Prämonstratenser-Abtei Tepl, Lehrer der böhmischen Sprache und Literatur am Gymnasium zu Pilsen, fürst-erzbischöflichem Notar.

Sechste unveränderte Auflage.

Prag.
Druck und Verlag von Rohlíček u. Sievers im fürst-erzbischöflichen Seminär.
1 8 6 3.

Vorwort.

Seit mehreren Jahren mit dem Unterrichte der böhmischen Sprache auf einer Lehranstalt beschäftigt, wo sich Schüler böhmischer und deutscher Zunge ziemlich das Gleichgewicht halten, sah ich mich bemüßigt, auf eine Lehrmethode zu denken, durch welche der Unterricht nicht bloß erleichtert, sondern auch nach Möglichkeit anregend und bildend wäre. Bald kam ich zu der Ueberzeugung, daß jenes Lehrverfahren das zweckdienlichste und am schnellsten zum Ziele führende wäre, wo das Unbekannte an das Bekannte sich anlehnen würde, wo das Gleichartige nebeneinander stünde, und die praktischen Uebungen in beiden Landessprachen so geordnet wären, daß der Schüler jede Veränderung des flexiblen Redetheils nicht bloß selbst und bestimmt herausfinden, sondern auch mit den Bedeutungen reele Gedanken einlernen könnte. Die überaus günstigen Resultate, die ich durch dieses Lehrverfahren erzielte, wurden die veranlassende Ursache zur Abfassung der vorliegenden Sprachlehre. Dieselbe ist zunächst für Deutsche bestimmt und kann von Gymnasial- und Realschülern leicht in einem zweijährigen Kursus durchgearbeitet werden. Die Uebungsbeispiele sind, die ersten paar Seiten ausgenommen, fast sämmtlich reel, das sittliche und religiöse Bewusstsein anregend, der heiligen Schrift, der Lebenserfahrung u. s. f. entnommen. Die böhmischen Uebungsstücke sollen dem Schüler dienen zur Aneignung der Formenlehre, zur Erlernung der Bedeutungen und Anregung der Denkkraft, die deutschen überdieß zur Erprobung der Sprachfertigkeit und der Sicherheit in Anwendung der Formenlehre. Am Schluße befindet sich für fortgeschrittenere Schüler eine Anzahl von Fabeln und Erzählungen iu deutscher Sprache zum Uebersetzen und Nacherzählen. Da das Lehrverfahren in vorliegender Sprachlehre ein durchaus praktisches ist und zunächst eine leichtere Einübung der reichen Sprachformen zum Zwecke hat, so darf hier weder eine wissenschaftliche Begründung der Sprachformen selbst gesucht, noch eine totale Aufzählung aller Abweichungen von der Regel, oder gar eine systematische Behandlung der Syntax erwartet werden. Nur mit dem Verbum wurde eine Ausnahme aus dem Grunde gemacht, weil namentlich dieser Redetheil von anderen Grammatikern zum Theile abweichend angeschaut und behandelt wurde, und deshalb auch eine Begründung dieser Anschauungsweise gegeben werden mußte. Uibrigens ist dieser Redetheil so behandelt, daß der Lehrer nicht genöthigt wird, die ganze Theorie des Verbs nach einander vorzunehmen, vielmehr kann er nach einigen allgemeinen Notizen über diesen Redetheil gerade diejenigen Punkte herausstechen, welche die Uibungsbeispiele bedingen.

Obzwar zunächst für Deutsche bestimmt, kann die vorliegende Grammatik auch von Böhmen mit dem besten Erfolge benützt werden, und namentlich von denjenigen, die entweder noch gar keinen oder einen nur mangelhaften Unterricht über ihre Muttersprache erhalten haben. Durch Einhaltung dieser Lehrmethode werden die Lernenden nicht nur fast ohne Schwierigkeit zur klaren Anschauung der reichen Formen ihrer Muttersprache gebracht, sondern sie werden sich auch einer Menge von Bedeutungen mit Sicherheit bewusst werden, was bei unsern böhmisch sprechenden Schülern leider nur selten anzutreffen ist, die zwar alle in ihrer Muttersprache vorkommenden Wörter — ausgenommen die technischen oder absoluten — wohl verstehen und ihre Bedeutungen kennen, aber nur selten dieselben schnell und richtig zu reproduziren im Stande sind. Wer es weiß, dass böhmische Schüler nur selten Gelegenheit haben, über Gegenstände, die das Volksleben überschreiten, in ihrer Muttersprache sprechen zu müssen, wird sich leicht jene Erscheinungen erklären können.

So viel über den Zweck und die Methode des vorliegenden Werkchens. Es würde mich sehr freuen, wenn das Ziel, das am Anfange dieser Vorrede ausgesprochen wurde, durch die in diesem Lehrbuche eingehaltene Methode erreicht und den Lernenden jene Erleichterung im Studium der böhmischen Sprache verschafft würde, die ich beabsichtigt habe.

Prag, den 1. September 1855.

Hugo Johann Karlik.

Vorrede

zur zweiten Auflage.

Die freundliche Aufnahme vorliegender Grammatik trotz ihrer mannigfaltigen Unvollkommenheiten und die erfreulichen Resultate, welche durch die hier eingehaltene Lehrmethode erzielt wurden, machten schon im Laufe des ersten Jahres eine neue Auflage nöthig. Gerne hätte ich dem Sprachbuche einige Erweiterung, namentlich durch Anfügung der Etymologie und eines entsprechenden Wörterbüchleins beigegeben, wenn nicht die Kürze der Zeit und andere unaufschiebbare Arbeiten die Sache gehindert hätten. Indessen wurde dennoch das Buch einer totalen Revision unterzogen und mehrere Nummern erhielten einige nothwendig gewordene Zusätze: alles Uebrige muß in den zweiten syntaktischen Theil, der, so Gott will, noch im Laufe des Schuljahres druckfertig werden dürfte, verwiesen werden. Die Korrektur des Druckes wurde an Ort und Stelle selbst von meinen Freunden den Herren Herren Prof. Kouba und Rozum besorgt, die sich gefällig dieser verdrießlichen Arbeit unterzogen haben. Somit dürfte die vorliegende Auflage bedeutende Vorzüge vor der ersten haben. Uebrigens würde es mich sehr freuen, wenn die geehrten Herren Kollegen, die sich vorliegenden Buches bedienen, nicht bloß die darin eingehaltene Lehrmethode bewährt finden, sondern auch ihre gemachten Erfahrungen mir freundlichst bekannt geben würden; denn nur mit vereinten Kräften kann etwas geschaffen, das Allen genügen und für Alle entsprechend wäre.

Prag, den 1. Oktober 1856.

Der Verfasser.

Vorrede
zur
fünften Auflage.

Wie sehr es mich freut, dass die im vorliegenden Buche eingeschlagene Unterrichtsmethode durch fünf schnell nacheinander folgende Auflagen sich als recht brauchbar erweiset; so sehr thut es mir leid, dass ich das Buch, das eigentlich nur den ersten Bedürfnissen abzuhelfen bestimmt war, weder einer durchgreifenden Verbesserung unterziehen, noch mit den syntaktischen Theilen bereichern konnte. Meine Verhältnisse und Beschäftigungen waren bis jetzt so gestaltet, dass ich an derlei Arbeit gar nicht denken konnte, überdieß hoffte ich, dass meine Herren Kollegen mir ihre Erfahrungen auf dem Gebiete dieses Unterrichtszweiges nicht vorenthalten werden, überzeugt, dass ein Schulbuch nur dann zu irgend einer Vollkommenheit gedeihen könne, wenn jeder Schulmann von seinen Erfahrungen sein Schärflein beiträgt. Unter diesem Zuwarten wurde die fünfte Auflage nothwendig. Sie erscheint mit dem Wörterbuche vermehrt, das ich nur ungern und nur auf Verlangen der Schüler hinzufügen ließ, weil ich dasselbe zu einem Schulwörterbuche erweitern wollte, auf daß es auch zu meinem deutschen Sprach- und Uebungsbuche für Schüler böhm. Muttersprache, das demnächst dem Drucke übergeben werden soll, passen könnte. Auch spreche ich hiemit meinen herzlichen Dank denjenigen Herren aus, die mir hie und da Winke zu geben die Güte hatten, mit der Versicherung, daß ich dieselben bei einer, hoffentlich baldigen Ueberarbeitung des Buches, soweit es thun sein wird, gerne berücksichtigen werde.

Auherzen, am Feste des hlg. Wenzel 1860.

Alphabet (abeceda).

Zur Darstellung böhmischer Wörter dienen folgende Buchstaben: a, b, c, č, d, ď, e, ě, f, h, ch, i, j, k, l, m, n, ň, o, p, r, ř, s, š, t, ť, u, v, y, z, ž.

g, q, x kommen nur in fremden Wörtern vor und da schreibt der Böhme statt q lieber kv; z. B. die Quittung kvitancí. Unter den angeführten Buchstaben sind: a, e, ě, i, o, u, y Vokale (samohlásky), die übrigen sind Konsonanten (souhlásky).

Diphtong (Doppellaut, dvouhláska) ist nur ou.

Vokale.

Die Vokale werden mit Ausnahme von ě und i ganz wie im Deutschen ausgesprochen. Das ě ist ein durch ein Erweichungszeichen flüssig gewordenes e, das den Laut eines ie oder je hat. Auch das i ist ein durch ein Erweichungszeichen flüssig gewordener i-Laut, der wesentlich verschieden ist von dem harten i-Laut, d. h. von y. Dieses Erweichungszeichen auf dem ě und in dem i ist von hoher Wichtigkeit, und wir werden weiter unten sehen, welche Veränderungen dasselbe an dem vorstehenden Konsonant zu bewirken im Stande ist.

Sollen diese Vokale lang oder gedehnt, etwa wie ein verdoppelter oder mit einem h gedehnter Vokal ausgesprochen werden, so wird über dieselben ein Dehnungszeichen (průtažka) gesetzt; z. B. dává er gibt = daawaa oder dahwah, bílé das weiße = bieleh u. s. w.

Der Vokal ú wird häufig in Wort und Schrift, besonders wenn er im Anlaute ist, in ou aufgelöst; z. B. úřad das Amt = ouřad, úl, der Bienenstock = oul. Das u hat manchmal zum Dehnungszeichen ein Ringelchen. Dadurch soll angezeigt werden, daß das u aus o entstanden ist oder in o übergehen könne; z. B. Bůh Gott, Boha Gottes; hůl der Stock, hole des Stockes. Soll das ě gedehnt werden, so geht es in í über; z. B. věřiti glauben, víra der Glaube.

Konsonanten.

Auch von den Konsonanten lauten viele, namentlich: b, d, f, j, l, m, n, p, r, t ebenso wie im Deutschen, nur mit dem Unterschiede, daß das Ohr des Böhmen jeden dieser Laute, besonders das b und p, d und t sehr genau und sehr leicht unterscheidet, was der Deutsche, dessen Ohr weder zu Hause noch in der Schule auf die richtige Aussprache dieser Laute aufmerksam gemacht wird, nur selten vermag.

Man lasse folgende Wörter nachsprechen und nachschreiben: blahý, plachý; buben, pupen; bílí, pílí; brát, prát; dudy, tudy; drobit, tropit; dobyt, topit; bádá, pátá; padá, pata; bodá, bota, podá; bodu, botu, potu; budem, pudem; brodem, prutem.

Die Laute: c, č, ď, h, ch, k, ň, ř, s, š, ť, v, z, ž müssen als von der deutschen Sprache abweichend, oder der deutschen Zunge unbekannt, besonders hervorgehoben werden. Wir wollen sie in zwei Gruppen zusammenstellen.

1. Gruppe: c, č, h, ch, k, s, š, v, z, ž;
1.   „   ď, ň, ř, ť.

Der Konsonant c, in der deutschen Sprache fast zwecklos, hat den vollen Laut des „z" in zaubern, Herz, oder des „tz" in Nutzen, Hitze; z. B. moc die Macht, ocet der Essig, necky der Trog, pecka der Stein im Obst, und muss immer als c ausgesprochen werden.

č ist gleich dem deutschen „tsch" in Peitsche, deutsch; z. B. bič die Peitsche, učitel der Lehrer, čelo die Stirn.

h hat den Laut des deutschen „h" in Höhe, Holz, nahe, und muss immer ausgesprochen werden; z. B. holý kahl, nahý nackt, práh die Schwelle.

ch ist ein besonderer Konsonant, der dem deutschen „ch" gleich ist in: lechzen, Teich, lachen; z. B. chléb das Brot, duch der Geist, chechtati se unmässig lachen, uschrániti ersparen, neschopný unfähig. Im Alphabet steht ch immer nach h.

k ist das deutsche „k" in Kreis und „ck" in Brücke, Hacke; z. B. kolo das Rad, kámen der Stein, ukázati zeigen, voják der Soldat und nicht das „k" in kamen, Kind, kein. Diese Wörter würde der Böhme schreiben: khámen, khind, khain. Das „k" der Böhmen hat also keine Aspirazion oder Nachhauch.

s. Dieses entspricht vollkommen dem deutschen „ss" oder „ß" in hassen, Wasser, dass und dem einfachen „s" in: Sachen, liebste; z. B. maso das Fleisch, seno das Heu, les der Wald, und darf weder in Verbindung mit ch wie das deutsche „sch" noch in Verbindung mit „p" oder „t" wie das deutsche „sp" in: Spiegel oder „st" in: Stange gelesen werden; z. B. stodola die Scheuer, spaní der Schlaf, schránka das Behältniß.

š ist gleich „sch" in: schreiben, heischen; z. B. koš der Korb, šev die Naht, uši die Ohren.

v ist nicht das deutsche „v" in: viele, Verstand, sondern das „w" in: Wort, Wolf, Weib; z. B. voda das Wasser, nový neu, lev der Löwe und wird von f von jedem Böhmen sehr leicht und sehr scharf unterschieden.

z. Das z hat den Laut des deutschen „s," wenn es zwischen zwei Vokalen steht, wie in: lose, blasen, Wesen, Rosen; z. B. koze der Ziege, blázen der Narr, vezen geführt, rozen geboren. Der Böhme unterscheidet den Laut s und z sehr genau und sehr leicht, was auch dem Deutschen bei geringer Aufmerksamkeit leicht gelingen könnte, zumal er beide Laute kennt, obgleich er sie nur mit einem einzigen Zeichen schreibt. Man lasse sich folgende Wörter nachsagen und nachschreiben: rozen geboren, rosen bethaut; kosa die Sense, koza die Ziege; vozy die Wägen, vosy die Hummeln; lezu ich krieche, lesu dem Walde; masu dem Fleische, mazu dem Kleister; rositi thauen, hroziti drohen.

ž. Unter den angeführten Konsonanten dürfte ž für den Deutschen am schwersten auszusprechen sein. Sein Laut ist viel gelinder, als der Laut des š und gleicht dem französischen „j" in: journal. Zur Einübung mögen folgende Wörter nachgesagt und nachgeschrieben werden: učená die gelehrte, žena die Frau, nešená die getragene; žába der Frosch, čápa den Storch; šupá er peitscht, župa der Bezirk; uším den Ohren, učím ich lehre, úžím ich mache eng; šíti nähen, žíti leben, číti fühlen; šito genäht, žito das Korn, čí to jest? wessen ist das? žihadlo der Stachel, čihadlo der Vogelherd, sídlo die Ahle; číže der junge Zeisig, číše der Becher; žízeň der Durst; šiška der Zapfen, číška den Zeisig, Žižka (ein Eigenname); ráčiti geruhen, urážeti beleidigen, unášeti wegtragen; zočiti erblicken, rušiti zerstören, množiti mehren; užíti genießen, učiti lehren, ušíti nähen; ruče schnell, růže die Rose, v rouše im Kleide.

Es erübrigt noch die 2. Gruppe der Konsonanten, nämlich: ď, ň, ř, ť. Diese Konsonanten sind aus den einfachen Lauten d, n, r, t entstanden, indem mit denselben das Erweichungszeichen, das sich unter einem „j" am anschaulichsten darstellen läßt, innig verbunden, und so ein neuer Laut hervorgebracht wurde. Die Aussprache dieser Konsonanten kann am besten aus dem Munde eines geborenen Slaven erlernt werden. Wer die eine oder andere romanische oder die magyarische Sprache spricht, der wird die Konsonanten ď, ň, ť leicht aussprechen können.

Das ř ist viel gelinder, als das deutsche „rsch" in Hirsch, Marsch oder „rst" in Fürst, Bürste. Je weniger man sich anstrengt, diesen Laut vollkommen zu geben, desto leichter und besser gelingt es; z. B. řeka der Fluss, tvář die Wange, řeč die Sprache, řád die Ordnung.

Anmerkung. In den früheren Zeiten gab es noch mehrere solcher erweichter, oder durch das Erweichungszeichen flüssig gewordener Laute; es wurden nämlich auch b, c, l, m, p, s, v, z erweicht gebraucht und erweicht ausgesprochen. Allein das erweichte c', l', s', z' sind schon längst bei uns aus dem Sprachgebrauch gekommen; in der Grammatik behalten sie, obzwar sie nicht mehr bezeichnet werden, noch ihre Geltung. Die erweichten b', m', p', v', hört man noch sehr klar, wenn ein a oder e nachfolgt; vor i dürfte sich deren weiche Aussprache nur hie und da am Lande erhalten haben; aus den Städten ist sie schon seit lange verschwunden und dürfte leider auch am Lande nach und nach ganz verschwinden. So wie man das erweichte c', l', s' und z' nicht mehr bezeichnet, ebenso bezeichnet man auch b', m', p', v' nicht mehr; doch in der Grammatik muss hier wie dort die Möglichkeit ihrer Erweichung festgehalten werden.

Wenn nach dem erweichten b', m', p', v' und ferner nach ň, ď, ť ein e folgt, so wird das Erweichungszeichen auf das e übertragen; folgt ein i, so lässt man das Erweichungszeichen ganz weg. Man lasse folgende Wörter nachsprechen und nachschreiben: nyní jetzt, dítě das Kind, nitě der Zwirn, dílo die Arbeit, věděti wissen, udělati machen, spaty oder spiatý gebunden, vědro der Eimer, zničiti vernichten, uťatý abgehauen, měděný kupfern, měřiti messen, huňatý zottig, veď führe, voditi herumführen, někdo jemand, nikdo niemand.

Eintheilung der Konsonanten.

1. Zum Behufe der Biegung der Redetheile und der Rechtschreibung werden die Konsonanten eingetheilt a) in harte, b) in weiche und c) in mittlere.

Die harten sind: h, ch, k, r, n, d, t.
Die weichen sind: j, c, č, ř, š, ž, ň, ď, ť.
Die mittleren sind: b, f, l, m, p, s, v, z.

Diese werden mittlere genannt, weil sie zwischen den harten und weichen stehend, bald hart, bald weich gebraucht werden können, obzwar sie, wie es aus dem früher Gesagten erhellet, nicht mehr weich bezeichnet und nur selten ganz weich ausgesprochen werden.

2. Zum Behufe des Lesens und Schreibens werden die Konsonanten auch eingetheilt in

a) breite, b) enge und c) flüssige.

Die breiten sind: b, d, ď, v, h, (g), z, ž.

Die engen sind: p, t, ť, f, ch, k, s, š, c, č.

Die flüssigen sind: j, l, m, n, ň, r, ř.

Aus der Vergleichung dieser Konsonanten unter einander ergibt sich, dass beinahe einem jeden breiten ein enger Konsonant gegenüber steht.

Erweichung und Verwandlung der Konsonanten.
Einfluss des ě und i.

Da sich Gleiches mit Gleichem am leichtesten verbinden läſst, so ist es natürlich, daſs die **weichen** Vokale ě und i in der Regel nur mit **weichen** Konsonanten verbunden werden können, ja diese Forderung ist so groſs, daſs die harten und mittleren Konsonanten, wenn auf sie ě oder i folgt, besonders im Auslaute sofort **erweicht** oder wohl gar **verwandelt** werden müssen. Dies geschieht, indem man das Erweichungszeichen von dem ě und i auf den vorstehenden Mitlaut überträgt. Auf diese Art wird:

1. Aus b, c, f, l, m, p, r, s, v, z und aus d, n, t — b', c', f', l', m', p', r,' s, v', z' und ň, ď, ť. Diesem nach sollte z. B. holub die Taube haben holub'i die Tauben; kosa die Sense, kośe der Sense; voda das Wasser, voďe dem Wasser; hlava der Kopf, hlav'e dem Kopfe; skála der Felsen, skál'e dem Felsen; bota der Stiefel, boťe dem Stiefel; koza die Ziege, koźe der Ziege u. s. w. Da jedoch, wie bekannt, das weiche c, l, s, z nicht mehr bezeichnet zu werden pflegen, und das Erweichungszeichen von b, m, p, v, d, n, t auf das nachfolgende e und i zurückgeschoben wird, so bekommen die obbenannten Wörter die Form: holubi, kose, vodě, hlavě, skále, botě, koze.

Aus den harten Gurgellauten: h, ch, k, werden, wenn as Erweichungszeichen auf sie übergeht, sogar neue Laute, indem h, ch, k, verwandelt werden, und zwar:

h in z, manchmal auch in ž; z. B. podruh der Inmann, podruh'i = podruzi die Inleute.

ch in š; ž. B. hoch der Knabe, hoch'i = hoši die Knaben.
k in c, manchmal auch in č; z. B. voják der Soldat, voják'i = vojáci die Soldaten.

Leseregeln.

Obzwar im Böhmischen der 'allgemeine Satz: **Man lese jedes Wort, wie es geschrieben steht, und schreibe es, wie es ausgesprochen wird**, eine viel größere Anwendung findet, als fast in allen andern europäischen Sprachen; so muß er dennoch durch einige besondere Regeln beschränkt werden, und zwar:

1. durch die Assimilazion (Lautverähnlichung),
2. durch die Kontrakzion (Zusammenziehung),
3. durch die Eliminazion (Auslassung).

Vermöge der Assimilazion werden:

a) alle **breiten** Konsonanten am Ende der Silbe oder des Wortes fast so ausgesprochen, als wären sie eng; z. B. rozkoš das Vergnügen, předpis die Vorschrift, bez der Holunder, pluh der Pflug, hloubka die Tiefe, hádka der Zwist, dražší theurer = roskoš, přetpis, bes, pluch, hloupka, hátka, drašší.

b) Alle **breiten** Konsonanten werden stehend vor **engen** eng, und alle **engen** vor **breiten** breit ausgesprochen; z. B. v pátek am Freitag, v síni im Saale, zpěv der Gesang, zkáza das Verderben, s Bohem mit Gott, sbírati sammeln = f pátek, f síni, spěv, skáza, z Bohem, zbírati.

c) **Breite** Konsonanten vor **breiten**, **enge** vor **engen** und **breite** oder **enge** vor **flüssigen** behalten ihren natürlichen Laut; z bahna aus dem Morast, v botě im Stiefel, s tebou mit dir, s málem mit Wenigem, z nebe aus dem Himmel u. s. w. Diese Leseregeln finden Anwendung in allen Sprachen.

Vermöge der Kontrakzion werden die Laute **ds**, **ts** ausgesprochen wie c; **dš** und **tš** wie č; und **stš** wie šč; z. B. lidský menschlich, světský weltlich, knížetský fürstlich, podšev die Sohle, mladší jünger, větší größer, hustší dichter, čistší reiner = lický, svěcký, knížecký, počev, mlačí, věčí, huščí, čiščí.

Vermöge der Eliminazion werden in einer ungezwungenen Aussprache manchmal einzelne Buchstaben übergangen, und zwar:

a) der Konsonant j am Anfange eines Wortes, wenn ein Konsonant nachfolgt; z. B. jmeno der Name, jmění das Vermögen, jsem ich bin = meno, mění, sem.

b) Die Konsonanten c, č, d, t vor c oder in der Mitte zweier Konsonanten stehend; děvečce der Magd, matce der Mutter, otci dem Vater dcera die Tochter, šlechtičce der Edelfrau, srdce das Herz, ctnosť die Tugend, vlastní eigenthümlich, kostnice das Beinhaus = děvece, mace, oci, cera, šlechtice, srce, cnosť, vlasní, kosnice.

c) Auch die Konsonanten s, š und ž werden vor s übergangen; z. B. vesský vom Dorf, vlašský italienisch, božský göttlich, mužský männlich, pražský Prager = veský, vlaský, boský, muský, praský.

Anmerkung. Die Konsonanten l, m, r und v am Anfange des Wortes vor anderen Konsonanten stehend, lassen sich leicht aussprechen, wenn man die Lautiermethode auf sie anwendet; z. B. lnu dem Flachse = l-nu, lva den Löwen = l-va, mdlý matt = m-dlý, mše die Messe = m-še, rci sprich = r-ci, rdi se röthe dich = r-di se, vzbuditi wecken = v-zbuditi, vzhůru in die Höhe, auf = v-zhůru. Sollte vor ein solches Wort eine auf einen Vokal endigende Vorsilbe oder Präposizion zu stehen kommen, so werden die genannten Konsonanten zu dieser Vorsilbe oder Präposizion gezogen; z. B. ve lnu im Flachse = ve-lnu, při m-ši bei der Messe = přim-ši, umdlený der Ermüdete = um-dlený u. s. f.; man muß jedoch solche Wörter so abtheilen, wie sie gebildet wurden.

Schließlich muß bemerkt werden, daß es im Böhmischen Silben, ja ganze Wörter gibt, die keinen ausdrücklichen Vokal haben. Den Vokal vertreten in diesem Falle die Konsonanten l und r, welche deshalb auch Halbvokale genannt werden. Der eigentliche Vokal ist in solchen Fällen immer ein schwaches e, z. B. mrzeti verdrießen, mlsati naschen, vlk der Wolf, krk der Hals*).

---

*) Auch in der deutschen Sprache gibt es eine Menge Silben mit einem schwachen e, nur muß dieses e im Deutschen immer geschrieben werden, im Böhmischen nicht. Beide Sprachen unterscheiden sich also gegenwärtig in dieser Hinsicht nur formell. Ich werde hier vergleichshalber einige gleichlautende Wörter mit einem schwachen e zusammenstellen:
prst der Finger; du stolperst.
plst der Filz; du schwabelst.
trn der Dorn; die Schwestern.
drn der Rasen; die Andern.
mrzeti verdrießen; der Sommer.
mlsati naschen; die Semmel.
pln voll; die Ampeln.
brzo bald; aber u. m. dgl.
Aus dieser Vergleichung ergibt sich, daß die vokallosen Silben im Böhmischen häufiger im Anlaute, im Deutschen häufiger im Auslaute vorkommen. Dies mag wohl auch der Grund sein, warum die böhmische Sprache verhältnismäßig mehr Resonanz hat und für den Gesang geeigneter ist.

Rechtschreibung.

Die böhmische Rechtschreibung ist unstreitig eine der einfachsten und bei weitem leichter und konsequenter als die deutsche. Folgende allgemeine Grundsätze sind hiebei zu beachten:

1. Man schreibe jedes Wort so, wie es ausgesprochen wird.

2. Man gebe auf die **Ableitung**, **Abänderung** und **Abwandlung** der Wörter Acht, wodurch der ursprüngliche Grundkonsonant klar zum Vorschein kommt; z. B. pluh der Pflug, pluhu des Pfluges, bez der Holunder, bezu des Holunders, snad vielleicht, snadný leicht, hádka der Zwist, hádati zanken, křehký mürbe, křehounký; prosba die Bitte, prositi bitten, nehty die Nägel, nehet der Nagel u. s. w.

3. Jeder Vokal, der gedehnt ausgesprochen wird, muß mit dem Dehnungszeichen bezeichnet werden.

Besondere Regeln.

Über die böhmische Rechtschreibung sind nur sehr wenige besondere Regeln nothwendig, und diese betreffen ausschließlich den Fall, wann ein y, ý, und wann ein i, í geschrieben werden soll.

Das y, gedehnt ý, wird geschrieben:

a) Nach den harten Konsonanten: h, ch, k, r, d, n, t ohne Ausnahme.

b) Nach den Konsonanten: b, f, l, m, p, s, v, z, wenn sie hart ausgesprochen werden.

Das i, gedehnt í, wird geschrieben:

a) Nach den weichen Konsonanten: c, č, j, ř, š, ž, ň, ď, ť ohne Ausnahme.

b) Nach den Konsonanten: b, f, l, m, p, s, v, z, wenn sie weich ausgesprochen werden.

Aus dem Gesagten ergibt sich, daß nach b, f, l, m, p, s, v, z bald y bald i geschrieben werden müsse, je nachdem sie weich oder hart ausgesprochen werden.

Wenn die Böhmen das erweichte b, f, l, m, p, s, v und z vom harten b, f, l, m, p, s, v, z auch jetzt noch beim Sprechen unterscheiden würden, wie sie selbes vor Jahren unterschieden haben, und jetzt noch ň, ď, ť, ř von n, d, t, r unterscheiden: so würde das Schreiben des i und y nach den genannten Buchstaben gar keine Schwierigkeit machen. Ein jeder müßte auf der Stelle wissen, daß pitel der Trinker, bil er schlug, pivo das Bier, krupička der Gries, bič die Peitsche, ebenso weich sind, wie nízko niedrig, tisknu ich drücke, dívám se ich schaue, und folglich wesentlich verschieden von pytel der Sack, byl er war, bývá er pflegt zu sein, jazyk die Zunge, myš die Maus. Allein gegenwärtig werden im Sprechen die weichen Konsonanten: p', f', l', m', b', s', v', z' von den ihnen entsprechenden harten: b, f, l, m, p, s, v, z nicht mehr unterschieden. Es macht daher ohne Andeutung selbst dem Böhmen einige Schwierigkeit zu bestimmen, ob nach b, f, l, m, p, s, v, z ein i oder y geschrieben werden solle. Diese anscheinend bedeutende Schwierigkeit ist indessen für den Böhmen bei einiger Aufmerksamkeit außerordentlich leicht zu lösen; der Deutsche muß natürlich wenigstens im Anfange durch Anschauung lernen, ob und wann er z. B. bit geschlagen und byt die Wohnung, pitel der Trinker und pytel der Sack 2c. schreiben soll, gleichwie er oft durch Anschauung lernt, wann er kühn, Kien; lüge, liege, Lüge; für, vier; führen und vieren und dergleichen zu schreiben hat. Die hieher bezüglichen Regeln sind folgende:

1. Nach b, f, l, m, p, s, v, z wird ein y, auf den Fall der Dehnung ý, geschrieben:

a) Wenn es die Deklinazion oder Konjugazion fordert.

b) Wenn sich der i=Laut mittelst der am Worte vorgenommenen Veränderung in der Volkssprache in ein ej auflösen läßt; z. B. býk der Stier, pýcha der Stolz, syrovátka die Molken, obydlí die Wohnung, kopyto der Leisten, jazyk die Zunge, mlynář der Müller, mydlář der Seifensieder, vývoz die Ausfuhr*). In allen angeführtern Wörtern läßt sich das y in ej auflösen: als: bejk, pejcha, sejr, kopejtko, jazejček, mlejn, mejdlo, vejvoz u. s. w.

c) Die Vorsilbe vy wird immer, die Wurzelsilbe vi aber nur äußerst selten mit y geschrieben.

Die Vorsilbe vy ist immer kurz, wenn sie mit einem Zeitworte oder einem Verbalnamen verbunden ist; z. B. vynesti hinaustragen, vyvoliti auswählen, vynešení das Heraustragen, vyvolení die Auserwählung, vyvolený der Auserwählte; wird sie aber mit einem von Zeitwörtern selbstständig gebildeten Redetheile verbunden, so muß vý geschrieben werden; z. B. výbor der Ausschuß, výnos der Ertrag, vývoz die Ausfuhr, výborný vorzüglich, výnosný ergiebig.

---

*) Ausgenommen sind: získati gewinnen und líti gießen, die von iskám und le-ji kommen.

d) Ueberhaupt wenn sich, auf welche Art immer, nachweisen läßt, daß der i=Laut aus einem der Selbstlaute a, o, u oder aus einem Doppellaute entstanden ist; z. B. kobyla = cabalus = Gaul; syn = Sohn; syt = satur = satt; myš = Maus = mus; pykati = pokání die Buße; syrový = surový roh; nazývati nennen = zovu ich nenne und dgl.

Nach b, f, l, m, p, s, v, z wird ein i geschrieben, auf den Fall der Dehnung ein í:

a) Wenn es die Deklinazion oder Konjugazion fordert.

b) Wenn das i aus e oder ě entstanden ist oder in e und ě übergehen kann; z. B. zpívati singen aus zpěv der Gesang, mlíko die Milch = mléko, víra der Glaube aus věřiti glauben, zívati gähnen aus zeji, vítr der Wind, Genitiv větru, pícka der kleine Backofen, von pec der Backofen, vím ich weiß, aus věděti u. s. f.

c) Die meisten Bildungssilben der Haupt= und Beiwörter und die Infinitive der Zeitwörter werden desgleichen mit i geschrieben, als:

—ina —ivý
—ice —iný
—ile —itý
—ítka —icherný
—izna —iký.
—iti.

Dieser Regel zufolge wird es nicht schwer sein zu unterscheiden:
vír der Wirbel, výr der Uhu, vejr,
bíti schlagen, býti sein, bejti,
míti haben, mýti waschen, mejti,
píchati stechen, pýchati stolz werden, pejcha,
plíji ich spuke, plyji ich schwimme, (fluo) der Fluß,
bidlo die Stange, bydlo die Wohnung, Sitz bejti,
pitel der Trinker, pytel der Sack, der Beutel,
víji ich winde, vyji ich heule, vejti.

Bei einigen wenigen Wörtern lassen sich diese Regeln nicht anwenden, und ihre Schreibart muß durch Übung gelernt werden, und zwar werden mit i und auf den Fall der Dehnung mit í geschrieben:
sice zwar   sichravý nasětalt, schaurig   sije die Saat
síla die Stärke   silnice die Straße   siměr der Same
siný blau   síň der Saal   sípěti zischen
síra der Schwefel sirý verwaiset   síť das Netz.
sivý grau   získati gewinnen.

Mit y werden geschrieben:
bylina die Pflanze   bystrý scharf   hmyz das Insekt
lisý kahl   pyl der Blüthenstaub   pysk die Lippe

polykat schlucken syčeti zischen smykati schleppen, her-
sysel die Spitzmaus trpytiti se glänzen abziehen
výheň die Feueresse vyza der Hausen vydra die Fischotter.
zvyk die Gewohnheit zpytovati forschen.

Daß die abgeleiteten Wörter die Schreibweise ihrer Wurzeln behalten, versteht sich von selbst.

Der Ton.

Ob ein Vokal gedehnt oder kurz ausgesprochen werden soll, muß
wie in allen andern Sprachen also auch im Böhmischen durch's Gehör
und Übung gelernt werden. Einige Regeln werden gehörigen Ortes
eingeschaltet werden. Dagegen liegt der Ton des Wortes (přízvuk,
Akzent) immer auf der ersten Silbe. Die einsilbigen Präpositionen
und Partikeln, weil nähere Bestimmungen der Redetheile, werden als
untrennbar von den Wörtern, die sie bestimmen, angesehen und bekommen somit auch den Ton. So ist z. B. in zahrada der Garten za
betont, do zahrady in den Garten ist der Ton auf do u. s. w.

Die einsilbigen Partikeln und die kurzen einsilbigen Pronomina
sind tonlos.

Hilfs-Verbum býti.

1.

Unbestimmte Art, způsob neurčitý, Infinitiv ist: býti sein, esse.

Gegenwärtige Zeit (Praesens); anzeig. Art.

Einzahl, Singular. Mehrzahl, Plural.
1. Jsem ich bin. 1. Jsme wir sind.
2. jsi du bist. 2. jste ihr seid.
3. jest er ist. 3. jsou sie sind.

Soll das Verbum býti verneint werden, so wird demselben nur
der verneinende Partikel ne vorgesetzt, also:

Einzahl, Singular. Mehrzahl, Plural.
1. Nejsem ich bin nicht. 1. Nejsme wir sind nicht.
2. nejsi du bist nicht. 2. nejste ihr seid nicht.
3. není er ist nicht. 3. nejsou sie sind nicht.

Anmerkung. Die 3. Person der Einzahl sollte sein nejest, statt
dessen sagt man není.

Kde[1] jsi? Tu[2] jsem. Kde jste, že[3] nejste doma?[4] Jsme venku[5], neboť[6] jest velmi[7] pěkně[8]. Dnes[9] není venku zima[10], nýbrž[11] jest hodně[12] teplo[13]. Jsou nahoře[14] či[15] dole[16]? Dole nejsou,

nahoře také[17] ne[18]; snad[19] jsou někde[20] venku. Proč[21] nejsi dnes doma? Protože[22] doma horko[23] jest. Tu jsme již[24]. Proč jsi dnes doma, proč nejsi venku, ješto[25] přece[26] dnes venku tak[27] krásně[28] jest? Jste konečně[29] zde[30]? Ano[31] jsme tu již dávno[32]. Nejsi tu? Nejsem*). Jste již dávno doma? Nejsme. Jak[33] pak[34] dávno jste již doma? Nedávno[35]. Dnes jsme zde a zejtra[36] kde? —

[1]wo [2]hier [3]daß [4]zu Hause [5]draußen [6]denn [7]sehr [8]schön [9]heute [10]kalt [11]sondern [12]recht [13]warm [14]oben [15]ober [16]unten [17]auch [18]nicht [19]vielleicht [20]irgendwo [21]warum [22]weil [23]heiß [24]bereits, schon [25]da [26]doch, dennoch [27]so [28]schön [29]endlich [30]hier, da [31]ja [32]lange, längst [33]wie [34]denn, in Fragesätzen [35]nicht lange [36]morgen.

Wo sind sie, daß sie nicht zu Hause sind? Sie sind draußen, weil es draußen recht schön ist. Seid ihr endlich zu Hause? Ja wir sind schon längst zu Hause. Warum bist du heute nicht unten, warum bist du oben? Weil es unten sehr heiß ist. Hier bin ich endlich. Ist es nicht draußen kalt? Kalt ist es nicht, es ist recht schön. Wo bist du denn, da du nicht zu Hause bist? Bist du schon lange draußen? Nein. Wie lange ist es schon kalt? Schon lange. Wo seid ihr denn? Bist du unten oder oben oder draußen? Ich bin oben, denn unten ist es kalt, hier oben ist es recht warm.

2.

Im Böhmischen werden die persönlichen Fürwörter (Pronomina personalia) nur dann ausgedrückt, wenn auf dieselben ein Nachdruck gelegt wird, oder wenn sie im Gegensatze stehen. Sie sind:

Einzahl, Singular. Mehrzahl, Plural.
1. Já jsem ich bin. 1. My jsme wir sind.
2. ty jsi du bist. 2. vy jste ihr seid.
3. masc. on   er   3. masc. on-i   sie
   fem. on-a   } jest sie } ist.   fem. on-y   } jsou sie } sind.
   neutr. on-o   es   neutr. on-a   sie

Anmerkung. In der dritten Person wird wie im Deutschen das männliche, das weibliche und das sächliche Geschlecht (genus masculinum, femininum und neutrum, rod mužský, ženský a střední) unterschieden. Ist das Subjekt männlichen Geschlechtes, so muß man acht geben, ob es die Benennung eines belebten oder unbelebten Gegenstandes ist. Im ersten Falle hat on im Nom. plur. on-i, im letzteren on-y, z. B. on-i muži diese Männer, ony stromy diese Bäume.

Jsi ty to[1], či nejsi? Ovšem[2] jsem to já. Tu jsme my a vy jste onde[3]. Jste vy to, čili[4] my? My to nejsme, následovně[5] jste

---

*) Die Bejahung oder Verneinung einer Frage auszudrücken, wird im Deutschen in der Antwort oft nur „ja" oder „nein" gesagt; im Böhmischen wiederholt man gerade das Zeitwort oder Adverbium ꝛc. bejahend oder verneinend.

to vy aneb[4] oni. Jest on doma? On není doma, ale[6] ona jest doma.
Já jsem pořád[7] doma, ale ona není nikdy[8*]) doma. Oni jsou to a
nikoli[9] my. Kde jsou oni? Oni jsou trochu[10] pozadu[11], ale ony
jsou daleko[12] napřed[13]. Vy jste jako[14] oni, a. oni jsou jako vy.
Nejsou ona dole? Ona dole nejsou, jsou však[15] venku. Ony (stromy
Bäume) jsou jen[16] zde[17] a onde. Ona nejsou podnes[18] tady[19].
To[20] není on, nýbrž ona. Ty jsi všade[21], jen doma nikdy nejsi.
On jest dole, ono jest venku a ona jest doma. Kde jsou ony? Zde
nejsou, snad jsou někde venku. My jsme tu již dávno, vy ale teprv[22] nedávno; oni však ještě[23] tu nejsou. To jsou ona, a nikoli
ony. Vy nejste nikdy doma, nýbrž jste brzo[24] zde brzo onde.
On i[25] ona jsou pryč[26].

[1]es [2]freilich [3]dort [4]oder [5]sogleich [6]aber, allein [7]fortwährend
[8]nie [9]keineswegs [10]etwas, ein wenig [11]hinten, zurück [12]weit [13]vorwärts, voraus [14]wie [15]aber, doch, jedoch [16]nur [17]hie [18]bis heut
[19]hier, dahier [20]das [21]überall [22]erst [23]noch [24]bald [25]und [26]weg.

*) Die Negazion ist eine zweifache; die Satznegazion und die Begriffsnegazion; durch
jene wird der Satz, durch diese nur ein einzelner Begriff verneint; z. B. Dank,
Undank; längst, unlängst u. s. f.
Die Satznegazion wird zuvörderst an dem Prädikate durch die verneinende Partikel
nicht ausgedrückt; z. B. ich schreibe nicht; du bist nicht. Diese Partikel ist in der
deutschen Sprache trennbar und verschiebbar, und steht daher je nach Beschaffenheit
des negativen Satzes bald bei dem einen bald bei dem andern Satzgliede, und zwar:
1. Wird nur die Aussage negiert, so steht die Negazionspartikel stets bei dem
Prädikate; z. B. kein Knabe hat das Buch nicht weggetragen.
2. Wird das Subjekt negiert, so tritt die Negazion zum Subjekte; das Prädikat
bleibt positiv; z. B. kein Knabe hat das Buch weggetragen.
3. Wird das Realobjekt negiert, so wird die Negazion zum Objekte gezogen; das
Prädikat bleibt positiv; z. B. der Knabe hat kein Buch weggetragen.
4. Wird das Personalobjekt negiert, so zieht dieses die Negazion an sich, alle andern
Satzglieder bleiben positiv; z. B. der Knabe hat niemanden ein Buch weggetragen.
5. Wird ein Umstand negiert, so wird dieser negativ gemacht, alle andern Satzglieder bleiben positiv; z. B. nie hat der Knabe jemanden ein Buch weggetragen.
Ganz anders verfährt der Böhme mit seiner Negazion. Im Böhmischen ist die
Negazion in einem negativen Satze von dem Prädikate untrennbar, sie muß daher
stets am Prädikate ausgedrückt werden; folgerecht setzt der Böhme seine Negazionspartikel auch zu jedem Satzgliede, der nebst dem Prädikate negiert wird, wodurch es sich wohl nicht selten trifft, daß zwei, drei wohl auch vier Satzglieder
negiert werden; z. B.
Neg. d. Prädik.: Hoch knihu neodnesl, der Knabe hat das Buch nicht weggetragen.
 „   des Subj.: Žádný hoch knihu neodnesl.
 „   „ Realobj.: Žádný hoch žádnou knihu neodnesl.
 „   Personalobj.: Žádný hoch nikomu žádnou knihu neodnesl.
 „   eines Umstandes: Žádný hoch nikdy nikomu žádnou knihu neodnesl.
Sind zwei negative Sätze mit Partikeln zusammengefügt, so kann der zweite
wohl auch positiv mit der negativen Partikel ani oder aniž stehen, die sich dann auf
den gesammten Satz bezieht, ähnlich dem Minuszeichen in der Mathematik, wenn es
sich auf die gesammte Größe bezieht; z. B. Člověk tento nikdy nikomu nic zlého
neučinil, aniž někomu někdy pomoci své odepřel. Dieser Mensch hat nie jemanden
etwas Böses gethan, noch hat er je seine Hilfe jemanden versagt.

3.

Ihr seid voraus, sie (masc.) jedoch sind noch etwas zurück. Hier bin ich, du bist da, und er ist dort. Wir sind jetzt zu Hause, warum seid ihr nicht zu Hause? Wo ist sie? Hier ist sie nicht, vielleicht ist sie irgendwo draußen. Sie (fem.) sind immer draußen, sie (masc.) sind jedoch immer zu Hause, nur heute sind sie nicht zu Hause. Wo sind sie (neutr.)? Sie (neutr.) sind unten, und wenn sie nicht unten sind, so sind sie irgendwo draußen. Wo sie (stromy die Bäume) sind, dort sind auch sie. (neutr.) Sind sie (fem.) schon lange zu Hause? Wir sind immer zu Hause, aber ihr seid nie zu Hause. Er ist hier, sie ist dort und es ist unten. Sie (masc.) sind so wie sie (fem.), und sie (fem.) sind so wie sie (neutr.). Sie ist bald hier, bald dort, nur zu Hause ist sie nie. Das ist er und nicht sie. Sie (masc.) sind überall, nur zu Hause sind sie nie.

4.

Nach dem Pronomen on, ona, ono und oni, ony, ona richteten sich ehedem alle, und richten sich heutzutage noch viele im Prädikate stehende Beiwörter*) (Adjectiva).

A. Dnes jsem vesel[1]: neboť jsem rád[2], že zdráv[3] jsi. Proč pak jsi pořád tak smuten[4], ješto[5] přece zdráv jsi; vždyť[6] já nejsem smutna**), ačkoliv[7] nemocna[8] jsem. My jsme dnes veseli, ale ona jsou zarmoucena[9]. My jsme povděčni[10], že tak laskavy[11] a přívětivy[12] jste. Není blažen[13], kdo[14] toliko[15] bohat[16] aneb mocen[17], ale kdo spokojen[18] jest. Nejsou šťastni[19], kdo nectnostni[20] jsou. Já jsem jist[21], že jste hladovy[22] a žíznivy[23]. Ty jsi ještě živ[24]? Jsem; a jsem rád, že živ a zdráv a silen[25] jsem. Jsou pořád churava[26] a plačtiva[27], jsou snad také trochu rozmazlena[28]. Oni jsou velmi přívětivi, vy ale jste pořád mrzuty[29], snad nejste nemocny? Kdo spravedliv[30] jest, není proto[31] vždy také laskav.

---

*) Die Beiwörter (Adjectiva) können entweder prädikativ oder attributiv gebraucht werden.

Im ersteren Falle richten sie sich in der Einzahl nach on, ona, ono, in der Mehrzahl nach oni, ony, ona. Zu den ältesten Zeiten hatten alle Adjektiva beide Formen, gegenwärtig ist nur noch eine gewisse Anzahl von Adjektiven in der prädikativen Form gebräuchlich. Die gebräuchlichsten werden weiter unten bei den attributiven Adjektiven angeführt.

**) Viele Haupt- und Beiwörter, namentlich die sich auf ec, ek, el, em, en, ep, eř, ev endigen, werfen wie im Latein bei Veränderung des Biegungsfalles und bei Veränderung des Geschlechtes, was man Motion nennt, häufig das e weg.

¹luſtig, fröhlich ²froh, gern ³geſund ⁴traurig ⁵da ⁶ja, doch, aber ⁷objwar ⁸krank ⁹betrübt ¹⁰dankbar, erfreut ¹¹gütig, liebreich ¹²freundlich ¹³glücklich, glückſelig ¹⁴wer ¹⁵nur ¹⁶reich ¹⁷mächtig ¹⁸zufrieden ¹⁹glücklich, ²⁰nicht tugendhaft ²¹gewiß, ſicher ²²hungrig ²³durſtig ²⁴lebend, am Leben ²⁵ſtark, kräftig ²⁶kränklich ²⁷weinend, verweint ²⁸verzärtelt ²⁹verdrießlich, unfreundlich ³⁰gerecht ³¹darum, deßhalb ³²immer.

B. My jsme rády, že dnes tak studeno¹ jest. Dnes jste poslušny a protož*) i² hodny³. Není šťasten, kdo hněviv⁴, netrpěliv⁵ a leniv⁶ jest. Tys**) spravedliva, ale i ony jsou poctivy⁷, ač⁸ trochu netrpělivy. Tys čerstev⁹ a mlad¹⁰, já ale jsem stara¹¹ a zdlouhava¹². Jsi-li***) nevinno¹³, proč jsi tolik¹⁴ ouzkostlivo¹⁵? Vy jste ovšem bohati a my chudi¹⁶; za to¹⁷ jste vy churavy, my ale zdrávi a čerstvi. Ona jsou velmi choulostiva¹⁸ a netrpěliva a protož nikomu (niemand) mila¹⁹. Jsou již syta²⁰? Syta jsou sice²¹, ale žízniva. Dnes jest venku tolik zima, a ty jsi bosa²². Však já nejsem sama²³ bosa, ony jsou také bosy. Nejsem rád, že tolik hněviva jsi. Ona jsou ovšem mrtva²⁴, ale oni jsou posud²⁵ živi. My jsme pilni²⁶ a starostlivi²⁷, ty ale jsi leniv a nedbanliv²⁸. My jsme rovněž²⁹ chudi jako vy, avšak proto nespokojeni nejsme.

¹kalt ²auch, ſogar ³brav, würdig ⁴unwillig, zornig, böſe ⁵ungeduldig ⁶faul, träg ⁷ehrlich, redlich ⁸obgleich ⁹friſch, hurtig ¹⁰jung ¹¹alt ¹²langſam, saumſelig ¹³unſchuldig ¹⁴ſo viel, ſo ſehr ¹⁵ängſtlich ¹⁶arm, dürftig ¹⁷za to dafür ¹⁸feig, empfindlich ¹⁹lieb, wert ²⁰ſatt ²¹zwar, freilich ²²barfuß ²³allein, ſelbſt ²⁴todt ²⁵bis jetzt, bis her ²⁶fleißig ²⁷beſorgt ²⁸unachtſam, fahrläſſig ²⁹ingleichen, ebenſo.

5.

Sie (masc.) ſind froh, weil ſie (fem.) folgſam und fleißig ſind. Wenn ich (masc.) geſund bin, bin ich ſtets luſtig. Obgleich ich (fem.) kränklich bin, ſo bin ich doch fleißig, du (masc.) aber biſt geſund, und dennoch ſo fahrläſſig und faul. Sie (masc.) ſind zwar reich und mächtig, allein glücklich ſind ſie nicht, denn ſie ſind nicht zufrieden; wir aber ſind arm, allein auch glücklich, weil wir zufrieden ſind. Es iſt unglücklich und doch fröhlich. Sie (neutr.) ſind traurig, daß ſie allein zu Hauſe ſind. Wir (fem.) ſind immer freundlich, wenn ihr (neutr.) fleißig und folgſam ſeid; ſeid ihr jedoch faul und unfolgſam, ſo ſind wir betrübt und traurig. Er iſt todt, ſie jedoch iſt noch am Leben. Heute bin ich (neut.) nicht hungrig, allein durſtig bin ich; denn es iſt draußen

---

*) Zur Verſtärkung oder des Nachdruckes halber wird häufig die Partikel ž angehängt.
**) Anſtatt ty jsi kann man kürzer ſagen tys.
***) Die Anhängepartikel -li bedeutet in Frageſätzen: denn, wohl: in Bedingungsſätzen: wenn, wofern.

ſehr warm; und du (fem.) biſt hungrig oder durſtig? Warum ſeid ihr (masc.) ſo verdrießlich? warum ſeid ihr nicht ſo fröhlich, wie wir (fem.) fröhlich ſind? Wir (masc.) ſind ſehr froh, daſs ihr (neut.) ſo brav und geduldig ſeid. Heute ſeid ihr (fem.) ſehr empfindlich und ungeduldig! Ich (masc.) bin ſehr erfreut, daſs ihr (neut.) ſo freundlich und gütig ſeid. Wir (masc.) ſind ſehr zufrieden, weil ſie (neutr.) ehrlich und gerecht ſind; daſs ihr (fem.) aber ſo fahrläſſig und ſaumſelig ſeid, ſind wir unwillig. Obzwar wir (masc.) ſelbſt kränklich ſind, ſo ſind wir doch ſehr froh, daſs wenigſtens (aspoň) ihr (fem.) geſund ſeid. Ihr (masc.) ſeid reich und kränklich, wir (masc.) ſind arm und geſund. Sie (neutr.) ſind ſehr ängſtlich und beſorgt. Wir (neutr.) ſind heute bloßfüßig, denn es iſt draußen ſehr warm. Sie (masc.) ſind beide (oba) ſehr brav; er iſt ehrlich und fleißig, und ſie iſt geduldig und folgſam. Es iſt ebenſo unſchuldig, wie ich (fem.) unſchuldig bin.

Nach on, ona, ono u. ſ. w. gehen auch alle im Prädikat ſtehenden Mittelwörter (Participia, příčestí). Das Verbum jsem wird in dieſem Falle oft mit: ich werde*) — gegeben.

6.

Tys dnes zarmoucen, jsi snad nemocen? Nemocen sice nejsem, jsem ale velice[1] nešťasten. My jsme ovšem uraženi[2], ale proto nejsme ani[3] hněvivi ani netrpělivi. Vy jste velice milováni[4], protože dobrotivi[5] a laskavi jste, ony jsou však nenáviděny[6], neboť jsou ustavičně[7] mrzuty. On jest všude rád viděn[8] a vítán[9], neboť jest vždy vesel, a při tom[10] i poctiv a spravedliv. Již jest dokonáno[11]. Není podobno[12], že ony tak vysoce[13] ctěny[14] a váženy[15] jsou jako oni. Ona jest chválena[16], protože dobrotiva a litostiva[17] jest, on ale jest kárán[18], neboť jest všetečen[19], hněviv a choulostiv. Co[20] platno[21], že chváleno jsi, když toho hodno nejsi. Ony jsou sice[22] zcela[23] opuštěny[24], proto však přece nespokojeny nejsou, ani netrpělivy. Já jsem nevinně[25] potupen[26] a pohaněn[27]. Ty jsi dobře[28]

---

*) Die Kopula „ſein" wird geſetzt, wenn das Prädikat ausſagt, 1. wie das Subjekt beſchaffen iſt — Beſchreibſatz —; oder 2. was es iſt — Nennſatz.
Die Kopula „werden" wird dagegen geſetzt, wenn an oder mit dem Subjekte das geſchieht, was das Prädikat ausſagt; alſo wenn das Subjekt entweder leidend erſcheint, oder wenn es aus einem Zuſtande in einen andern verſetzt wird; z. B. der Schüler wird gelobt, d. i. an dem Schüler geſchieht das Loben; der Reiche wird arm, d. h. der Reiche kommt aus dem Zuſtande des Reichſeins in den Zuſtand der Armut. Hiedurch unterſcheidet ſich die Bedeutung der Kopula ſein weſentlich von der Kopula werden. Der Böhme hat für die Kopula werden kein beſonderes Verb und er gibt den Unterſchied beider Verba am Prädikate an. Wie? davon im Verlauf der Verblehre.

vychována²⁹, ono ale jest zanedbáno³⁰. Proto jste tolik mrzuty, že pozvány³¹ nejste? Nejsi volán³²? Já nejsem volán, ale ona jest volána. Oni jsou pronásledováni³³, protože pravdomluvni³⁴ jsou. Proto nejste milovány, že ctnostny nejste. On jest poraněn³⁵, ale ona jest zdráva. Proč jste dnes tak vystrojeni³⁶, vždyť nejste pozváni? Jsi-li pozdraven³⁷, buď (sei) přívětiv.

¹sehr ²beleibigt ³ani — ani weder, noch ⁴geliebt ⁵gütig, gutherzig, huldreich ⁶gehaßt ⁷immerfort ⁸gesehen ⁹willkommen ¹⁰dabei ¹¹vollbracht, beendigt ¹²wahrscheinlich, glaublich ¹³hoch, sehr ¹⁴geehrt ¹⁵geachtet ¹⁶gelobt ¹⁷mitleidig ¹⁸getadelt ¹⁹keck, vorwitzig ²⁰was ²¹nützt es ²²zwar ²³ganz, völlig ²⁴verlassen ²⁵unschuldig ²⁶verachtet ²⁷beschimpft ²⁸gut ²⁹erzogen ³⁰vernachlässigt ³¹eingeladen ³²gerufen ³³verfolgt ³⁴wahrhaftig ³⁵verwundet ³⁶aufgeputzt ³⁷gegrüßt.

7.

Was nützt es, daß ich (masc.) geehrt werde, da ihr (fem.) verachtet und beschimpft seid. Wir (masc.) sind nicht so vernachlässigt wie ihr. Ich (neutr.) werde gerufen und nicht du. Wir (masc.) sind immer zufrieden, auch wenn wir verlassen und verachtet sind, wenn wir nur gesund sind. Du (fem.) wirst nicht so geachtet als ich (masc.), und ich werde nicht so geehrt als er. Es ist zwar gut erzogen, aber fleißig und arbeitsam ist es nicht. Sie (masc.) werden sehr gehaßt, weil sie zwar reich, aber nicht gütig sind. Heute sind sie (fem.) sehr aufgeputzt, weil sie eingeladen sind. Es ist verwundet, er ist jedoch gesund. Du (masc.) wirst deswegen geliebt, weil du zwar arm, aber tugendhaft bist. Sie wird nicht so hoch geachtet, als sie dessen (toho) würdig ist; sie ist aber dennoch glücklich, denn sie ist zufrieden. Sie (neutr.) sind willkommen, obzwar sie nicht geladen sind. Es wird getadelt, weil es sehr keck ist. Weil wir (masc.) immer sehr fröhlich sind, so werden wir überall gern gesehen; und ihr (fem.) werdet nur darum gehaßt, weil ihr immer verdrießlich und unfreundlich seid. Sie (neutr.) sind gut erzogen, denn sie sind folgsam und geduldig; allein sie (fem.) sind vernachlässigt, denn sie sind zornig, verdrießlich und ungeduldig. Warum ist er so sehr betrübt? Ist er vielleicht krank, oder wird er verfolgt? Verfolgt wird er nicht, auch ist er nicht krank, sondern er ist betrübt, weil sie (neutr.) schlecht (špatně) erzogen und vernachlässigt sind. Er ist zwar unschuldig, allein er ist betrübt, daß auch sie nicht unschuldig ist.

8.

Künftige Zeit (Futurum, čas budoucí).

Singular.	Plural.
1. bud-u ich werde sein.	1. bud-eme wir werden sein
2. bud-eš du wirst sein.	2. bud-ete ihr werdet sein.
3. bud-e er, sie, es wird sein.	3. bud-ou sie werden sein.

Dnes večer nebudu doma, neboť pozván jsem. Až budeme my pozváni, budeme velmi veseli. Budete bohaty, budete-li pilny a pracovity. Dnes jest tu veselo, protože doma jste, až doma nebudete, zase¹ smutno tu bude. Až budeš poslušna, budeš zajisté² cténa; pokud³ ale neposlušna budeš, budeš nenáviděna. Kdy⁴ pak budete tak ozdobeny⁵, jako já ozdobena jsem? Jsou velice zarmoucena, protože pochválena⁶ nebudou. Dnes nejsou přítomna⁷, teprv zejtra přítomna budou. Jen tenkráte⁸ budu spokojen, až⁹ pochválena budeš. Až budou zdrávy, budou také pilny. Budete-li také zejtra tak uplakány¹⁰, jako dnes uplakány jste, nebudete vítány. Jste spokojeni? Dnes jsme spokojeni, ale zejtra snad spokojeni nebudem. Nebudeš trestáno¹¹, budeš-li poslušno a pozorno¹². Teď¹³ jste sice chudi, ale proto snad nejste nešťastni; až budete bohati, ztěží¹⁴ tak spokojeni budete, jako nyní¹⁵ spokojeni jste. Dnes jest pošmúrno¹⁶, bude-li zejtra tak pošmúrno, bude neveselo. Budeš-li ctnostna¹⁷, budeš i šťastna, nebo jedině¹⁸ ten šťasten jest, kdo ctnosten jest. Jsem žádostiv¹⁹, zdali²⁰ vděčna²¹ bude, že zase zdráva jest. Budou-li chválena, budeme rády, budou-li kárána, budeme zarmouceny. Nebudete-li pracoviti²², věčně²³ chudi budete. Dříve²⁴ nebudete milovány, leč až²⁵ pilny a pozorny budete.

¹wieder ²gewiß ³so lang ⁴wann ⁵geputzt, geschmückt ⁶gelobt ⁷anwesend ⁸dann ⁹bis ¹⁰verweint ¹¹gestraft ¹²aufmerksam ¹³jetzt ¹⁴schwerlich, kaum, ¹⁵nun, jetzt ¹⁶trüb ¹⁷tugendhaft ¹⁸nur ¹⁹begierig ²⁰ob ²¹dankbar ²²arbeitsam ²³ewig, ²⁴früher, eher ²⁵leč až außer bis, als bis.

9.

Ihr (masc.) seid jetzt zwar reich und geehrt; allein glücklich seid ihr doch nicht, weil ihr nicht zufrieden seid; vielleicht werdet ihr erst dann zufrieden sein, bis wir (fem.) nicht mehr am Leben sein werden. Du (fem.) wirst, so lange du leben wirst, nie gesund sein, weil du so ungeduldig, so verdrießlich und so zornig bist. Er ist zwar arm, allein ehrlich und liebreich; er wird auch dann ehrlich und liebreich sein, bis er reich sein wird. Wenn sie (fem.) fleißig und arbeitsam sein werden, werden sie nicht arm, sondern reich werden. Ihr (masc.) werdet immer verfolgt und gehaßt werden, wenn ihr nicht ehrlich sein werdet. Ich (masc.) werde nie glücklich sein, weil ich nie ganz gesund sein werde. Obzwar sie (fem.) arm ist, ehrlich wird sie dennoch immer sein. Es wird nicht eher gesund, als bis es zu Hause sein wird. Heute ist es kühl, vielleicht wird es morgen warm werden. Wirst du (masc.) anwesend sein, bis sie wird gelobt werden? Ich (neutr.) bin fleißig und aufmerksam, deswegen werde ich geliebt werden. Heute werden wir (masc.) nicht zu Hause sein, denn wir sind eingeladen. Ich (fem.) werde sehr traurig sein, bis er todt sein wird. Seid ihr (masc.) zufrieden? Heute sind wir zufrieden; morgen werden wir vielleicht nicht zufrieden sein. Nur dann werden sie (neutr.) glücklich sein, wenn sie tugendhaft sein werden. Bis ich (fem.) eingeladen sein werde, werde ich schön geputzt sein. Du (fem.) wirst immer willkommen sein, auch wenn du nicht eingeladen bist. Sie (masc.) werden nur dann geliebt werden, wenn sie fleißig, arbeitsam, mitleidig, geduldig und liebreich sein werden.

10.
Geschlecht der Hauptwörter (substantiva) und ihre Abänderung (Deklinazion).

Die Bestimmung des Geschlechtes der Substantiva ist in der böhmischen Sprache sehr einfach und leicht, wenigstens bedeutend leichter als in der deutschen Sprache.

1. Alle Substantiva, die ein männliches Wesen benennen, sind ohne Unterschied des Auslautes männlich, und die ein weibliches Wesen benennen, sind ingleichen ohne Unterschied des Auslautes weiblich. Diese beiden Regeln sind so allgemein giltig, daß sie in der nachfolgenden Geschlechtsbestimmung immer als Bedingung vorausgesetzt werden. Eine Ausnahme machen nur die Benennungen der Jungen belebter Wesen, die sächlich sind; wovon weiter unten.

2. Das Geschlecht der übrigen Substantiva läßt sich am leichtesten und faßlichsten nach den Deklinazionen behandeln.

Zur Abänderung der Substantiva hat der Böhme 8 Deklinazionen, die sich in vier Klassen zusamenstellen lassen.

Die erste Klasse umfasst drei Deklinazionen, eine für männliche, eine für weibliche und eine für sächliche Substantiva. Die Deklinazionen dieser Klasse werden in Rücksicht der Mannigfaltigkeit ihrer Biegungen **ursprüngliche** oder **starke** genannt.

Die zweite Klasse umfasst ingleichen drei Deklinazionen, deren erste für männliche, die zweite für weibliche und die dritte für sächliche Substantiva bestimmt ist. Die Deklinazionen dieser Klasse nennt man wegen der geringen Mannigfaltigkeit ihrer Biegungen **abgeleitete** oder **schwache**.

Die dritte Klasse enthält nur eine Deklinazion, die ausschießlich für weibliche Substantiva bestimmt ist; und

die vierte Klasse enthält auch nur eine Deklinazion, zu welcher die zusammengezogenen Substantiva aller drei Geschlechter gehören.

11.

1. Kennzeichen, Geschlecht und Deklinazionen der Substantiva erster Klasse.

1. **Männlich** und daher zur männlichen Deklinazion gehörig, sind:

a) ohne Ausnahme alle Substantiva, die sich auf die harten Mitlaute: h, ch, k, r, n, d, t endigen, und

b) fast alle, die auf die unbestimmten: b, f, p, m, s, v, z und auf l, wenn unmittelbar kein e vorangeht, auslauten.*)

Bei den männlichen Substantiven dieser Deklinazion unterscheidet man die Benennungen **belebter** und **lebloser** Wesen. Dieser Unterschied muß

---

*) Weiblich sind nur folgende:
a) zem die Erde statt země;
alle zwei- und mehrsilbigen auf ev; z. B. větev der Ast, korouhev die Fahne; ferner hráz der Damm, mláz junger Wald, nesnáz die Verlegenheit, omláz der Nachwuchs, tvrz die Veste;
b) hloub die Tiefe, loub die Laube;
hůl der Stock, měl die Untiefe, mysl das Gemüth, der Sinn, sůl das Salz, ozim das Wintergetraide, und die Städtenamen auf m: z. B. Chrudim, Kouřim, Příbram; otep Bund Stroh, oklep ausgedroschene Garbe, slup der Schweberich, eine Vorbereitung zum Fischfang, step die Wüste;
hus (husa) die Gans, směs das Gemengsel, ves das Dorf, náves der Dorfplatz; brv (brva) der Augenwimper, krev das Blut; ohlav die Halfter, dann die Städtenamen auf av; z. B. Boleslav;
bliz die Nähe, haluz der Ast, kolomaz die Wagenschmier, přísaz der Zusatz, sliz der Schleim, der Kleber.
Männlich und weiblich sind: leb der Schädel, oheb das Gelenk; bol der Schmerz, obuv die Fußbekleidung; rez der Rost.

bei allen flexiblen Redetheilen, so oft sie männlich gefügt werden, gewart werden.

Muster für die männlichen Substantiva, wenn sie belebt sind, ist holub die Taube, für die leblosen dub die Eiche.

2. Weiblich sind alle Substantiva, die auf a auslauten; Muster ist ryba der Fisch.

3. Sächlich sind alle auf o; Muster ist slovo das Wort.

Alle Substantiva, die zu den Deklinazionen der ersten Klasse gehören, gehen im Nominativ der Einzahl und Mehrzahl nach dem persönlichen Fürworte: on, ona, ono u. s.!f.

I. Klasse, starke Deklinazion.				
	Singular, Einzahl			
Nom.	masculinum		femininum	neutrum
	belebt	unbelebt		
	holub	dub	ryb-a	slov-o
Plural, Mehrzahl.				
Nom.	holub-i	dub-y	ryb-y	slov-a.

Die Wirkung des i im Nominativ der Mehrzahl ist bekannt: es muß nämlich das in dem i steckende Erweichungszeichen auf den unmittelbar voranstehenden Konsonanten übertragen werden, wodurch derselbe erweicht, und h in z, ch in š, k in c verwandelt werden.

Nach dem vorstehenden Schema gehen im Nominativ der Einzahl und der Mehrzahl auch nachfolgende Formwörter.

Singular, Einzahl.			Plural, Mehrzahl.		
masculinum	femin.	neutr.	masc.	femin.	neutr.
t-en dieser	ta,	t-o,	t-i,	t-y,	t-a,
ten-to dieser da,	ta-to,	to-to,	ti-to,	ty-to,	ta-to,
o-nen, jener	o-na,	o-no,	o-ni,	o-ny,	o-na,
onen-o, jener dort,	ona-no,	ono-no,	oni-no,	ony-no,	ona-no,
jed-en, ein	jedn-a,	jedn-o,	jedn-i,	jedn-y,	jedn-a.

Anmerkung. In der Mehrzahl ist der männlich unbelebte Ausgang immer dem weiblichen gleich.

A. Voják[1] jest rád vesel. Jest-li tělo[2] nemocno, i duch[3] nemocen jest. Děťátko[4] je-li*) zdrávo, je i pokojno[5] a veselo; je-li však churavo, bývá (pflegt zu sein) nevrlo[6] a plačtivo. Matka[7] jest sice

---

*) Statt jest sagt man kürzer je.

živa, ale pořád churava, teta[8] však již dávno mrtva jest. Budou-li žáci[9] pilni a pozorni, budou chváleni a váženi, budou-li však nepozorni a lenivi, budou trestáni[10]. Onino páni[11] nejsou spokojeni, že tito holubi prodáni[12] jsou. Bůh[13] duch jest. Olovo[14], železo[15], zlato[16] a stříbro[17] jsou kovy[18]. Ona okna[19] jsou ještě otevřena [20], ač bouřka[21] jest. Válka[22] jest trest[23] Boží (Gottes). Tento kloboučník[24] jest sice bohat, avšak šťasten není, neboť jest manželka [25] jeho (seine) mrtva, dcera[26] churava, synové*)[27] pak nemocni. Proč jsou tyto ženy[28] smutny a zarmouceny? Jedna jest smutna, že dcera její (ihre) churava jest, a jedna jest zarmoucena, že synové její lenoši[29] jsou. Onen koželuh[30] jest ovšem bohat a vážen, ale co platno, když zdráv není; a však on jest přece šťasten, neboť jest trpěliv a spokojen. Tato děťátka jsou churava a matky jejich (ihre) přítomny nejsou. Onino vojáci, ačkoliv udatni[31], jsou přece rádi, že mír[32] učiněn[33] jest. Vy hoši[34], vy jste lenoši. Učitel[35] jest hněviv, že žáci, ačkoliv často[36] napomínáni[37], pořád nepozorni jsou. Žebrák[38] jest syt, ale mošna[39] není. Vojska[40] jsou poražena [41], města[42] vyloupena[43], a stáda[44] rozplašena[45] i úroda[46] zničena[47] a mír ještě uzavřen[48] není. Tyto stromy budou vysekány[49], neboť jsou neúrodny. Vrah[50] jest přemožen[51]. Žačky[52] jsou pozorny a pilny, ale žáci jsou roztržiti[53].

[1]Der Soldat [2]der Körper, der Leib [3]der Geist [4]das Kind [5]ruhig [6]unwirsch, mürrisch [7]die Mutter [8]die Tante [9]der Schüler [10]gestraft [11]der Herr [12]verkauft [13]Gott [14]das Blei [15]das Eisen [16]das Gold [17]das Silber [18]das Metall [19]das Fenster [20]offen [21]das Gewitter [22]der Krieg [23]die Strafe [24]der Hutmacher [25]die Gemahlin [26]die Tochter [27]der Sohn [28]das Weib, die Frau [29]der Faulenzer [30]der Lohgärber [31]tapfer [32]der Friede [33]gemacht [34]der Knabe [35]der Lehrer [36]oft [37]ermahnt [38]der Bettler [39]die Mosche [40]das Heer [41]geschlagen [42]die Stadt [43]geplündert [44]die Herde [45]zerstreut [46]die Ernte [47]vernichtet [48]geschlossen [49]ausgehauen [50]der Feind, der Mörder [51]überwältigt [52]die Schülerin [53]zerstreut.

B. Co jest pravda[1], není hřích[2]. Jedině[3] ten člověk[4] jest šťasten, který (welcher) spokojen jest. Kloboučníci a koželuzi budou

---

*) Im Nomlu. der Mehrzahl haben die männlichen Substantiva, insbesondere die belebten, wenn sie einsilbig sind oder wenn man mit Auszeichnung sprechen will, auch den Ausgang ové. Man nennt diesen Ausgang auch den feierlichen (Nominativus majestaticus, slavný). Denselben Ausgang ové haben gewöhnlich auch die belebten Substantiva auf ek.

chváleni, ti že bohati a dobrotivi a oni že chudi ale spokojeni a trpělivi jsou. Onino podruzi[5] a nádenníci[6] jsou velmi pilni a pracoviti; budou-li pořád zdrávi a šťastni a ustavičně tak pracoviti a pilni, jako nyní jsou, zajisté jednou[7] bohati budou. Tato matka jest velmi ráda, že syn její bedliv[8] jest a dcera poslušna. Letos[9] jsou skoro[10] všecka (alle) jablka[11] červiva[12]. Bude ta kniha[13] pořád zavřena, či také jednou otevřena bude? Jablka budou letos prodána, ale hrušky[14] sušeny[15] budou. Žito[16] jest již vymláceno[17], ale prodáno[18] není. Po smrti (nach dem Tode) budou sobě (sich) pán i nepán[19] rovni[20]. My nejsme vinny[21], že to děcko[22] tolik zanedbáno[23] jest. Ta holka[24] jest pořád churava, snad již nikdy víc zdráva nebude. Jeden jest Pán, jedna víra[25], jeden křest[26]. Až toto plátno[27] bude vybíleno[28] a onyno ručníky[29] až budou obroubeny[30], budu ráda. Ubrusy[31] již dávno tu jsou, a ještě není prostřeno[32]. Tito sedláci[33] jsou pilni a pracoviti a protož i bohati, ale onino řemeslníci[34], ač také pracoviti a pilni, jsou pořád chudi, neb jsou velice nešťastni. Lid*)[35] jest velice zarmoucen, že vojna[36] jest. My lidé jsme tvorové[37] Boží. Oni služebníci[38] budou propuštěni[39], jednak že nejsou poctivi a věrni[40], a jednak, že jsou lenoši a mrzouti[41]. Nejsou páni úřadníci[42] doma? Úřadníci nejsou doma, ale manželky[43] jejich (ihre) jsou doma.

[1]Die Wahrheit [2]die Sünde [3]nur, allein [4]der Mensch [5]der Inwohner [6]der Taglöhner [7]einmal [8]emsig [9]heuer [10]beinahe, fast, [11]der Apfel [12]wurmig [13]das Buch [14]die Birne [15]gedörrt, getrocknet [16]das Korn [17]ausgedroschen [18]bis jetzt [19]der Nichtherr [20]gleich [21]schuld [22]das Kind [23]vernachlässigt [24]das Mädchen [25]der Glaube [26]die Taufe [27]die Leinwand [28]gebleicht [29]das Handtuch [30]eingesäumt [31]das Tischtuch [32]aufgedeckt [33]der Bauer [34]der Handwerker [35]sing. das Volk, pl. die Menschen [36]der Krieg [37]das Geschöpf [38]der Diener [39]entlassen [40]treu [41]verdrießlicher Mensch [42]der Beamte [43]die Gattin, die Gemahlin.

12.

A. Die Soldaten werden entlassen werden, weil kein Krieg mehr ist. Die Taglöhner sind nicht schuld, wenn sie nicht so geachtet werden, wie die Herren. Dieser Handwerker ist sehr fleißig und arbeitsam, jener ist ein Faulenzer. Die Schwester ist nicht zufrieden, daß

---

*) Im Nomin. der Mehrzahl haben Gattungs- und Völkernamen auf an den Ausgang é. Denselben Ausgang nehmen auch folgende Namen an: anděl der Engel, apoštol der Apostel, konšel der Konsul, manžel der Ehegatte, lid das Volk, lidé die Menschen, soused der Nachbar, žid der Jude.

sie gesund und arm ist, ob sie zufrieden sein wird, bis sie reich, aber krank sein wird? Das Heer ist zwar geschlagen, allein überwunden ist es nicht. Der Lohgärber ist eben so reich wie der Hutmacher, allein so gütig und freundlich ist er nicht. Hier sind Handtücher und hier sind Tischtücher. Es ist hier nur ein Handtuch und nur ein Tischtuch. Diese Leinwand wird nicht eher verkauft werden, als bis sie gebleicht sein wird. Jener Diener ist zwar arbeitsam und treu, allein er ist nicht folgsam und nicht freundlich, er wird daher entlassen werden. Jene Weiber sind zwar arm, jedoch gerecht. Die Hutmacher sind, obzwar kränklich, sehr arbeitsam. Die Mörder werden strenge (přísně) bestraft werden. Jene Knaben werden, weil sie fleißig und gehorsam, geliebt, diese dagegen werden gehasst, theils weil sie faul, theils weil sie ungehorsam sind. Die Taglöhner werden, wenn sie ehrlich und gerecht sind, eben so geachtet wie die Herren.

B. Die Mutter ist traurig, dass ihre (její) Söhne und ihre Töchter todt sind. Es ist schon Abend und sehr kalt, und es sind noch alle (všecka) Fenster offen, nur eines ist zu. Die Lehrer werden nicht froh sein, so lange diese Schüler Faulenzer und jene Schülerinnen unaufmerksam sein werden. Weil Gott ist, so sind auch wir Menschen. Ihr Mädchen, ihr seid zwar fleißig und aufmerksam; allein eines ist doch nachlässig und zerstreut. Wo sind die Schwestern? Die einen sind zu Hause und die andern sind irgendwo draußen. Du (fem.) bist heute sehr betrübt; bist du vielleicht krank? Ach krank (fem.) bin ich nicht; allein ich bin sehr unglücklich; denn ich bin ganz verlassen, weil alle die Meinigen (všickni moji) todt sind; der Vater ist todt, die Mutter ist todt, die Brüder sind todt und die Schwestern sind auch todt. Diese Mädchen sind immer fröhlich, weil sie jung und gesund sind, nur eines ist immer traurig. Heuer sind alle Birnen und alle Aepfel wurmig, nicht eine Birne und nicht ein Apfel ist gesund. Die Beamten sind sehr gütig und freundlich, eben so gütig und freundlich sind ihre Frauen. Eichen sind Bäume. Diese Soldaten sind unschuldig, nur jener dort ist schuldig.

13.
Vergangene Zeit (Perfectum, minulý čas).

Das Perfektum wird wie im Deutschen zusammengesetzt aus dem Präsens jsem und dem Partizip (Mittelworte) vergangener Zeit byl, dessen Auslaute nach on, ona, ono ꝛc. gehen. Dies Perfekt vertritt auch das Imperfekt oder die sogenannte halbvergangene oder mitvergangene Zeit.

Singular.
1. byl, byl-a, byl-o jsem
2. byl, byl-a, byl-o jsi
3. byl, byl-a, byl-o jest

Plural.
1. byl-i (y), byl-y, byl-a jsme
2. byl-i (y), byl-y, byl-a jste
3. byl-i (y), byl-y, byl-a jsou.

Bůh jest, byl vždy a bude vždy. My jsme tu druhdy[1] nebyli, teď ale jsme, a zas tady nebudeme. Já byl nemocen, a bratr také trochu churav byl, jen sestra zdráva byla. Nešlechetníci[2] nebudou nikdy šťastni, protože ctnostni nejsou a nikdy ctnostni nebyli. Ta žena, co tak dlouho[3] nemocna byla, již opět[4] zdráva jest. Kde jste včera[5] byli? neboť když jsme u vás (bei euch) byly, nebyli jste doma. Ti rolníci[6], co ondyno[7] tak veseli byli, budou zejtra trestáni. Včera bylo až příliš[8] horko[9], ano parno[10], dnes jest ale chladno[11] a vlhko[12]; možno[13], že zejtra zase trochu jasno[14] a teplo bude. Ti pacholíci[15] jsou dnes taktéž[16] nepozorni, jako včera nepozorni byli. Matka i dcera byly velmi pracovity, ale bratři byli lenoši. Ti úřadníci[17] byli milostivi[18] a laskavi, pokud zdrávi byli; nyní ale, co[19] jsou churavi, jsou velmi mrzuti. Dokavad jsem mláda byla, byla jsem ráda vesela, nyní ale, co stára jsem, jsem netrpěliva. Letos byla jablka červiva. Dokud jsi ctnosten byl, byl jsi milován i vážen, ačkoli bohat jsi nebyl. Že zahrady[20] byly prodány, nebyli zahradníci[21] rádi. Pán a služebník byli sobě (einander) velmi podobni[22], když ještě mladi byli, teď ale jsou sobě zcela[23] nepodobni. Jsem jist[24], že opět[25] taktéž zdráv budeš, jako jsi prvé[26] zdráv byl, budeš-li jako prvé střídem[27] a tich[28]. Co bylo, již není, a co jest, zas nebude. Já byl sice bohat, ale zdráv jsem nebyl, a protož jsem také šťasten nebyl. Holky byly neposlušny, a proto byly vazeny[29]. Železo bylo prodáno, ale olovo prodáno nebylo. Co bohati jste, nebyli jste nikdy úplně[30] ani zdrávi, ani veseli, ovšem[31] ale úzkostlivi[32] a mrzuti.

[1]sonst [2]der Bösewicht [3]lang [4]wieder [5]gestern [6]der Ackersmann [7]unlängst, neulich [8]zu sehr [9]heiß [10]schwül [11]kühl [12]feucht [13]möglich [14]heiter, klar [15]der Knabe [16]ebenso [17]der Beamte [18]gnädig [19]seitdem [20]der Garten [21]der Gärtner [22]ähnlich [23]völlig [24]sicher, gewiß [25]wieder [26]zuvor, früher [27]mäßig [28]still, sanft [29]ausgezankt [30]vollkommen [31]desto mehr, wohl aber [32]ängstlich.

14.

Wir (masc.) wurden so lange geachtet, so lange wir reich waren: jetzt, da wir arm sind, werden wir verachtet (opovrhován), allein wir waren nie so zufrieden und so fröhlich als*) jetzt; denn so lange wir reich waren, waren wir immer kränklich, weil wir faul und unmäßig waren; jetzt aber, seit wir arm sind, sind wir arbeitsam und mäßig und deshalb auch gesund. Heute war es etwas kühl und feucht, vielleicht wird es morgen wieder warm werden, wie es gestern warm gewesen ist. Der Gärtner war froh, daß die Bäume verkauft worden sind; daß jedoch auch die Gärten verkauft worden sind, war er verdrießlich. Diese Schüler werden zu Hause nicht willkommen sein, weil sie nicht belobt worden sind, möglich, daß sie sogar (i) bestraft werden. Weil ihr (fem.) unaufmerksam gewesen seid, wurdet ihr bestraft. Wo warst (fem.) du gestern, daß du nicht zu Hause warst, als ich (masc.) bei dir (u tebe) war? Ich (fem.) war draußen, weil es warm und heiter war; auch war ich nicht allein draußen, auch die Mutter und Brüder und die Schwestern waren draußen. So lange die Herren freundlich gewesen sind, wurden sie gelobt und geliebt. Wie die Sterne (hvězda) nicht immer gewesen sind, so waren auch wir (masc.) früher nicht, nur Gott allein war immer und wird immer sein. Als ich (masc.) neulich (ondy) bei euch gewesen bin, war weder Mutter noch Tochter zu Hause. Wir (masc.) sind sehr froh, daß ihr (neutr.) dankbar gewesen seid. Ich (neutr.) war reich, allein ich war immer krank und deswegen war ich auch nicht glücklich. Das Mädchen wird ausgezankt werden, weil es nicht zu Hause gewesen ist. Die Bauern waren arbeitsam und zufrieden, so lange sie arm waren, jetzt, seit sie reich sind, sind sie träge und sehr unzufrieden. Seitdem die Mutter gesund ist, bin ich (fem.) wieder sehr froh und lustig; wie sie jedoch krank war, da war ich ganz traurig und ängstlich. Jene Frauen wurden sehr geachtet und geliebt, die einen, weil sie mächtig und gütig, die andern, weil sie geduldig und tugendhaft waren.

15.

II. Kennzeichen, Geschlecht und Deklinazion der Substantiva zweiter Klasse.

1. Männlich und daher zur männlichen Deklinazion zweiter Klasse gehörig, sind:

*) Als heißt bei der ersten Vergleichungsstufe jako, bei der zweiten heißt es než.

a) Faſt alle Subſtantiva, die auf die weichen Mitlaute c, č, j, ř, š*) und die Silbe el**) endigen.
b) Alle, die eine männliche Perſon benennen und auf e auslauten.
c) Alle Benennungen der Thiere, wenn an ihnen kein Geſchlecht unterſchieden wird und wenn ſie ſich auf einen **weichen** Mitlaut endigen; z. B. kůň das Pferd, sleď der Häring; und endlich
d) hvížď die taube Nuſs, oheň das Feuer, peň der Stamm, rožeň der Roſt, stěžeň der Maſtbaum, stupeň die Stufe, déſť der Regen, pláſť der Mantel, kříž das Kreuz, nůž das Meſſer, smrž die Morchel, trnož der Tritt am Tiſche, výraž das Kornmehl.

Auch bei dieſer Deklinazion müſſen die **belebten** Weſen von den lebloſen unterſchieden werden.

Muſter für die belebten iſt muž der Mann, für die lebloſen meč das Schwert.

---

*) Weiblich ſind:
a, klec der Käfig, obec die Gemeinde; chatrč die Hütte, kleč die Pflugſterze, nápeč das Gebäck, okroč der Wurſtwagen, pavlač der Balkon, stač (dostatek) das Genüge, svlač (ſánky) der Schlitten, tač das Wickeltuch für Kinder, úboč der Abhang, výboč (zacházka) der Umweg, vlač die Schleppe; chvoj das Reiſig, kapěj der Tropfenfall, krápěj der Tropfen, kurděj der Skorbut, podvoj (veřeje) die Thürpfoſten, skrej das Verſteck, sluj die Schlucht, die Höhle, slépěj der Fußſtapfen, voj die Deichſel, závěj die Windwehe, zbroj die Waffe; děl die Länge, koudel das Werg, koupel das Bad, maſtal der Marſtall, petržel die Peterſilie, postel die Bettſtätte, troubel das Pfeifenrohr, zádel das Schlechtere. Čepel die Klinge, kel der Keim, ocel der Stahl, svisel der Gerathſparren, svízel die Trübſal, können auch männlich gebraucht werden; keř der Strauch, pateř das Rückrath, zděř der Ring, šíř die Breite, tvář die Wauge, zář der Lichtſchein; peleš das Thierlager, rozkoš die Wolluſt, skrýš das Verſteck, veteš alte Kleider, výš die Höhe, vrš die Fiſchreuſe.
b) moc die Macht, nemoc die Krankheit, pomoc die Hilfe, pramoc die Urmacht; noc die Nacht, pec der Ofen, věc die Sache, das Ding, stříc das Begegnen; chtíč die Begierde, křeč der Krampf, léč die Falle, louč der Kien, náruč die Armvoll, nestateč die Schwäche, peč das Gebäck, příč die Quere, rozpač die Verlegenheit, řeč die Sprache, seč der Kampf, oseč das Abgehauene, průseč der Durchhau, senoseč die Heumahd, smrč die Fichte, tyč die Stange, tluč der Schrott, úseč der Abſchnitt, etwas Abgehauenes, žluč die Galle; jař das Sommergetraide, keř der Strauch, zděř der Ring, šíř die Breite, tvář die Wange, zvěř das Wild; myš die Maus, rozkoš die Wolluſt, skrýš das Verſteck, spraš der Feldſtaub, veš die Lau.
Vergleicht man die hier unter a und b angeführten weiblichen Subſtantiva, ſo wird ſich ergeben, daß einige derſelben und namentlich: keř, zděř, šíř, tvář, skrýš, rozkoš, unter a und unter b vorkommen; dieß iſt nur deshalb, weil ſie ſowohl unter Rubrik a als unter Rubrik b gehören, daher nach zwei Deklinazionen abgeändert werden können.
**) Alle auf el endigenden Subſtantiva, mit Ausnahme der oben unter a angeführten weiblichen, gehören zur ſchwachen männlichen Deklinazion; zur erſten gehören nur: manžel der Ehemann, posel der Bote, anděl der Engel, účel der Zweck, sesle der Seſſel, úhel der Winkel. Dagegen gehören zur ſtarken männlichen alle auf l endigenden; nur král der König, koukol das Unkraut, chramostejl der Hermelin, cíl das Ziel und motýl der Schmetterling gehören der ſchwachen männlichen an.

2. Weiblich und zur weiblichen Deklinazion gehörend sind:
a) In der Regel alle Substantiva auf e. Diesem e geht ein weicher Mitlaut unmittelbar vor, und da das Erweichungszeichen nach bestimmten Regeln von dem erweichten Mitlaute auf das nachfolgende e übertragen wird, so erklärt sich, warum einige Hauptwörter dieser Deklinazion im Auslaute e, die andern ě haben.
b) Viele Hauptwörter, die das Auslautende e im Laufe der Zeit verloren haben und sich gegenwärtig auf einen weichen Mitlaut und zwar meist auf ň und ž endigen*), ferner labuť der Schwan, poušť die Einöde, tloušť die Dicke, prť die Wildbahn, vrť die Winde, vývrať ein umgestürzter Baum.
c) Alle, die S. 20 unter a und S. 27 unter a aufgezählt wurden. Muster für die weiblichen Hauptwörter ist země die Erde.

3. Sächlich und zur sächlichen Deklinazion gehörig sind:
a) Alle Benennungen junger Wesen von Menschen und Thieren auf e; z. B. děvče das Mädchen, pachole der Knabe, jehně das Lamm.
b) Alle auf ce, wenn sie leblose Wesen benennen; z. B. slunce die Sonne, ovoce das Obst.
c) Alle auf mě, nur krmě die Speise und země die Erde, ausgenommen.
d) Alle auf ště und iště, z. B. ohniště der Herd.
e) Folgende, die in keine der genannten Regeln hineinpassen: doupě die Höhle, hoře der Gram, lože das Bett, moře das Meer, nebe der Himmel, plužně das Pfluggrab, pole das Feld, poupě die Knospe, vole der Kropf.

Bei den sächlichen Hauptwörtern dieser Deklinazion müssen die belebten Wesen von den unbelebten unterschieden werden.

Muster für die unbelebten ist pole das Feld, für die belebten holoubě die junge Taube.

Alle männlich Belebten dieser Deklinazion haben in der Mehrzahl i, feierlich ové.

Alle männlichen Unbelebten, alle weiblichen und alle sächlichen Unbelebten haben e; die männlichen Unbelebten haben feierlich ové.

---

*) Ausgenommen sind nur die oben S. 27 unter d angeführten männlichen oheň, peň u. s. f. und dann pláň junger Wald, pláň die Ebene, zeleň das Grüne; ferner lež die Lüge, otěž der Zügel, rež das Korn, houž das Reis, die zur folgenden Deklinazion gehören.

Die fächlich Belebten und einige Unbelebten auf ště und ìště haben im Nomin. Mehrzahl ata und treten somit über in die starke Deklinazion.

II. Klasse, schwache Deklinazionen.					
Singular, Einzahl					
Nom.	masculinum		femin.	neutrum	
	belebt	unbelebt		belebt	unbelebt
	muž	meč	země	holubě	pole
Plural, Mehrzahl					
Nom.	muž-i	meč-e	země	holoubata	pole.

A. Hvězdy[1] jsou buď[2] stálice[3], buď oběžnice[4]. Nebe[5] jest zamračeno[6], bude snad bouřka[7]. Otec jest vesel, ale máti[8] jest smutna, jest prý[9] churava. Jsem rád, že pole[10] již pomrvena[11] a strništata[12] zorána[13] jsou. Zloději[14] a lháři[15] jsou hříšníci[16]. Druhdy jsem byl dítě[17], teď jsem hoch, a brzo[18] budu mládenec[19]. Budete-li mládenci vždy pilni a pracoviti, budete zajisté také jednou šťastni. Koše[20] jsou pluy[21], ale talíře[22] prázdny[23]. Dnes budou tato kotata[24] a tato štěňata[25] utopena[26], a jen jedno štěně a jen jedno kotě bude živo necháno[27]. Vůle[28] není sice skutek[29], ale skutek vždy i vůle jest. Číše[30] jest naplněna[31], jsi-li žízniv, tu jest. Že pokoj[32] učiněn[33] byl, budou ulice[34] a domy osvíceny[35]. Proč není tato růže[36] ještě vsazena[37]? Proč nejsou květiny[38] zality[39]? Jsou-li hrabata[40] přívětiva a laskava, proč jsou správci[41] jejich (ihre) tak nevlídni[42] a netrpělivi? Jsou již ta poupata[43] rozvita[44]? Kostel[45] již dávno otevřen jest a ty ještě nejsi oblečena[46]. Lože již ustláno[47] jest. Strach[48] bývá (pflegt zu sein), když moře pobouřeno[49] jest. Holoubata byla prodána, ale kůře[50] ani jedno prodáno nebylo. Až tyto háje[51] a ony lesy[52] posekány[53] budou, nebude tu tak veselo, jak tu nyní veselo jest. Tato košťata[54] jsou již ometena[55], ani jedno není víc[56] potřebno[57]. Jen jehňata[58] byla prodána, telata[59] byla odchována[60]. Toto pachole[61] nebude zdrávo, nebude-li poslušno.

[1]Der Stern [2]buď-buď entweder= oder [3]der Firstern [4]der Planet [5]der Himmel [6]verfinstert [7]das Gewitter [8]die Mutter [9]man sagt [10]das Feld [11]gedüngt [12]das Stoppelfeld [13]geackert [14]der Dieb [15]der Lügner [16]der Sünder [17]das Kind [18]bald [19]der Jüngling [20]der Korb [21]voll [22]der Teller [23]leer [24]junge Katze [25]junger Hund [26]ertränkt [27]gelassen [28]der Wille, [29]die That, das Werk [30]der

Becher ³¹gefüllt ³²der Friede, das Zimmer ³³gemacht ³⁴die Gasse ³⁵erleuchtet ³⁶die Rose ³⁷eingesetzt ³⁸die Blume ³⁹begossen ⁴⁰der Graf ⁴¹der Verwalter ⁴²unfreundlich ⁴³die Knospe ⁴⁴aufgeblüht ⁴⁵die Kirche ⁴⁶angekleidet ⁴⁷aufgebettet ⁴⁸die Furcht, der Schrecken ⁴⁹vom Sturme bewegt, stürmisch ⁵⁰junges Huhn ⁵¹der Hain ⁵²der Wald ⁵³ausgehauen ⁵⁴der Besen ⁵⁵abgekehrt ⁵⁶mehr ⁵⁷brauchbar ⁵⁸das Lamm ⁵⁹das Kalb ⁶⁰großgezogen ⁶¹der Knabe.

B. Kdy žízeň¹, i krůpěj² vody (Wassers) mila. Kde jest bázeň³, tam jest také kázeň⁴. Postel⁵ jest nemocnému (dem Kranken) kostel⁶. Již jest senoseč⁷, tedy i naděje⁸, že brzo žně⁹ budou. Kde obec¹⁰ není spravedliva, tam i občané¹¹ nespravedlivi budou. Stráž¹² nebyla dnes příliš¹³ bedliva¹⁴, neboť nebyl od ní (von ihr) oheň¹⁵ viděn¹⁶, jenž¹⁷ daleko široko¹⁸ viděn byl. Teprv¹⁹ jen tento nůž²⁰ nabroušen²¹ jest, onyno nože teprv po zejtřku²² broušeny²³ budou. Utrhač²⁴ a pochlebník²⁵ jsou nebezpečni (gefährliche) lidé, onen jest lupič²⁶ dobrého jmena (des guten Namens), tento ukryvač²⁷ hříchů (der Sünden). Nebyly vám (euch) včera lžíce²⁸, nože a vidličky²⁹ ukradeny³⁰, aneb talíře, hrnce³¹ a mísy³²? Jste-li žíznivy, tu jest voda³³ a sklenice³⁴, jste-li hladovy, tu jest nůž, chléb³⁵ a ovoce³⁶. Věže³⁷ jsou prsty³⁸ k nebi ukazující (die zum Himmel weisen). Klec³⁹ jest žalář⁴⁰ ptáků (der Vögel). Srdce⁴¹ jest skrýš⁴² myšlení (der Gedanken), ale tvář⁴³ jest řeč⁴⁴ srdce (des Herzens). Vrchové⁴⁵ jsou povýšeniny⁴⁶ kůry zemní (der Erdrinde), a kde vrcholy tam i padoly⁴⁷ jsou a stráně⁴⁸. Onen člověk⁴⁹ jest cizinec⁵⁰ a nikoli⁵¹ našinec⁵². Ti zloději a ti zrádci⁵³ byli již včera postíženi⁵⁴, dnes budou odsouzeni⁵⁵ a zejtra potrestáni. Pokoj⁵⁶ tento jest sice pěkně vymalován⁵⁷, ale onyno budou ještě⁵⁸ pěkněji⁵⁹ malovány. Ono děvče⁶⁰ bude trestáno, neboť jest ničemnice⁶¹. Nebesa⁶² jsou trůn⁶³ Boží a sídlo⁶⁴ vyvolenců (der Auserwählten).

¹Der Durst ²der Tropfen ³die Furcht ⁴die Zucht ⁵das Bett ⁶die Kirche ⁷die Heumahd ⁸die Hoffnung ⁹die Ernte ¹⁰die Gemeinde ¹¹das Gemeindeglied, der Bürger ¹²die Wache ¹³sehr, zu sehr ¹⁴wachsam ¹⁵das Feuer ¹⁶gesehen ¹⁷welches ¹⁸breit ¹⁹erst ²⁰das Messer ²¹geschliffen ²²übermorgen ²³geschliffen ²⁴der Ehrabschneider ²⁵der Schmeichler ²⁶der Räuber ²⁷der Hehler ²⁸der Löffel ²⁹die Gabel ³⁰gestohlen ³¹der Topf, der Napf ³²die Schüssel ³³das Wasser ³⁴das Glas ³⁵das Brot ³⁶das Obst ³⁷der Thurm ³⁸der Finger ³⁹der Käfig ⁴⁰das Gefängnis ⁴¹das Herz ⁴²das Verbergnis ⁴³das Gesicht, die Wange ⁴⁴die Sprache ⁴⁵der Berg ⁴⁶die Erhöhung ⁴⁷das Thal ⁴⁸die Berglehne ⁴⁹der Mensch ⁵⁰der Fremdling ⁵¹keines-

wegs⁵² der Unsrige, der Landsmann ⁵³der Verräther ⁵⁴ergriffen ⁵⁵abg⸗
urtheilt ⁵⁶das Zimmer ⁵⁷ausgemahlt ⁵⁸noch ⁵⁹schöner ⁶⁰das Mädchen
⁶¹der Taugenichts ⁶²der Himmel ⁶³der Thron ⁶⁴ der Sitz.

16.

A. Der Vater ist sehr froh, daß die Zimmer ausgemahlt werden.
Das Messer, welches (co) gestern gestohlen wurde, wurde heute wieder
zurückgegeben¹ und geschliffen; der Dieb ist jedoch nicht bekannt². Die
Körbe und Becher sind freilich voll, allein wir (masc.) sind weder dur=
stig noch hungrig. Du bist ein Sünder, wenn du ein Lügner bist.
Diese Mädchen waren sehr brav, so lange sie jung waren, jetzt sind sie
Taugenichtse. Die Knaben sind sehr verdrießlich, daß nur die jungen Hun=
de und nicht auch die jungen Katzen ertränkt wurden. Dieser Besen ist
bereits abgekehrt und unbrauchbar. Die Herren Verwalter wurden ent=
lassen; denn der Herr Graf war mit ihnen (s nimi) sehr unzufrieden,
weil sie immer so unfreundlich und mürrisch gewesen sind. Die Lügner
werden von allen Menschen (ode všech lidí) gehaßt; denn der Lügner
ist gewöhnlich³ auch ein Dieb. Die Rosen sind bereits eingesetzt, allein
begossen sind sie noch nicht. Die Mädchen sind durstig gewesen, die Kna=
ben aber hungrig. Als gestern das Meer so stürmisch war, sind wir (masc.)
draußen gewesen. Diese Gläser sind schon leer, voll werden sie kaum
mehr werden. Hier ist Wasser, wenn du (fem.) durstig bist, und hier
ist Brod und Obst, wenn du (fem.) hungrig bist. Der Herr Graf ist
sehr freundlich, wenn er gegrüßt wird. Ihr Jünglinge seid immer brav
und fleißig gewesen, warum seid ihr jetzt so unfolgsam und nachlässig?
¹navrácen ²znám ³obyčejně.

B. Wenn Körper und Seele gesund sind, ist der Mensch glücklich.
Die Kirche war gestern früh, als ich bei dir (u tebe) war, noch zu; heute
ist sie bereits offen. Das Mädchen ist noch nicht angekleidet, und schon
sind Vater und Mutter da. Die Stoppelfelder sind bereits geackert,
allein besäet¹ sind sie noch nicht. Die Kälber werden verkauft, die
Lämmer aber werden großgezogen werden. Land und Meer, Wald und
Feld, Berg und Thal sind Zeugen von Gottes Allmacht (všemocnosti
Boží). Die Wachen werden gestraft werden, weil sie nicht wachsam
gewesen sind. Die Bäder² sind mir (mi) sehr zuträglich³ gewesen.
Wo keine Furcht ist, dort wird auch keine Zucht sein. Der Vater ist
zwar krank, allein es ist noch Hoffnung, daß er wieder gesund werden
wird. Wo die Gemeinden wachsam sind, dort sind auch Furcht und Zucht.
Die Thürme sind gleichsam (jako) Wächter der Städte und Dörfer

(měst a vesnic). Bis Ernte sein wird, werden unsere (naše) Wangen wieder roth und heiter werden. Der Verräther, welcher gestern ergriffen wurde, wird heute verurtheilt und abgestraft werden.
¹osit ²lázeň ³prospěšen.

17.

Nach muž und meč, nach země und pole, also nach den schwachen Deklinazionen gehen im Nominativ der Einzahl und Mehrzahl auch alle Fürwörter, die sich im männlichen Geschlechte auf einen weichen Konsonant endigen; als

Einzahl, Singular			Mehrzahl, Plural			
masc.	fem.	neutr.	masculinum		fem.	neutr.
			bel.	unb.		
můj*)	moje	moje mein	moji	moje	moje	moje meine
tvůj	tvoje	tvoje dein	tvoji	tvoje	tvoje	tvoje deine
svůj	svoje	svoje eigen	svoji	svoje	svoje	svoje eigen
náš	naše	naše unser	naši	naše	naše	naše unsere
váš	vaše	vaše euer	vaši	vaše	vaše	vaše euere

1. **Anmerkung.** Statt můj, moje, moje; und moji, moje, moje kann man auch sagen in der Einzahl: můj, má, mé; in der Mehrzahl moji. (mé). mé, má. Dasselbe gilt auch von den Fürwörtern tvůj und svůj, denen man in der Einzahl die Form tvůj, tvá, tvé; svůj, svá, své; in der Mehrzahl tvoji (tvé), tvé, tvá; svoji (své), své, svá geben kann.

2. **Anmerkung.** Wie můj, moje, moje u. s. w. geht auch das veraltete: ves, vše, vše jeder, all; Mehrzahl vši (vše) vše, vše jede, alle; doch wird es selten einfach gebraucht, meist nur in Zusammensetzung mit den Bildungssilben -cek, -cken -chen; also:

Einzahl, Singular			Mehrzahl, Plural			
masc.	fem.	neutr.	masculinum		fem.	neutr.
			bel.	unb.		
vše-cek	vše-cka	vše-cko	vši-cki	vše-cky	vše-cky	vše-cka
vše-cken	vše-ckna	vše-ckno	vši-ckni	vše-ckny	vše-ckny	vše-ckna
vše-chen	vše-chna	vše-chno	vši-chni	vše-chny	vše-chny	vše-chna

Wie zu sehen, sind beide Theile abänderlich, der erste geht nach den schwachen, der zweite nach den starken Formen.

A. Naše máti bude ráda, až všecky sestry vaše zasc zdrávy budou. Nebyly včera vaše zahrady prodány? Nebyly, ale dnes budou prodávána¹ naše pole. Ani můj bratr, ani moje (má) sestra nejsou

---
*) Einsilbige Wörter, wenn sie zum Bindungsvokal ů haben, kürzen dieses ů, wenn sie durch Abänderung oder Mozion mehrsilbig werden, in o.

dnes doma. Síla[2] a chvála[3] má jest Hospodin[4]. Jest tvoje (tvá) kniha[5] draze[6] koupena[7]? Vy jste naši, my jsme vaši a všickni jsme svoji[8]. Tento kůň[9] jest můj, ale tato kráva[10] a ona jalovice[11] nejsou moje (mé). Jest ta růže vaše či naše? Moji bratři jsou dnes rozplakáni[12], že káráni byli, ale moje (mé) sestry, že chváleny byly, jsou za to vesely. Čí[13] jsou to talíře a mísy? Nejsou vaše? Ano, jsou naše. A což ty nože, ty vidličky a ty lžíce, také vaše jsou? To všecko jest naše, jen jedna lžíce, jeden nůž a jedna vidlička není naše. Naše zahrady jsou lépe[14] spořádány[15] než vaše, za to jsou vaše pole lépe vzdělána[16] než naše; také naše jabloně[17] jsou úrodnější (fruchtbarer) než vaše. Kde jest můj klíč[18], má (moje) hůl[19] a můj klobouk[20]? Jsou to tvoje (tvá) košťata? Mé jest jen jedno a sice toto koště. Tento koš není váš, ale tato nůše[21] jest vaše. Onen čepec[22] jest můj a tato čepice[23] jest tvoje (tvá). Tvrz[24] má a věž[25] má jest Hospodin a zahanben[26] nebudu. Tyto kožichy[27] jsou zajisté[28] vaše? Jsou. Tento šátek[29] jest můj a onano košile[30] jest vaše. Kde poklad[31] tvůj, tu také srdce tvé. Naše okna jsou roztlučena[32]. Břicho[33] vaše jest bůh váš. Jest to tvoje (tvé) péro[34]?

[1]verkauft [2]die Stärke [3]der Ruhm [4]der Herr, Jehovah [5]das Buch [6]theuer [7]gekauft [8]gehören einander an [9]das Pferd [10]die Kuh [11]die Kalbin [12]verweint [13]wessen [14]besser [15]eingerichtet [16]bearbeitet [17]der Apfelbaum [18]der Schlüssel [19]der Stock [20]der Hut [21]die Trage [22]die Haube [23]die Mütze [24]die Festung, die Burg [25]der Thurm [26]zu Schanden werden [27]der Pelz [28]gewiß, sicher [29]das Tüchel [30]das Hemd [31]der Schatz [32]zerschlagen [33]der Bauch [34]die Feder.

B. Ves svět[1] jest soudce[2] náš. Vše sláva[3] a vše krása[4] jest dým[5] a pára[6]. Vše tělo jest prach[7] a popel[8]. Vši (= všickni) dobrodincové[9] naši již mrtvi jsou, ale protivníci[10] naši ještě vši (= všickni) jsou živi. Vše pole jsou popleněna[11] i vše louky[12] zaplaveny[13]. Má cesta[14] není tvá cesta, a můj cíl[15] není tvůj cíl. Všecky vlasy[16] naše jsou sečteny[17]. Bohu (Gott) jsou známi[18] všickni skutkové naši, všecky řeči naše i všecky myšlenky[19] naše. Zdali nejsou rodičové[20] dobrodinci vaši? proč jich (ihnen) tedy nejste poslušni? Když jsme zdrávy byly, byly tváře naše červeny[21] co růže, teď ale, co nemocny jsme byly, jsou jako stěna[22]. Vše, co není dovoleno[23], jest zapovězeno[24]. Všecka děvčata byla vesela, jen jedno bylo smutno; pacholata ale všecka smutna byla, ani jedno nebylo veselo. Bůh jest mé útočiště[25], můj obrance[26], můj spasitel[27] a můj vysvoboditel[28]. Tvůj dům[29] jest jako palác[30], a můj jest jen chatrč[31]; a však má chatrč jest svědek[32], že šťasten jsem. Tvůj kříž[33] a tvá svizel[34] jsou od Boha (von Gott), proč jsi tedy netrpěliv? Vaše básně[35] byly všade radostné[36] přijaty[37], ale moje verše[38] nebyly nikomu mily a vzácny[39].

[1]die Welt [2]der Richter [3]der Ruhm [4]die Schönheit [5]der Rauch [6]der Dunst [7]der Staub [8]die Asche [9]der Wohlthäter [10]der Gegner [11]verwüstet [12]die Wiese [13]überschwemmt [14]der Weg [15]das Ziel [16]das Haar [17]gezählt [18]bekannt [19]der Gedanke [20]die Ältern [21]roth [22]die Wand [23]erlaubt [24]verboten [25]die Zuflucht [26]der Beschützer [27]der Heiligmacher [28]der Erlöser [29]das Haus [30]der Palast [31]die Hütte [32]der Zeuge [33]das Kreuz [34]das Trübsal [35]das Gedicht [36]freudig [37]aufgenommen [38]der Vers [39]werth

18.

A. Gestern sind eure Bücher verkauft worden, und heute werden unsere Felder verkauft werden. Deine Mutter ist heute sehr freundlich, gestern jedoch war sie verdrießlich, weil meine Schwester nicht zu Hause war. Unsere Bäume sind nicht so fruchtbar[1] als die eurigen. Diese Hauben sind nicht unser, sondern euer, allein diese Hüte und jene Mützen sind unser. Gestern sind mir (mi) alle meine Messer, alle Löffel und alle Gabeln gestohlen worden. Unser Garten wird heute verkauft werden, und dann wird er nicht mehr unser Garten sein. Gestern waren meine Felder noch eure Felder und meine Häuser noch eure Häuser, und heute sind meine Wiesen eure Wiesen und mein Haus ist euer Haus. Hier sind eure Tücher und hier unsere Hemden. Meine Taglöhner waren sehr arbeitsam, allein deine Mägde[2] waren nicht fleißig genug (dost). Gehören (býti) diese Rosen euch oder sind sie unser? Wo ist die Deinige? Die Meinige ist zu Hause. Ich bin der deinige und du bist der meinige. Das Kreuz sei (budiž) unsere Hoffnung und unsere Zuflucht. Diese Käfige und jene Vögel sind mein Vergnügen.

[1]úroden [2]die Magd.

B. Alle unsere Trübsale und unsere Freuden (radosti) sind wie Rauch und Dunst, heute sind sie und morgen sind sie nicht mehr. Deine Wohlthäter sind auch unsere Wohlthäter, allein deine Gegner sind nicht alle auch unsere Gegner. Diese Körbe sind alle mein, alle werden verkauft werden. Wir alle sind Söhne Gottes und daher auch Brüder. Ist alles erlaubt, was nicht verboten ist? All das Unsrige ist auch euer, wird all' das Eurige auch unser sein? Alle Rosen sind schon aufgeblüht, nur eine ist noch nicht aufgeblüht. Wir Menschen sind alle Staub und Asche, und werden wieder Staub und Asche werden. Die Sinne sind unsere Lehrer und Wohlthäter. Es ist nur Ein Gott, unser Schöpfer (stvořitel), Erlöser und Heiligmacher. Eure Beschützer und eure Zuflucht sind euere Ältern, seid (buďtež) dankbar. Gott ist unser Vater, folglich ist er auch mein Vater. Deine Verse werden überall freudig aufgenommen werden. Alle unsere Felder sind bereits geackert und zugesäet, nur die deinigen sind noch alle unbebaut (nevzdělán). So lange mein Haus nur eine Hütte war, war ich zufrieden; jetzt, da es ein Palast ist, bin ich unglücklich. Dein Bauch ist dein Gott und die Welt ist dein Ziel. Wenn Gott nicht unser Helfer (pomocník) ist, sind alle unsere Arbeiten eitel (marné). Die Mädchen werden alle belobt; Knaben wurden alle getadelt, nur einer wurde belobt. Wenn alle unsere Haare gezählt sind, so sind auch alle unsere Werke und alle unsere Worte gezählt.

19.

III. Kennzeichen der weiblichen Einzelndeklinazion.

Zur weiblichen Einzelndeklinazion gehören:

a) alle Substantiva, die auf: ď, ť, šť auslauten*);

b) alle, die Seite 20 unter b angeführt wurden, als: hloub, loub, hůl, měl, mysl, sůl, ozim und alle Städtenamen auf im; ferner otep, oklep, step, slup, hus, směs, ves, náves, brv, krev, ohlav; dann die Städtenamen auf av und endlich blíz, haluz, kolomaz, přísaz, sliz;

c) alle, die Seite 27 unter b angeführt wurden, als: moc, nemoc, pomoc, pramoc, noc, pec, věc, stříc; ferner chtíč, křeč, léč, louč, náruč, nestateč; dann peč, příč, rozpač, rozkoš, řeč, seč, oseč, průseč, senoseč, smrč, tyč, tluč, úseč, žluč; und endlich jař, sběř, tvář, zděř, zvěř, myš, spraš, veš; endlich

d) lež die Lüge, otež der Zügel, rež das Korn, houž das Reis, die Grendelkette.

Muster ist kosť das Bein.

Die Substantiva dieser Deklinazion haben im Nominativ der Mehrzahl: i.

---

*) Ausgenommen sind nur: die feminina labuť, prť, vrť, vývrať, poušť, tloušť und die masc., die zur zweiten Klasse oder zu den schwachen Deklinazionen gehören.

3*

Naše čeleď[1] jest pracovita a pilna; jsme tomu (darüber) všickni rádi. Naše radost[2] jest vaše žalost[3], a náš smích[4] jest váš pláč[5]. Tvé (tvoje) blaho[6] jest rozkoš[7] má (moje) a strast[8] tvá (tvoje) jest hoře[9] mé (moje). Všickni rádi budeme, bude-li vlast[10] naše šťastna. Sen[11] a smrt[12] jsou blíženci[13]. Tvoje lež[14] bude potrestána[15], až usvědčena[16] bude. Všecka moc[17] a čest[18] jest od Boha (von Gott). Mladost[19] jest radost. Mysl[20] má jest zarmoucena, tvá jest vesela. Dobrotivost[21] vaše jest vůbec[22] známa[23], ale naše vděčnost[24] uznána[25] nebyla. Tři[26] věci jsou nejvýš[27] trestu (der Strafe) hodny: pýcha[28], nevděk[29] a lakomost[30]. Tvoje (tvé) ctnosti[31] byly váženy, dokud tvoji hříchové neznámi byli. Kde pokora[32] a čistota[33], tam radost a veselost[34]; kde pýcha a chlipnost[35], tam mrzutost[36] a nepokoj[37]. Svá[38] mysl peklo[39] i ráj[40]. Čistota tvoje (tvá) taktéž byla chválena jako tvá dobrotivost. Čest[41] naše jest křehka[42] co sklo[43]. Netopýři[44] nejsou ptáci, nýbrž jsou ssavci[45], jako myši[46] ssavci jsou. Hnilost[47], lenivost[48] a nedbanlivost[49] jsou hanebnosti[50].

[1]Das Gesinde [2]die Freude [3]der Schmerz, das Leib [4]das Lachen [5]das Weinen [6]das Wohl, das Heil [7]das Vergnügen, die Lust [8]der Jammer, die Noth [9]der Gram, das Leid [10]das Vaterland [11]der Schlaf, der Traum [12]der Tod [13]der Zwillingsbruder [14]die Lüge [15]gestraft [16]bewiesen [17]die Macht [18]die Ehre [19]die Jugend [20]das Gemüth, der Sinn [21]die Güte [22]allgemein [23]bekannt [24]die Dankbarkeit [25]anerkannt, gewürdigt [26]drei [27]höchst [28]der Stolz [29]der Undank [30]der Geiz [31]die Tugend [32]die Demuth [33]die Reinigkeit [34]die Heiterkeit, der Frohsinn [35]die Unzüchtigkeit [36]der Unmuth, der Verdruß [37]der Unfriede [38]eigen [39]die Hölle [40]das Paradies [41]die Ehre [42]gebrechlich [43]das Glas [44]die Fledermaus [45]das Säugethier [46]die Maus [47]die Faulheit [48]die Trägheit [49]die Nachlässigkeit [50]die Schandthat.

20.

Meine Freuden sind eure Freuden, und mein Jammer ist euer Jammer. Bin ich euer Vater, wo ist meine Ehre? und bin ich euer Herr, wo ist meine Furcht? Deine Lügen sind strafwürdig. Drei Tugenden sind mir (mi) sehr lieb und wert: die Reinigkeit, die Demuth und die Dankbarkeit. Dein Weinen war mein Lachen und dein Leid war meine Freude. Wenn du nicht gerecht und ehrlich sein wirst, so werden dir (ti) alle deine Sachen verkauft werden. Meine Güte wurde nicht gewürdigt, obzwar sie allgemein bekannt war. Euer Wohl ist unser Vergnügen, allein unsere Schmerzen sind nicht auch eure Schmerzen. Dein Stolz ist eben so bekannt als dein Geiz. Euere Demuth ist keine Tugend, sondern Sünde, denn sie ist mehr Stolz als Demuth. Unsere Tugenden werden einst belohnt und unsere Sünden bestraft werden. Auch Dankbarkeit ist eine Tugend. Verdruß und Unfriede sind Bruder und Schwester. Alle Freuden sind nur wie ein Traum. Ist die Fledermaus ein Vogel? Die Fledermaus ist nur wie die Maus ein Säugethier. Der Lehrer ist nicht schuld an deiner Unwissenheit (tvou neumělostí), sondern deine Nachlässigkeit, Trägheit und Faulheit.

21.

IV. Geschlecht der zusammengezogenen Substantiva.

Die zusammengezogenen Substantiva gehen in der Einzahl wie in der Mehrzahl auf í aus. Muster ist: znamení, das Zeichen. Diese Substantiva sind sämmtlich Neutra, außer wenn sie Benennungen männlicher oder weiblicher Personen sind, wo sie dem natürlichen Geschlechte folgen. Die aus den lateinischen Substantiven auf tio mittels der Silbe cí gebildeten, z. B. addicí, instrukcí sind weiblich. Září, September ist männlich.

IV. Kontrakte Deklination.	
Singular, Einzahl.	
Nom.	znamení
Plural, Mehrzahl.	
Nom.	znamení

Ctnosť jest naše radosť a střídmosť[1] naše veselí[2]. Kdež bude pýcha, tuť bude i pohanění[3], ale kde jest pokora, tu jest i moudrosť[4]. Bláznovství[5] jest, když bohatec[6] lakom[7] jest. Jest již psaní[8] napsáno[9]? Napsáno jest sice, ale zapečetěno[10] ještě není. Hřích jest největší (größte) otroctví[11]. Náš pán purkrabí[12] jest ovšem ještě živ, ale těžce[13] nemocen. Paní[14] švadlí[15] (švadlena) není zdráva. Všecka údolí[16] naše byla již dávno poseta[17], an rolí[18] vaše ještě aní zorána[19] nebyla. Pondělí[20] bylo jasno, ale pátek[21] byl pošmuren[22]. Vítězství[23] jest naše. Moje zboží[24] bylo všecko již včera ráno prodáno, a tvoje ještě ani dnes prodáno není; snad jest zkaženo[25]. Křesťanství[26] jest daleko široko[27] rozšířeno[28]. Všecka myšlení[29] naše jedenkráte[30] zjevena[31] budou. Přikázání[32] jest svíce[33] a zákon[34] světlo[35]. Moc, čest, bohatství[36], zdraví[37] i všecko štěstí[38] jest od Boha. Bůh jest náš dobroděj[39] i když dobrodiní jeho[40] (feine) uznána nejsou. Opilství[41] a obžerství[42] budou jedenkráte přísně trestána, neboť jsou uražení[43] Boží a hanebnosti[44].

[1]Die Mäßigkeit, [2]die Freude, das Vergnügen [3]die Schande, die Schmach [4]die Weisheit [5]die Thorheit [6]der Reiche [7]geizig [8]der Brief [9]geschrieben [10]gesiegelt [11]die Sklaverei [12]der Burggraf [13]schwer [14]die Frau [15]die Nähterin [16]das Thal [17]gesäet [18]der Acker [19]geackert [20]der Montag [21] der Freitag [22]trüb [23]der Sieg [24]die Waare, das Gut [25]verdorben [26]das Christenthum [27]breit [28]verbreitet [29]die Gedanken [30]einmal [31]offenbar [32] das Gebot [33]die Leuchte [34]das Gesetz [35]das Licht [36]der Reichthum [37]die Gesundheit [38]das Glück [39]der Wohlthäter [40]die Wohlthat [41]die Trunkenheit [42]die Völlerei [43]die Beleidigung [44]die Schandthat.

22.

Unsere Briefe sind bereits geschrieben, bald werden sie auch gesiegelt werden. Unsere Frau wurde eingeladen, allein unser Herr wurde nicht eingeladen, weil er nicht zu Hause war. Alle Siege sind einerseits (jednak) fröhlich, anderseits (jednak) traurig. Deine Instrukzion ist verloren. Unser Herr Burggraf ist noch am Leben und gesund. Alle unsere Waaren werden morgen verkauft werden. Stolz und Geiz sind eine große (velké) Thorheit. Heute ist es heiter, allein der Montag war trüb. Meine Gedanken sind nicht eure Gedanken, meine Wege sind nicht eure Wege, spricht (dí) der Herr. Ein sündhafter (hříšný) Friede ist kein Friede, sondern Knechtschaft, Faulheit, Trägheit, Nachlässigkeit. Das Christenthum ist die größte (největší) Wohlthat. Auch dort ist oft Trauer, wo der Sieg ist. Gesundheit ist besser (lepší), als Reichthum und Schätze. Dein Glück wird mein Unglück werden. Deine Krankheit ist meine Gesundheit. Alle Thäler sind überschwemmt und all unser Gut (zboží) vernichtet. Trunkenheit und Völlerei sind Schandthaten.

23.

I. Der Imperativ, gebietende Art.

Singular.	Plural
1. buď sei ich, ich mag, ich soll sein.	1. buď-me seien wir, wir mögen, wir sollen sein.
2. buď sei du.	2. buďte seid ihr.
3. buď sei er.	3. buď-te seien sie.

Anmerkung. Zur Verstärkerung des Imperativs wird manchmal an den Auslaut iž oder ž angehängt; ersteres wenn der Imperativ mit einem Konsonant, letzteres wenn er mit einem Vokal auslautet. Die erste Person des Imperativs ist eine wünschende Art (Optativ).

Buď pilen a nebuď lenoch. Buď zdráva. Budiž poslušno, sic budeš bito¹. Žáci buďte pozorni a poslušni, sic nebudete chváleni. Buďme my kde buďme, Boha (Gottes) vždy pamětlivi² buďme. Buď ctnosten a spravedliv a jistě odměněn budeš. Nebuď loudal³ a nedbal⁴ a jistě milován budeš. Buď řeč vaše: jest, jest (ja, ja); není, není (nein, nein). Buďte vždy stydlivy⁵ a po čestny⁶. Budiž jmeno⁷ Páně (des Herrn) pochváleno. Buďmež trpělivi a dobře⁸ nám (uns) bude. Buďtež vesely, dokud čas, ale buďtež i pamětlivy, že Bůh jest přítomen. Buďtež tiši a pokojni. Buďte opatrni⁹ jako hadové¹⁰ a sprostní¹¹ jako holubice¹². Míra¹³ naše buď spravedliva. Slova naše buďtež pravdiva¹⁴. Nebuďte hněvivi, ale trpělivi buďte a šťastni budete. Buď pozoren, neboť úloha tato těžká jest.

¹Schläge bekommen ²eingedenk ³der Tändler ⁴nachlässiger Mensch ⁵schamhaft, züchtig ⁶ehrbar ⁷der Name ⁸wohl ⁹vorsichtig ¹⁰die Schlange ¹¹einfach ¹²die Taube ¹³das Maß ¹⁴wahrhaftig.

Sei nie ungehorsam (masc.) und du wirst stets glücklich sein. Sei dein Nebenmensch (bližní) reich oder sei er arm, sei stets eingedenk (fem.), daß er dein Nebenmensch ist; sei (fem.) also zu ihm (k němu) stets liebreich und freundlich. Sei (masc.) nicht stolz, wenn du reich bist; denn Schätze sind heute da und morgen anderswo¹. Ist diese Aufgabe schwer, so seid (masc.) eingedenk, daß jeder (každý) Anfang² schwer ist. Seien wir (fem.) stets eingedenk, daß Gott höchst (nejvýš) gerecht ist. Seid (neut.) geduldig und ihr werdet zufrieden und glücklich sein. Sei (fem.) züchtig und ehrbar, denn Gott ist gerecht. Seien wir wo immer, Gott ist immer mit uns (s námi). Seid barmherzig³ (masc.), wie euer himmlische (nebeský) Vater barmherzig ist. Sei (fem.), so lange du noch jung bist, fleißig. Bist (neut.) du vorsichtig wie eine Schlange, so sei auch einfach wie die Tauben.

¹jinde ²počátek ³milosrden.

24.
II. Adjectiva attributiva, Beiwörter.

Die attributiv gebrauchten Adjectiva können sehr verschiedenartige Beifügungen ausdrücken, namentlich können sie

1. die Eigenschaft eines Dinges ausdrücken, oder

2. deſſen Beziehung und Verhältnis, oder
3. den Beſitzer, oder endlich
4. die Zahl und Menge.

Im erſten Falle heißen ſie Eigenſchaftswörter adjectiva qualitativa, im zweiten bezügliche Beiwörter adjectiva abstracta; im dritten beſitzanzeigende possessiva und im letzten adjectiva quantitativa, Zahlwörter numeralia.

1. Adjectiva qualitativa, Eigenſchaftswörter přídavná jména jakosti.

Adjectiva qualitativa, auch concreta genannt, beſtimmen näher die Eigenſchaft oder Beſchaffenheit eines Dinges. Sie haben im männlichen Geſchlechte Einzahl immer den beſtimmten Ausgang: ý und werden deshalb auch Adjektiva mit dem beſtimmten Ausgang genannt. Die Adjektiva müſſen ſtets mit dem Subſtantiv, zu deſſen näherer Beſtimmung ſie gehören, im Geſchlechte, in der Zahl und in der Endung übereinſtimmen. Muſter iſt silný, silná, silné, der, die, das ſtarke; Plural: silní (é), é, á. Die Wirkung des í im Nom. der Mehrzahl belebt iſt bekannt; es müſſen nämlich die harten Konſonanten, die umittelbar voranſtehen, erweicht, die wandelbaren ſogar nach bekannten Regeln verwandelt werden; sk geht vor dieſem í in šť; ck in čt über.

Nom.	Singular, Einzahl.			
	masculinum		femininum	neutrum
	belebt	unbelebt		
	siln-ý	siln-ý	siln-á	siln-é
	Plural, Mehrzahl.			
Nom.	siln-í	siln-é	siln-é	siln-á

Anmerkung. In den älteſten Zeiten mußte jedes im Prädikate ſtehende Adjektiv nur prädikativ gebraucht werden; jetzt gibt man denſelben auch den beſtimmten Ausgang. Nur eine verhältnismäßig geringe Anzahl von Adjektiven hat ſich erhalten, die im Prädikate gerne den prädikativen Endlaut zulaſſen.

Hieher gehören die attributiven Adjektiva auf: vý, vá, vé; ivý, ivá, ivé; ný, ná, né; mý, má, mé; ferner nachfolgende: blízek nahe, bos barfuß, bohat reich, čist rein, jist gewiß, lich ungrad, mlad jung, mil lieb, nah nackt, prost einfach, ledig, syt ſatt, ſtár alt, vesel luſtig; nur den prädikativen Ausgang haben: rád gern, froh, všecken all, jeden ein.

A. Mladý ležák[1], starý žebrák. Jest protivná[2] věc lakota[3], hrdosť[4], hněv[5], závisť[6] a lenosť[7]. Bůh nebeský[8] jest svatý[9] a spravedlivý soudce, ale my lidé jsme všickni bídní[10] hříšníci. Zubr[11] a bůvol[12] jsou divocí[13] volové[14]. Věrný přítel[15] jest velký[16] ale řídký[17] poklad. Holub je bázlivý[18] ale čistotný[19] pták. Růže jest vonná[20] květina. Zlí[21] lidé nebudou nikdy šťastni. Mlsný[22] žaludek[23] bývá (pflegt zu sein) zlý a špatný[24] hospodář[25]. Naše země jest údolí slzavé[26] a život[27] lidský ustavičný[28] boj[29]. Skutkové*) Páně všickni jsou velmi dobří[30]. Ctnosť a pěknosť[31] jest milá společnosť[32]. Lumír a Záboj byli slavní pěvci[33] a básníci[34] čeští.

[1]Der Faulenzer [2]widrig [3]der Geiz, die Habsucht, die Gier [4]der Stolz, der Hochmuth [5]der Zorn [6]der Neid [7]die Trägheit [8]himmlisch [9]heilig [10]elend [11]der Auerochs [12]der Büffel [13]wild [14]der Ochs [15]der Freund [16]groß [17]selten [18]furchtsam [19]reinlich [20]wohlriechend [21]böse [22]genäschig [23]der Magen [24]schlecht [25]der Wirt [26]die Thränen [27]das Leben [28]immerwährend [29]der Kampf [30]gut [31]die Schönheit [32]die Gesellschaft [33]der Sänger [34]der Dichter.

B. Slovanští[1] národové[2] jsou mírumilovní[3] a mravy[4] slovanské jsou čisty[5] a prosty. Druhdy byli všickni národové němečtí[6] katoličtí[7] křesťané[8]. Marnotratník[9] jest žebrák budoucný[10] a skupec[11] věčný. Duše[12] lidská jest pouhý[13] duch, a protož nesmrtelná[14], tělo ale jest smrtelné. Jaké[15] chování[16] takové skonání[17]. Přílišná[18] štědrota[19] holá žebrota[20]. Voda[21] čistá a čerstvá jest zdravý nápoj[22]. Krása[24] lidská jest velmi křehká věc. Dobrá pověsť[25] jest pěkné[26] dědictví[27]. Mlsné[28] kočky[29] a věrní psi[30] jsou užitečná[31] zvířátka[32]. Římská[33] vojska byla udatná.

[1]Slavisch [2]das Volk [3]friedliebend [4]die Sitten [5]rein [6]deutsch [7]katholisch [8]der Christ [9]Verschwender [10]künftig [11]der Geizhals [12]die Seele [13]rein, völlig [14]unsterblich [15]wie, was für ein [16]die Aufführung [17]das Ende [18]übermäßig [19]die Freigebigkeit [20]kahl, leer, eitel, lauter [21]die Bettelei [22]das Wasser [23]das Getränk [24]die Schönheit [25]der Ruf [26]schön [27]die Erbschaft [28]genäschig [29]die Katze [30]der Hund [31]nützlich [32]das Thierchen [33]römisch.

*) Wenn unbelebte Substantiva im Nom. plur. den feierlichen Ausgang ové bekommen, so müssen auch diejenigen Redetheile, die sich nach dem Subjekte richten, den belebten Ausgang haben.

C. Dílo[1] kvapné[2] není platné[3]. Opilství jest dobrovolná[4] šílenosť[5]. Provinilá[6] chudoba jest těžké[7] břímě[8] a nespravedlivé bohatství jest veliká hanba[9]. Katolické chrámy[10] jsou často nádherné[11] budovy[12]. Mnohý[13] hoch jest pilný žák, ale mnohý žák jest lehkomyslný[14] hoch. Staří národové slovanští nebyli tolik bojovní[15] jako národ německý. Všecky věci viditelné[16] i neviditelné jsou dílo[17] Boží. Oheň a voda jsou živlové[18] na nejvýš (höchst) potřební[19]. Osel[20] krotký[21] jest malý[22] a zdlouhavý[23], ale vytrvalý[24], služebný[25], silný a se špatnou pící (mit schlechtem Futter) spokojený. Svědomí[26] jest věc velmi útlíčká[27]. Peníze[28] jsou dobrý služebník, ale zlý pán. Hrob[29] a pohřeb[30] zbytečná[31] starosť. Vzdálená[32] věc není velká.

[1]Die Arbeit [2]unüberlegt, haftig, eilig [3]wert, giltig [4]freiwillig [5]der Wahnsinn [6]verschuldet [7]schwer [8]die Last, die Bürde [9]die Schande [10]der Tempel [11]prächtig [12]das Bauwerk [13]mancher [14]leichtsinnig [15]kriegerisch [16]sichtbar [17]das Werk [18]das Element [19]nothwendig [20]der Esel [21]zahm [22]klein [23]langsam [24]ausdauernd [25]dienstwillig [26]das Gewissen [27]zart [28]das Geld [29]das Grab [30]das Begräbnis [31]überflüssig [32]entfernt.

25.

Weil ihr brave Knaben und fleißige Schüler seid, so werden euch (vás) alle guten Leute gern haben (míti). Wahre katholische Christen sind friedliebend. Die Seelen der Menschen sind pure Geister und deshalb unsterblich, allein die menschlichen Körper sind sterblich. Die genäschige Katze ist ein recht reinliches Thier. Ein böser Mensch wird nie glücklich sein, weil er nicht tugendhaft ist. Ein übermäßiges Glück ist ein wahres Unglück. Manche Schüler sind sehr leichtsinnige Knaben. Wirst du ein gerechter Richter sein, dann wird dein Ruf auch ein guter sein. Manche Hunde sind recht furchtsame und untreue Thiere. Treue Freunde sind sehr selten. Wir alle sind gebrechliche Leute. Unverschuldete und freiwillige Armut ist keine Schande. Die alten Deutschen waren sehr kriegerische Leute. Manche Töchter sind sehr fleißige und gehorsame Mädchen. Die Tauben sind zwar zahme, doch furchtsame Vögel. Die Rosen sind schöne und wohlriechende Blumen. Die zahmen Esel sind klein und langsam, doch ausdauernd, dienstwillig, stark und mit schlechtem Futter zufrieden. Entfernte Dinge sind klein. Die Schönheit ist zwar ein großer, doch ein gebrechlicher Schatz. Uebermäßige Freigebigkeit ist nicht lobenswert. Gott ist unsichtbar, denn er ist ein purer Geist; allein auch die Engel[1] sind pure Geister und deshalb un-

ſichtbar. Vﹾiele katholiſche Tempel ſind prächtige, viele ſind aber auch nur kleine, unanſehnliche² Gebäude³. Feuer und Waſſer ſind zwei (dva) gute Diener und ebenſo böſe Herren. Ein gutes Gewiſſen iſt ein koſtbarer⁴ Schatz. Unverſchuldete Armut iſt zwar ein Unglück, aber keine Sünde. Viele Werke der Menſchen⁵ ſind zwar ſchön, aber nicht gut. Gute und böſe Dinge, Leben und Tod, Armut und Anſe=hen⁶ ſind von Gott (od Boha). Wie das Leben, ſo der Tod. Horaz und Virgil waren berühmte römiſche Dichter.
¹anděl ²nepatrný ³stavení ⁴vzácný, drahý ⁵lidský ⁶počestnosť.

26.

A. Staří Čechové¹, naši předkové², byli udatní lidé. Zlaté časy mladá léta. Předsevzetí³ lidská jsou nestálá⁴ jako točivé⁵ kolo⁶. Zlato jest sice drahý a užitečný kov, ale tak užitečný není jako železo. Každý⁷ skutek dobrý i každý zlý čin⁸ bude někdy přísně⁹ souzen¹⁰. Pilnosť¹¹, pořádek¹² a čistota jsou tři přemilé¹³ kouzelnice¹⁴. Mravenec¹⁵ jest sice zvířátko maloučké¹⁶, ale pracovité. Zdravý rozum¹⁷ a dobré srdce jsou výborné¹⁸ zboží. Staří Řekové¹⁹ byli učení²⁰ a vtipní²¹ lidé. Hudebníci²² čeští²³ jsou vůbec známi a váženi. Barvy²⁴ jsou velmi rozmanité²⁵, buď jsou bílé²⁶ aneb červené²⁷ aneb zelené²⁸ aneb modré²⁹. Drazí kamenové³⁰, jako diamant, rubín a smaragd jsou průzrační³¹. Rovná³² cesta jest sice krátká³³, ale nikoli vždy pohodlná³⁴. Trpělivost³⁵ má jest nepřeberná³⁶.

¹der Böhme ²die Vorfahren ³der Vorſatz ⁴unbeſtändig ⁵Dreh=⁶das Rad ⁷ein jeder ⁸die That ⁹ſtreng ¹⁰gerichtet ¹¹der Fleiß ¹²die Ordnung ¹³ſehr liebe ¹⁴die Zauberin ¹⁵die Ameiſe ¹⁶klein ¹⁷der Verſtand, die Vernunft ¹⁸ausgezeichnet ¹⁹der Grieche ²⁰gelehrt ²¹witzig ²²die Muſiker ²³böhmiſch ²⁴die Farbe ²⁵mannigfaltig ²⁶weiß ²⁷roth ²⁸grün ²⁹blau ³⁰der Edelſtein ³¹durchſichtig ³²gerad ³³kurz ³⁴bequem ³⁵Geduld ³⁶unerſchöpflich.

B. Vlk¹ jest dravé², ale ovce³ jest velmi bázlivé zvíře⁴. Zkušenost⁵ jest výborný mistr⁶. Mnozí křesťané nejsou ani studení ani horcí, nýbrž vlažní⁷. Líná⁸ huba⁹ jest holé neštěstí. Krása věc případná¹⁰ jest, ale stud¹¹ a poctivosť¹² věci podstatné¹³ jsou. Lakomec¹⁴ vždy nuzný¹⁵ jest. Nešlechetní¹⁶ muži nejsou nikdy opravdově¹⁷ svobodní¹⁸. Nasycený¹⁹ lev²⁰ jest neškoden²¹. Kůň neokrocený²² bude tvrdoústý²³ a syn rozpustilý²⁴ bude doskočný²⁵. Zlosť²⁶ jest zlá náruživosť²⁷. Muž dobrý není zpupný²⁸ a hrdý²⁹, není nevrlý a nevhodný³⁰, není prchlý³¹ a hněvivý³², není toliko sebe samého milující (ſich ſelbſt liebend). Kde jest závisť a svár³³, tu ustavičnosť³⁴ a všeliký³⁵ skutek zlý. Muž moudrý³⁶ jest silný, muž učený jest mocný³⁷ a silný. Hladký³⁸ jazyk³⁹ bývá často (pflegt zu ſein) jazyk jizlivý⁴⁰.

¹der Wolf ²reißend ³das Schaf ⁴das Thier ⁵die Erfahrung ⁶der Meiſter ⁷lau ⁸faul, träg ⁹das Maul ¹⁰zufällig ¹¹die Scham ¹²die Ehrlichkeit ¹³weſentlich ¹⁴der Geizhals ¹⁵dürftig ¹⁶laſterhaft ¹⁷wahrhaft ¹⁸frei ¹⁹geſättigt ²⁰der Löwe ²¹unſchädlich ²²ungezähmt ²³hartmäulig ²⁴ausgelaſſen ²⁵fech, zudringlich ²⁶der Zorn ²⁷die Leidenſchaft ²⁸hochmüthig ²⁹ſtolz ³⁰ungefällig ³¹ungeſtüm, jähzornig ³²zornig, boshaft ³³die Zwietracht ³⁴Unbeſtändigkeit ³⁵jeder, aller, allerlei ³⁶weiſe ³⁷mächtig ³⁸glatt ³⁹die Zunge ⁴⁰giftig.

27.

Edelſteine ſind: der weiße Diamant, der rothe Rubin, der grüne Smaragd. Die Farbe des Himmels (nebes) iſt blau. Gute und ſchlechte Thaten werden ſtrenge gerichtet werden, denn Gott iſt ein gerechter und heiliger Richter. Ein gottloſer¹ und ein geiziger Mann iſt nie wahrhaft frei. Das Eiſen iſt nicht ſo ſchwer und nicht ſo theuer wie das Gold. Die guten Muſiker ſind und werden immer geachtete Männer ſein, und es iſt alles eins, ob ſie deutſche oder böhmiſche Muſiker ſind. Ein geſunder Körper iſt ein koſtbarer Schatz. Wir alle, die Gelehrten wie die Ungelehrten, die Reichen wie die Armen, die Jungen wie die Alten, die Geſunden wie die Kranken ſind ſterblich. Die menſchliche Hand iſt ein überaus künſtliches² Werkzeug³. Geſättigte Löwen ſind unſchädlich. Gute Frauen ſind nicht ſtolz und hoffärtig, nicht müriſch und ungefällig, nicht jähzornig und boshaft, nicht ſich ſelbſt liebend. Wilde Tauben ſind nicht ſo groß, wie die zahmen. Viele Thiere ſind zahm, viele jedoch ſind wild und werden nicht zahm (nezkrotnou). Ein muthiger Soldat iſt nie furchtſam. Die Erfahrung iſt zwar ein guter, allein ein theuerer Meiſter. Die Wege der Menſchen ſind ſehr verſchieden; der beſte (nejlepší) iſt der gerade. Du biſt keine wahre Chriſtin (křesťanka); denn du biſt weder warm noch kalt, ſondern lau. Wie der Herr, ſo der Knecht. Gute und rechtſchaffene Menſchen ſind immer achtungswert, ob ſie (nechť pak) reich oder arm, jung oder alt, ſchön oder häſslich ſind. Wenn jedoch der Menſch glaubt (myslí-li), daſs er ſchon deswegen gut und rechtſchaffen iſt, weil er reich iſt, dann iſt er ein Thor, der nicht weiß (neví), daſs diejenigen Menſchen, die heute noch reich sind, morgen schon Bettler sein können (mohou). Ein nutzloses Leben ist ein früher⁵ Tod. Eine mitgetheilte ⁶Freude ist doppelte⁷ Freude, ein mitgetheilter Schmerz⁸ ist halber⁹ Schmerz. Tugend, Schönheit und Reichthum sind drei sehr gebrechliche Sachen; Tugend jedoch ist allein unser Werk, Schönheit und Reichthum sind nur zufällige¹⁰ Dinge.

¹bezbožný ²umělý, řemeslný ³nástroj ⁴ohyzdný ⁵brzký ⁶sdělený ⁷dvojitý ⁸bolesť ⁹polovic ¹⁰případný.

28.

2. Adjectiva abstracta oder relativa, bezügliche Beiwörter.

Diese Adjektiva werden relativa, bezügliche, vztažná genannt, weil sie an einem Substantiv die Beziehungen und die Verhältnisse des Ortes, der Zeit, der Art und Weise, der Bestimmung, des Mittels, des Zweckes u. dgl. ausdrücken. Sie gehen in der Einzahl und in der Mehrzahl ohne Unterschied des Geschlechtes auf í. Muster ist dnešní d. h. h. heutige. Im Deutschen werden diese Beziehungen oder Verhältnisse häufig durch ein anderes bestimmendes Substantiv, das mit dem bestimmten zu einem speziellen Begriff verschmilzt, gegeben; z. B. noční pták, der Nachtvogel; vejce slepičí, das Hühnerei.

Diese Adjektiva werden auch contracta, zusammengezogene, stažená genannt, weil der Ausgang í aus iý, iá, ié, entstanden ist. Wir werden sie auch immer contracta nennen, weil mit diesem Gemeinnamen auch die Komparative, Superlative und Partizipien bezeichnet werden können.

Diese Adjektiva werden in der Regel von Substativen gebildet. Ist das Substantiv die Benennung eines belebten Wesens, so setzt man an den letzten Stammkonsonant í; ist es unbelebt, so setzt man gewöhnlich ní an. Daſs dabei durch den Einfluſs des die Erweichung und Verwandlung des letzten Stammkosonanten geschehen müsse, ist selbstverständlich. Die Erweichung geschieht wie gewöhnlich; bei der Verwandlung geht jedoch h über in ž, ch in š, k in č, t in c, z. B. Bůh-boží, pastucha-pastuší, rak-račí, potok-potoční, dluh-dlužní, ucho-ušní u. s. w.

Nom.	Singular, Einzahl.			
	masculinum		femin.	neutrum
	belebt	unbelebt		
	dnešní	dnešní	dnešní	dnešní
	Plural, Mehrzahl.			
Nom.	dnešní	dnešní	dnešní	dnešní

A. My jsme Boží bojovníci[1]. Čas[2] jarní jest velmi příjemný[3]. Hlavní[4] aneb smrtelní[5] hříchové jsou následující[6]: první[7] pýcha, druhý[8] lakomství[9], třetí[10] nečistota[11], čtvrtý[12] závisť, pátý[13] obžerství[14], šestý[15] hněv a sedmý[16] lenosť. Mnohá hnízda[17] ptačí[18], zvlášť[19] hnízda vlašťovčí[20], jsou uměle dělána[21]. Boleslav první a jeho (jein) pravnuk[22] Břetislav byli slavní[23] knížata[24] čeští. Slepice[25] jsou velmi užitečná domácí[26] zvířata. I noční[27] doba[28] jest krásná, zvlášť když nebe jasné jest. Dnešní zprávy[29] nejsou tak dobré jako byly včerejší[30]. Severní[31] Evropa jest studená, jižní[32] horká. Mé kapesní[33] hodinky[34] jsou stříbrné[35], tvé jsou zlaté.

¹der Kämpfer ²Frühlings= ³angenehm ⁴Haupt= ⁵Tob= ⁶folgend ⁷erste ⁸zweite ⁹der Geiz ¹⁰dritte ¹¹die Unkeuschheit ¹²breite ¹³fünfte ¹⁴die Völlerei ¹⁵sechste ¹⁶siebente ¹⁷das Nest ¹⁸der Vogel ¹⁹besonders ²⁰Schwalben= ²¹gemacht ²²der Urenkel ²³berühmt ²⁴der Fürst ²⁵die Henne ²⁶Haus= ²⁷Nacht= ²⁸die Zeit ²⁹die Nachricht ³⁰gestrig ³¹nördlich ³²südlich ³³Taschen= ³⁴die Uhr ³⁵silberne, von Silber.

B. Svátosti[1] katolické jsou: první křesť, druha biřmování, třetí svátosť oltářní, čtvrtá pokání, pátá poslední pomazání, šestá svěcení kněžstva, sedmá stav manželský. Lesní[2] stromové jsou: tvrdé[3] duby a buky[4], větnaté[5] sosny[6] a vysoké[7] jedle[8]. Ranní[9] smích, večerní[10] pláč. Měsíc[11] a hvězdy jsou světla noční, slunce ale jest světlo denní. Hovězí[12] a telecí[13] maso[14] jest zdravé. Tvůj bratr jest všude první a poslední[15]. My jsme vlastní[16] bratří a vy jste vlastní sestry. Mnohé dni[17] zimní[18] jsou pošmurné a chladné. Ranní dešť[19] jest užitečný. Budoucí[20] osud náš[21] jest nejistý. Úhelní[22] větrové[23] jsou: východní[24], polední[25], západní[26], půlnoční[27]. Celý[28] svět oko[29] Boží. Domácí kohouti[30] jsou noční strážci[31]. Cizí[32] zkušenosť jest laciný[33] učitel. Všeliké[34] tělo jest jako tráva[35] a všeliká sláva jako květ[36] polní[37].

¹das Sakrament ²Wald= ³hart ⁴die Buche ⁵ästig ⁶die Fichte ⁷hoch ⁸die Tanne ⁹Morgen= ¹⁰Abend= ¹¹der Mond ¹²Rind= ¹³Kalb= ¹⁴das Fleisch ¹⁵letzte ¹⁶leiblich ¹⁷der Tag ¹⁸Winter= ¹⁹der Regen ²⁰künftig ²¹das Schicksal ²²Haupt= ²³der Wind ²⁴Morgen=, Ost, ²⁵Mittag=, Süd= ²⁶Abend=, West=, ²⁷Mitternacht=, Nord= ²⁸ganz ²⁹das Auge ³⁰der Hahn ³¹der Wächter ³²fremd ³³wohlfeil ³⁴jedweder ³⁵das Gras ³⁶die Blume ³⁷Feld.

29.

Die heutige Nachricht ist gut, die gestrige war schlimm. Die nördlichen Gegenden Europas sind nicht so fruchtbar wie die südlichen. Du bist überall der erste und letzte. Der heilige Wenzel und Boleslaw waren leibliche Brüder. Libuša, Kaša und Tetka waren leibliche Schwestern. Heuer war die Frühlingszeit kalt, die Sommerzeit aber heiß. Das Schwalbennest ist sehr künstlich gebaut. Nachtuhren sind eben so nützlich wie Taguhren. Unser Gotteshaus ist sehr groß und sehr schön. Eichen sind ebenso Waldbäume wie Fichten und Tannen. Viele, welche die ersten waren, werden die letzten sein; die hingegen die letzten sind, werden die ersten sein. Eigene Erfahrung ist ein theuerer Freund. Unsere leiblichen Schwestern sind schon todt. Die Nachtvögel sind nicht schön. Der heutige Tag ist kühl, der gestrige war trüb. Die Morgensonne ist sehr angenehm. Werden wir immer gut und tugendhaft sein, so wird auch unser künftiges Schicksal gut werden. Der Mond ist Nachtlicht, die Sonne Tageslicht. Der Haushahn ist ein guter Nachtwächter. Das Gewissen ist die Stimme[1] Gottes. Die erste Würze[2] im geselligen Umgange (v pospolitém životě) ist Wahrheit, die zweite gesunder Menschenverstand, die dritte frohe Laune[3] und erst die vierte Geist[4]. Adam und Eva waren die ersten Menschen. Die Wahrheit ist ein Gotteskind. Die Südwinde sind gewöhnlich[5] warm, die Nordwinde sind kalt. Die letzten Dinge des Menschen (člověka) sind: das erste der Tod; das zweite das Gericht Gottes; das dritte die Hölle; das vierte das Himmelreich. Die Gerichte Gottes sind alle gerecht. Wo Friede und Liebe ist, da ist ein halbes Himmelreich. Das Himmelreich ist nicht Speise und Trank, sondern Gerechtigkeit[6] und Friede und Freude im Geiste (v duchu).

[1]hlas [2]koření [3]mysl [4]vtip [5]obyčejně [6]spravedlnost.

30.

3. Adjectiva possessiva, zueignende, přivlastňovací.

Die Adjectiva possessiva benennen das Eigenthum oder das Zugehör einer Person. In der deutschen Sprache wird eine solche Zueignung durch den Genitiv gegeben; z. B. otcův dům des Vaters Haus, matčina zahrada der Mutter Garten. Die von männl. Personennamen gebildeten Possessiva haben die Bildungsform ův, ova, ovo; und die von weiblichen Personen gebildeten haben die Bildungsform in, ina, ino, wobei die nothwendigen Verwandlungen oder Erweichungen gemacht werden müssen. Die Grundendung ist dabei der Genitiv. Beide gehen nach on, ona, ono.

Nom.	Singular, Einzahl.		
	masculinum	femininum	neutrum
	belebt	unbelebt		
	králův	králův	králova	královo
Plural, Mehrzahl.			
Nom.	královí	královy	královy	králova

Svatý Vojtěch, druhý biskup[1] pražský[2], byl syn Slavníkův. První česká kněžna[3] byla Libuše, dcera Krokova, a první křesťanská kněžna byla Ludmila, choť[4] Bořivojova. Zahálka[5] prý jest čertův[6] podhlavníček[7] čili 'poduška[8] čertova. Matčina napomínání[9] jsou velmi tkliva[10], ale dceřina zatvrzelost[11] jest neobyčejná[12]. I pravda lhářova bývá časem[13] za lež (für eine Lüge) držána[14]. Nezdárná[15] dcera jest zármutek[16] matčin a zdařilý[17] syn jest radost otcova. Učitelova slova byla rázná[18] ale i laskavá. Semiramis, královna babylonská, byla choť Ninova. Bratrova rada[19] byla dobrosrdečná[20], ale nikoliv moudrá. Svatý Václav a Boleslav bratrovrah[21] byli synové Vratislavovi a Drahomířini. Sousedova[22] pole jsou ovšem ourodná[23], ale sousedčiny louky jsou příliš mokré[24]. Pošetilý[25] syn jest bolesť otcova a soužení[26] matčino. Nedbalec jest bratr mrháčův[27] a svůj vlastní krádce[28]. Svatý Jan Křitel[29] byl předchůdce[30] Kristův. Hrad[31] Tetín byl sídlo[32] Tetčino. Pracovitosť[33] jest ozdoba[34] mládencova[35], a přívětivosť[36] a dobročinnosť[37] jsou okrasy[38] holčiny[39].

[1]Der Bischof [2]Prag [3]die Fürstin [4]die Gemahlin [5]der Müßiggang [6]der Teufel [7]der Kopfkissen [8]der Polster [9]die Ermahnung [10]rührend, eindringlich [11]die Hartnäckigkeit [12]ungewöhnlich [13]manchmal [14]gehalten [15]ungerathen [16]der Kummer [17]gerathen [18]kräftig [19]der Rath [20]gutherzig [21]der Brudermörder [22]der Nachbar [23]fruchtbar [24]naß [25]thöricht [26]die Plage [27]der Verschwender [28]der Dieb [29]der Täufer [30]der Vorgänger, der Vorläufer [31]das Schloß, die Burg [32]die Residenz [33]die Arbeitsamkeit [34]die Zierde [35]der Jüngling [36]die Freundlichkeit [37]die Wohlthätigkeit [38]der Schmuck [39]das Mädchen.

31.

Gehorsame Söhne sind des Vaters Freude und tugendhafte Töch-

ter sind der Mutter Vergnügen. Des Lehrers Wort war gut und
weise. Des Vaters Ermahnung war eindringlich. Libuša's Schwe=
stern waren Kaša und Tetka. Adalberts Vater war der reiche Slawnik.
Wenzel's Mörder war sein leiblicher Bruder Boleslaw. Der Mutter
Freude war die gute Tochter und des Vaters Hoffnung war der brave
Sohn. Der Gemahl der Semiramis war Ninus. Karl der Vierte
war Johann's Sohn. Ludmilla's Mörderin[1] war Drohomira, einst die
Gemahlin Wratislaw's. Des Bruders Felder sind fruchtbar; allein der
Schwester Wiesen sind zu nass. Des Bauers Arbeitsamkeit ist groß.
Des Nachbars Pferde sind jung und schön. Des Knaben Kleider sind
neu, des Mädchens Kleider sind jedoch alt. Der Nachbarin Freund=
lichkeit und Wohlthätigkeit wird allgemein gelobt. Die Reden eines
Verführers[2] sind zwar glatt aber giftig. Die wahre Kirche[3] Christi
ist unfehlbar[4].

[1]vražedlnice [2]svůdník [3]církev [4]neomylný.

32.
Steigerung der Eigenschaftswörter.

Gesteigert werden die Adjektiva, wenn man für den Komparativ
an den Endkonsonanten des Positivs die Silbe ější anhängt und die
nothwendige Zerirung (Erweichung oder Verwandlung macht); z. B.
jasný Komparativ jasn-ější, příkrý Komparativ příkř-ejší.

Die Adjektiva, deren letzter Wurzelkonsonant im Positiv d, h, ch ist, neh=
men im Komparativ nicht die Silbe ější an, sondern nur ší, die an den
letzten Wurzelkonsonanten angehängt wird. Dabei müssen h in ž, ch in
š, k in c, z in ž verwandelt werden. Auf diese Art wird z. B. aus
mlad-ý Kompar. mlad-ší; aus drah-ý draž-ší; aus hluch-ý hluš-ší.

Die mittelst der Bildungssilben ký, eký, oký entstandenen Adjektiva
werfen im Komparativ diese Bildungssilben weg und nehmen nur ein ší
an; z. B. daleký — další; vysoký — vyšší; krotký — krotší. Wird
dem Komparativ die Silbe nej vorgesetzt, so entsteht der Superlativ;
z. B. slavn-ý — slavnější — nejslavnější.

Dobrá naučení[1] jsou užitečná, ale dobré příklady[2] jsou užitečnější. Opatrnost[3] starcova jest chvalitebnější, než neprozřetelná[4]
mysl mladíkova. Diamant jest tvrdší, než všickni ostatní[5] drazí ka-
menové. Člověk[6] skromný[7] jest milování hodnější, než člověk drzý[8].

Železo jest kov nejužitečnější, zlato nejvzácnější a nejžádanější[9]. Nejvěrnější zvíře jest pes. Moře jest hlubší než řeky[10], a řeky jsou širší[11] než potoky[12]. Náboženství[13] jest nejdražší[14] dar Boží. Příroda[15] jest nejzkušenější mistr[16]. Vděčnosť jest povinnosť[17] nejpotřebnější[18]. Spokojení chudí jsou daleko šťastnější než lakomí boháči[19]. Jaro jest čas nejpříjemnější. Samoláska[20] jest nejvýmluvnější[21], ale i nejnebezpečnější[22] pochlebník[23]. Zlato jest kov nejdokonalejší[24], protože nejčistší a nejvzácnější, zvláště ryzé[25]. Duše nejdražší zboží. Čím schod[26] vyšší, tím hlubší pád[27]. Mramor kararský jest bělejší než jiní mramorové. Marnosť[28] jest tak násilná[29] žebračka[30] jako chudoba, a mnohem nezbednější[31]. Jeden jest nejvyšší stvořitel[32] všemohoucí[33], a král mocný[34] a hrozný[35] příliš, a panující[36] Bůh. Světlo jest rychlejší[37] než zvuk[38].

[1]die Lehre [2]das Beispiel [3]die Vorsicht [4]unvorsichtig [5]übrig [6]der Mensch [7]bescheiden [8]leck, frech [9]wünschenswert [10]der Fluss [11]breit [12]der Bach [13]die Religion [14]das Geschenk, die Gabe [15]die Natur [16]erfahren [17]die Pflicht [18]nothwendig [19]der Reiche [20]die Selbstliebe [21]beredt [22]gefährlich [23]der Schmeichler [24]vollkommen [25]gediegen [26]der Staffel [27]der Fall [28]die Eitelkeit [29]gewaltig [30]die Bettlerin [31]zudringlich [32]der Schöpfer [33]allmächtig [34]gewaltig [35]fruchtbar [36]herrschend [37]geschwind [38]der Ton.

33.

Gold ist das schwerste und theuerste Metall, es ist viel schwerer und theurer als Eisen; selbst Blei ist leichter als Gold. Tugendhafte, ungelehrte Männer sind viel würdiger als gelehrte Bösewichte. Eigene Erfahrung ist der theuerste Freund. Der Pflug[1] ist das nützlichste Werkzeug. Was ist nützlicher, die Schafe oder die Kühe? Da ich jung und gesund bin, jünger und gesünder als meine Brüder, und daher der jüngste und vielleicht auch der gesündeste unter euch (mezi vámi), so seid nicht böse auf mich (nehněvejte se na mne), wenn ich der lustigste und geschwindeste bin. Gute Beispiele sind nützlichere Meister als gute Worte und Lehren. Unser Leben ist kurz, noch kürzer unsere Jugend. Die Zeit ist das kostbarste Ding. Nichts ist schwerer als eine veraltete[2] Gewohnheit[3]. Die Gase[4] sind noch leichtere Stoffe[5] als die Dünste. Die schwersten Gaben[7], schwerer als die obrigkeitlichen[8] Gaben, sind unsere Trägheit, unsere Eitelkeit, unsere Thorheit. Je höher ein Baum, je schwerer sein Fall.

[1]pluh [2]zastaralý [3]obyčej [4]plyn [5]hmota [6]pára [7]daň [8]vrchnostenský.

34.
Unregelmäßige Steigerung.

Folgende Adjektiva werden im Komparativ unregelmäßig gesteigert: dobrý gut, hat lepší; zlý bös, horší; veliký groß, větší; malý klein, menší; dlouhý lang, delší. Ferner nehmen hořký bitter, hezký hübsch, měkký weich, mělký seicht, křehký mürbe, tenký dünn, lehký leicht, vlhký feucht im Komparativ regelmäßig ější und čí statt ší an.

Když je nouze[1] největší, bývá (pflegt zu sein) pomoc[2] Boží nejbližší[3]. Lepší jest moudrosť nežli zlato a kámen drahý. Zdravý rozum a dobré srdce jsou nejlepší bohatství. Největší zvíře čtvernohé[4] jest slon[5]. Nejmenší pták jest kolibri, neboť není větší než čmelák[6]. Vlohy[7], pilnosť, poctivosť a opatrnosť jsou nejvěrnější průvodci[8]; zlosť ale a náruživosť jsou nejhorší rádci[9]. Noci zimní jsou delší, než noci letní. Irsko jest menší než Anglicko. Anglický cín jest nejlepší, český není o nic horší. Nejmnozší hvězdy jsou větší než naše země. Lepší jest chudý zdravý a silný, nežli bohatý a mdlý[10] a zbičovaný[11] zlostí (vom Zorne). Lepší malý zisk[12] než velká škoda[13]. Sobectví[14] jest zlé, horší pochlebnictví[15], nejhorší zráda[16]. Horší jest strach než bída[17] sama. Lepší jest člověk trpělivý nežli vysokomyslný[18] a prudký[19]. Zdravé tělo, jasný duch a šlechetné[20] srdce jsou lepší dědictví než mrtvý kov, statky[21] a poctivosti[22]. Nemoc i válka[23] jsou věci zlé, hlad a mor[24] jsou ještě horší. Dřevo[25] jest lehčí než železo, a olej[26] lehčejší než dřevo.

[1]die Noth [2]die Hilfe [3]nahe [4]vierfüssig [5]der Elefant [6]die Hummel [7]die Anlage [8]der Begleiter [9]der Rathgeber [10]matt [11]gegeißelt [12]der Gewinn [13]der Schade [14]die Selbstsucht [15]die Schmeichelei [16]der Verrath [17]das Elend [18]hochmüthig [19]heftig, ungestüm [20]edel [21]das Gut, der Besitz [22]die Würde [23]der Krieg [24]die Pest [25]das Holz [26]das Öhl.

35.

Das höchste Gut ist ein makelloses[1] Leben. Wer ist besser, wer gütiger als Gott? Der beste, allein auch der theuerste Lehrmeister ist die eigene Erfahrung. Die Sonne ist viel größer als der Mond, der Mond ist jedoch kleiner als die Erde, und viele Sterne sind größer als selbst die Sonne. Die Sünde ist ärger als der Tod. Böse Leidenschaften sind schlechte Begleiter, schlechter, als Unwissenheit und Ehrlichkeit. Natur, Zeit und Geduld sind die besten Ärzte². Beispiele sind besser als Vorschriften³. Die kleinsten und die größten Thiere sind Geschöpfe Gottes. Die Hummel ist nicht viel kleiner, als die kleinsten Vögel, die Kolibris. Die Sommertage sind länger, als die Wintertage. Die Natur und die Religion sind die besten Führer. Des Lebens (života) größte Lust ist Liebe, der größte Schatz die Zufriedenheit, das größte Gut die Gesundheit, der größte Trost⁴ der Schlaf⁵, und die beste Arznei⁶ ein wahrer Freund. Je steiler⁷ der Berg⁸, je niederer⁹ das Thal, je größer der Mann, je schwerer der Fall. Der Hunger ist der beste Koch¹⁰. Der Maulesel¹¹ ist kleiner als das Pferd, doch größer als der Esel. Besser ist ein offener Tadel¹², als eine verborgene¹³ Liebe. Besser ist ein guter Nachbar in der Nähe (na blízku), als ein Bruder in der Ferne (v dáli).

¹neposkvrněný ²lékař ³rozkaz ⁴útěcha ⁵spaní ⁶lékařství ⁷příkrý ⁸vrch ⁹hluboký ¹⁰kuchař ¹¹mezek ¹²pokárání ¹³tajný.

Verbum, sloveso. Zeitwort.

Das böhmische Verbum ist in seinem Organismus und Gebrauche wesentlich vom deutschen Verbum verschieden und anscheinend so schwierig, daß der Nichtslave, der sich dem Studium der böhmischen Sprache zuwendet, den richtigen Gebrauch dieses Redetheiles entweder nie, oder äußerst schwer erlernen zu können glaubt. Denn während das böhmische Kind, sobald seine Denkkraft nur einigermaßen geweckt ist, die Handlungen folgender Sätze: ich gehe (so eben) in die Schule, ich gehe (alle Tage des Unterrichtes wegen) in die Schule; ich gehe (manchmal, z. B. auf Besuch) in die Schule, ohne allen Anstand mit: jdu, chodím, chodívám do školy ausdrücken würde, wird sich der deutsche Studirende ohne nähere Anleitung in diese Feinheiten und Eigenheiten des böhmischen Verbums, die, wenn unbeachtet, nothwendig Unklarheit, Zweideutigkeit, ja selbst Unsinn zur Folge haben, nur schwer hineinfinden. Hier ist eine umfassende Besprechung des böhmischen Verbums eine unerläßliche Pflicht, und ich will dasselbe auf eine Art zu erklären versuchen, die ich als die leichtfaßlichste und praktischste fand.

Die Verba benennen die Handlung des Subjektes, daher auch das Leiden und den Zustand desselben und geben überdies die Verhältnisse an, in denen die Handlung zum Subjekte steht. Wir müssen demnach an einem Verbum folgende Punkte beachten:

1. Die Handlung selbst, die entweder ein Thun oder ein Leiden oder ein Zustand des Subjektes ist.
2. Die Dauer dieser Handlung.
3. Die Art und Weise, wie die Handlung geschieht.
4. Die Zeit, wann sie geschieht.
5. Das handelnde Subjekt nach den Merkmalen der Person, des Geschlechtes und der Zahl.
6. Die Form oder Konjugazion, nach welcher das Verbum gewandelt wird.

Fast alle diese Punkte sind den Zeitwörtern aller Sprachen gemein, nur die Bezeichnung der Dauer der Handlung ist dem böhmischen Verbum ganz besonders eigen, worüber nun das Nähere folgt.

1. Die Handlung (děj) müssen wir uns vor allem denken entweder als eine gesonderte, diskrete, oder als eine stätige, kontinue Größe (velicina rozpojná aneb souvislá). Unter einer diskreten Handlung aber verstehen wir diejenige, die sich in ihre Einzeln- oder Theilhandlungen — Momente, doby genannt — also auflösen lässt, dass man einen Moment von dem andern leicht und genau unterscheiden kann. Solche diskrete Handlungen sind, z. B. házím, ich werfe; střílím, ich schieße; pískám, ich pfeife; und ihre Momente sind: hodím, ich thue einen Wurf; střelím, ich thue einen Schuss; písknu, ich thue einen Pfiff. Zur Benennung der diskreten Handlungen hat der Böhme Verba discreta, das ist gesonderte Zeitwörter (slovesa rozpojná), und zur Benennung der Einzeln-Momente oder Theilhandlungen Verba singularis, das ist vereinzelnde (slovesa jednotlivá). Eine diskrete Handlung lässt sich am besten durch eine Reihe horizontallaufender Punkte, wo ein jeder Punkt ein Moment der diskreten Handlung ist, darstellen. Wäre also A $^{a \cdot b \cdot c \cdot d \cdot e}$ ... B eine diskrete Handlung, z. B. házím ich thue einen Wurf nach dem andern, ich bin mit dem Werfen beschäftigt, ich werfe, so müßten $a + b + c + d + e$ ... die vereinzelten Momente oder Theilhandlungen der Gesammthandlung A B sein, und ein jeder von ihnen müste mit einem Verbum singulare, im vorliegenden Falle mit hodím, ich thue einen Wurf, ausgedrückt werden.

Unter stätigen Handlungen dagegen werden diejenigen verstanden, wo die einzelnen Momente innig zusammenhängen, so daß, wo der Schluß des einen, dort zugleich der Anfang des folgenden ist; z. B. sedím ich sitze, jdu ich gehe, nesu ich trage. Zur Benennung einer stätigen Handlung werden im Böhmischen stätige Zeitwörter, continua Verba (slovesa souvislá) gebraucht. Eine stätige Handlung kann am füglichsten durch eine Linie C_____D, in der die einzelnen Momente oder Theilhandlungen stätig ohne bemerkbare Unterbrechung fortlaufen, veranschaulicht werden. In der deutschen Sprache werden die discreta und continua Verba durch gewöhnliche Zeitwörter ausgedrückt, denen man, wenn nothwendig, noch einige Nebenbestimmungen, als: **jetzt, soeben, gerade** und dgl. beizusetzen pflegt. Die vereinzelten Verba jedoch werden, wie aus dem oben angeführten Beispiele erhellet, meist und am treffendsten mit einem Substantiv, das den vereinzelten Moment ausdrückt, und einem entsprechenden Verbum gegeben. Diese Analogie reicht für die meisten Fälle hin, und man kann somit unschwer errathen, wo ein vereinzelndes Verbum gesetzt werden muß. In den Sätzen: ich mache einen Schlag, ich mache einen Schritt, ich mache einen Kauf, muß offenbar ein vereinzelndes Verbum gesetzt werden, also: bouchnu, kročím, koupím. Allein selbst in den Fällen, wo die deutsche Sprache keine Analogie bietet, ist nur bei einiger Aufmerksamkeit nicht schwer zu erkennen, ob ein vereinzelndes oder ein diskretes Verbum zu stehen habe. Ich will z. B. ausdrücken, daß einige gefangene Vögel auszulassen seien. Dies kann geschehen entweder in einem Momente, wenn alle auf einmal ausgelassen werden, oder in mehreren nach einander folgenden Momenten, wenn einer nach dem andern ausgelassen wird. Im ersteren Falle müßte natürlich ein vereinzelndes, im zweiten ein diskretes Verbum gesetzt werden. Wo sich bei einer Handlung ein so vereinzelnder Moment nicht denken lässt, dort kann es auch kein vereinzelndes noch ein diskretes Verbum geben.

2. Es kann weder in der Absicht des handelnden Subjektes, noch im Zwecke der Handlung liegen, daß sich eine stätige oder diskrete Handlung ohne Aufhören in der Richtung einer stätigen oder diskreten Linie fortentwickle, und Momente an Momente sich anreihen; vielmehr genügt es schon, wenn sich nur ein Moment, oder eine bestimmte Anzahl von Momenten einer Gesammthandlung auf eine bestimmte Art entwickelt hat, so daß darauf jede fernere Entwickelung der Handlung, die nun eine bereits abgeschlossene und beendete ist, aufhört. Nehmen wir

als Beispiel an die stätige Handlung nesu ich trage, und die diskrete házím ich werfe. Nesu zeigt an, ich trage in der Richtung einer stätigen Linie, fort; házím dagegen ich werfe in der Richtung einer diskreten Linie, ich mache einen Wurf nach dem andern. Allein keine der angeführten Handlungen entspricht meiner Absicht; ich will nämlich ausdrücken, dass das Tragen nur so lange dauern und das Werfen nur so lange fortgesetzt werden solle, bis ich an einem bestimmten Ziele angelangt, und eine bestimmte Anzahl von Würfen gemacht haben würde. Verba nun, die anzeigen, dass eine gesonderte oder eine stätige Handlung sogleich aufhöre, sobald sich ein Moment oder eine gewisse Anzahl von Momenten einer Gesammthandlung auf eine bestimmte Art und Weise entwickelt hat, und somit die Handlung selbst zum Abschluss gekommen ist, nennt man beendigende (finitiva, dokonává) oder richtiger endmomentige, poslednědobá. Dies Beendigen der Handlung wird vermittelt durch die Vorsilben: do-, na-, nad-, o-, od-, po-, pod-, pře-, při-, pro-, roz-, s-, u-, o-, vy-, vz-, za-, die den vereinzelnden, stätigen oder diskreten Verbis vorgesetzt anzeigen:

1. dass die Handlung beendigt ist, und
2. wie und auf welche Art sie beendigt ist.

Wenn also házím ich werfe, und nesu ich trage heißt und ich wollte sagen: Das Tragen und das Werfen habe nur so lange zu dauern, bis der oder die zum Herauswerfen und Heraustragen bestimmten Gegenstände würden herausgeworfen oder herausgetragen sein: so müßten die bezeichneten Handlungen durch eine den Begriff „heraus" bezeichnende Vorsilbe, im vorliegenden Falle mit vy- beendigt werden, woraus dann die Verba vycházím und vynesu entstünden. Es versteht sich von selbst, dass wenn eine von den genannten Partikeln einem vereinzelnden Verbum vorgesetzt würde, der vereinzelnde Moment der Gesammthandlung auch hiedurch näher bestimmt würde. Haben wir die obgenannten Verba beendigende benannt, so können wir diese einzeln beendigende (singulariter finitiva, jednotlivě končící) nennen: z. B. vyhodím ich werfe mit einem einzigen Wurfe irgend etwas hinaus.

3. Handlungen, die sich in der Richtung einer diskreten oder stätigen Linie fortsetzen, können sich, ohne früher beendigt worden zu sein, nie, der Ausnahmen sind nur wenige, wiederholen. Ist jedoch eine Handlung zum Abschluss gebracht, beendigt, dann kann sie ohne Hindernis von neuem begonnen — wiederholt — oder auf eine gewisse

Art weitergeführt — fortgesetzt werden. Verba nun, die anzeigen, daß sich eine beendigte Handlung ohne Unterbrechung auf eine bestimmte Art wiederhole oder fortsetze, heißen **wiederholende** (iterativa, opětovavá) oder **fortsetzende** (continuativa, pokračovací). Da man eine jede Handlung beendigen kann, so liegt es in der Natur der Sache, daß man die beendigte auch wiederholen oder fortsetzen könne, woraus dann von selbst folgt, daß man aus einem jeden finitiven Verbum ein iteratives oder kontinuatives müsse bilden können*). Wie und auf welche Art es zu geschehen hat, darüber weiter unten.

4. Diskrete, stätige und wiederholende Handlungen lassen sich nach Willkür unterbrechen und nach größeren oder kleineren bestimmten oder unbestimmten Zwischenräumen, also gesondert, wiederholen oder fortsetzen. Verba, die anzeigen, daß sich eine diskrete oder stätige oder wiederholende Handlung nach einigen Zwischenräumen, also mit Unterbrechung oder gesondert, wiederhole oder fortsetze, heißen **veröfternde** (frequentativa, častoslivá). Im Deutschen wird eine solche Unterbrechung und Wiederholung mit dem Hilfsverbum: **pflegen** ausgedrückt; z. B. nosívám ich pflege zu tragen, házívám ich pflege zu werfen. Da die frequentativen Verba nur Fortsetzung oder Wiederholung einer unterbrochenen Handlung sind, so folgt von selbst, daß sie nur von diskreten, stätigen oder iterativen Verbis gebildet werden können. Wie dies zu geschehen hat, davon weiter unten.

Aus dem, was bisher über die Handlung gesagt wurde, ergibt sich, daß die böhmischen Verba entweder nur einen oder mehrere Momente einer Handlung benennen, daß sie folglich:

1. Einmomentig, unius momenti, jednodobá und

2. mehrmomentig, plurium mementorum, vícedobá sind. Da jedoch eine Handlung, die in einem Augenblick oder in einem einzigen Moment geschieht, dauerlos oder momentan ist, dagegen eine Handlung, die

---

*) Nur die finitiva Verba, die einen Zustand benennen, lassen sich nicht iterieren; denn ist ein Subjekt aus einem Zustande in einen andern, noch nicht gehabten, übergangen, so kann ich wohl das weitere Entwickeln des Zustandes aufhören machen oder beendigen, allein den ursprünglichen Zustand kann ich nicht in der Art wieder herstellen, um ihn ohne Aufhören wiederholen zu können. Z. B. das Subjekt Apfel geht aus dem gesunden Zustande in den Zustand des Faulens über, der Apfel fault, hnije. Dieses Faulen kann ich wohl auf irgend eine Weise zu Ende führen, daß es nicht weiter geht, allein wiederholen kann ich die Operazion nicht. Dasselbe gilt auch von dem Verbum blednu ich werde bleich, ich erbleiche, červenám se ich werde roth, überhaupt von allen denjenigen, die man sonst Verba inchoativa, d. i. beginnende zu nennen pflegte, die aber nichts anderes sind, als reine Zustandsverba.

mehrere Momente zu ihrer Entwicklung braucht, eine dauernde ist, so
kann man auch die einmomentigen Verba überhaupt **dauerlose, momentane**, okamžiká; die mehrmomentigen aber überhaupt **dauernde, dura-
tive**, trvavá nennen.

1. Die einmomentigen oder momentanen Verba aber sind:

a) Vereinzelnd (singularia, jednotlivá), das ist Benennungen eines
einzigen Moments einer diskreten Handlung.

b) Beendigend (finitiva, končící); diese sind Benennung des letzten
Moments, der von einer diskreten oder stätigen Handlung auf ir=
gend eine Weise zur Entwicklung kam.

c) Einzeln=beendigend (singulariter finitiva), diese sind Benennungen
eines Einzelnmoments, einer diskreten Handlung mit der Angabe
der Weise, wie derselbe zur Entwicklung kam.

2. Die mehrmomentigen oder dauernden Verba sind:

a) Gesonderte (discreta, rozpojná); sie sind Benennungen gesonder=
ter Handlungen.

b) Stätige (continua, souvislá); sie sind Benennungen stätiger
Handlungen.

c) Wiederholende (iterativa, opětovavá); sie sind ununterbrochene
Wiederholung oder Fortsetzung beendigter Handlungen.

d) Veröfternde (frequentativa, častotlivá); sie sind Benennungen dis=
kreter, stätiger oder iterativer Handlungen, die sich mit Unterbre=
chung oder gesondert fortsetzen oder wiederholen.

Wir wollen nun an einigen deutschen Sätzen die Art und Gat=
tung eines Zeitwortes, welches in der böhmischen Sprache gesetzt wer=
den müßte, zu bestimmen versuchen, ohne uns um die übrigen Bestim=
mungen des Verbums zu kümmern.

Adalbert! Ich sage dir immerfort, du sollst den Käfig zumachen,
damit der Vogel nicht heraus= und davonfliege. Du wirst so lange
nicht zumachen, bis er endlich heraus= und davonfliegen wird; dann
kannst du ihn fangen, wenn er von Dach zu Dach, von Baum zu
Baum fliegen wird. — Jetzt ist er herausgeflogen! sieh, so eben
fliegt er in den Garten! Ich bitte euch, gute Leute, fangt ihn!
Wie können wir ihn denn fangen, er fliegt ja von Baum zu Baum,
von Ast zu Ast. Das thut nichts, fanget ihn nur (=versuchet ihn zu
fangen), vielleicht werdet ihr ihn endlich doch fangen (= erwischen).
Jetzt fliegt er zu euch, fangt ihn! Fängt (= erwischt) ihr ihn, so

werde ich euch Trinkgeld geben; denn ich gebe einem jeden Trinkgeld, der mir einen Dienst erweiset. — Herr, gebt mir das Trinkgeld, denn ich habe euren Vogel gefangen. Es ist wahr, du hast meinen Vogel gefangen, allein Trinkgeld bekommt ihr alle, denn ihr alle habt den Vogel gefangen (habt euch bemüht zu fangen), obzwar ihn nur einer fieng (= erwischte).

Nun entsteht die Frage, durch welche Verbarten die in dieser Periode vorkommenden Handlungen im Böhmischen gegeben werden sollen? Die Sache ist nicht so schwierig, wie sie scheinen dürfte, und bei einiger Aufmerksamkeit wird das richtige Verbum mit voller Sicherheit bestimmt werden können. Wir wollen der Denkkraft des deutschen Studierenden mit nachfolgendem zu Hilfe kommen:

Ich sage immerfort bedeutet, dass nach einem ein-, zwei-, dreimaligen ɔc. Sagen ein abermaliges Sagen komme. Hier genügt also ein stätiges Verbum nicht, sondern es muß ein iteratives gewählt werden, indem sich das Ermahnen stets wiederholt.

zumachen nicht einmal, sondern so oft du den Käfig offen siehst oder mit ihm etwas zu thun hast. Das Zumachen wiederholt sich.

herausfliege. Ich fliege ist ein stätiges Verbum; dieses kann unmöglich passen, da sich die Handlung hier nicht in der Richtung einer Linie fortsetzt; vielmehr wird die Handlung „fliegen" auf irgend eine Art beendigt werden müssen, was, wie bekannt, durch die Vorsetzpartikeln, hier also durch „heraus, vy," vermittelt wird.

du wirst nicht zumachen. Die Handlung ist hier wiederholend und hat den Sinn: du wirst so oft nicht zumachen, so oft du den Käfig offen sehen wirst.

heraus und davonfliegt sind offenbar beendigte Handlungen; sie sind die letzten Momente, die von einer Gesammthandlung auf eine bestimmte Art zur Entwicklung kamen.

kannst ist stätig.

fangen bedeutet: du kannst das „Fangen" so oft wiederholen, so oft du Gelegenheit haben wirst, den Vogel zu erwischen. Das Verbum muß ein diskretes sein: ein versuchtes Erwischen lässt sich vom zweiten, britten ɔc. genau unterscheiden.

bis er fliegen wird. Das Fliegen von einem Dach zum andern, von einem Baum zum andern lässt sich genau erkennen; das Verbum muss hier ein diskretes sein

so eben fliegt er, ist stätig; die Handlung geschieht in der Richtung einer stätigen Linie.

ich bitte ist ingleichen stätig; die Momente lassen sich nicht sondern.

fang ihn ist vereinzelnd. Hier handelt es sich nicht um ein Versuchen oder Bemühen, sondern um den Einzelnmoment des Erwischens.

wie können wir ihn fangen ist derselbe Einzelnmoment.

er fliegt ist diskret aus dem oben angegebenen Grunde.

das thut nichts ist stätig; die Momente lassen sich hier nicht von einander trennen.

fangt ihn nur ist diskret, es bedeutet: wiederholet den Einzelnmoment des Erwischens so lange und so oft als möglich.

werdet fangen ist vereinzelnd; es bedeutet den vereinzelnden Moment des Erwischens.

fliegt zu euch ist stätig; das Fliegen geschieht in der Richtung einer stätigen Linie.

fangt ihn ist vereinzelnd = erhaschet ihn.

fängt ihr ihn ist ingleichen vereinzelnd; in beiden Fällen handelt es sich um den einzigen Moment der Gesammthandlung „Fangen, chytati" — um das „Erwischen, chytiti."

gebe Trinkgeld ist vereinzelnd; das Geben des Trinkgeldes ist nur ein Einzelnmoment.

denn ich gebe einem jeden. Hier ist die Handlung eine diskrete. Der Moment „des Gebens" wiederholt sich bei einem jeden und so oft jemand einen Dienst erweiset.

Dienst erweisen ist finitiv; der von jemanden erwiesene Dienst ist eine zu Ende gebrachte, beendigte Handlung.

gebt mir Trinkgeld ist vereinzelnd — aus dem oben angeführten Grunde.

ich habe gefangen ist vereinzelnd; es ist der Einzelnmoment einer Totalhandlung.

ihr bekommt alle ist beendigend; es zeigt an die einmalige Belohnung für den Einzelnakt des Erhaschens.

alle habt gefangen ist diskret; die Bedeutung ist: ihr habt euch bemüht den Vogel zu fangen = zu erhaschen.

einer fieng ist vereinzelnd.

Formen und Wandlung der Verba.
A. Charakter oder Kennzeichen der Konjugazionen.

Zur Abwandlung von verschiedenen Verbarten hat der Böhme acht Konjugazionen, die dem Präsens und Infinitiv nach folgende sind:

	I.	II.	III.	IV.
Präsens:	nes-u.	piji*)	h-nu	ho-ním
Infinitiv:	nés-ti	pí-ti	h-nouti	ho-niti
	V.	VI.	VII.	VIII.
Präsens:	hle-dím	shá-ním	vol-ám	mil-uji**)
Infinitiv:	hled-ěti	shán-ěti	vol-ati	mil-ovati.

1. Zur ersten Konjugazion gehören Verba, die im Präsens den Auslaut -u und im Infinitiv -ti annehmen. Ihre Wurzelsilbe ist im Präsens meist geschlossen und kurz; im Infinitiv wird sie gedehnt; z. B. vez-u Inf. véz-ti führen; nes-u Inf. nés-ti tragen; pas-u Inf. pás-ti weiden. Die Grundzeit ist sowohl in dieser wie in allen andern Konjugazionen der Infinitiv. Die Verba dieser Konjugazion sind, wenn sie einfach sind, sämmtlich stätig.

1. Anmerkung. Schließt sich die Wurzelsilbe mit einem d oder t, so wird in der Volkssprache vor den Infinitivausgang -ti des besseren Wohlklanges wegen ein s eingeschaltet, in der Schriftsprache aber aus derselben Ursache der schließende Wurzelkonsonant weggelassen. Es entsteht somit folgende Operazion:

ved-u ich führe z. B. an der Hand, Infin. véd-ti = véd-s-ti = vésti,
met-u ich kehre, Infin. mét-ti = mét-s-ti = mésti,
čtu oder čet-u ich lese, Infin. čét-ti = čet-s-ti = čísti
und so fort.

2. Anmerkung. Schließt sich die Wurzelsilbe mit h oder k, so muß h und k in c verwandelt werden. In der Schriftsprache wirft man das t des Infinitivausganges weg; z. B.

moh-u***) ich kann, Infin. moh-ti = moc-ti = moci,
vrh-u ich werfe, Infin. vrh-ti = vrc-ti = vrci,
strch-u ich bewahre, Infin. stříh-ti = stříc-ti = stříci,
tek-u ich fließe, Infin. ték-ti, = téc-ti = téci,
vlék-u ich schleppe, Infin. vlék-ti = vléc-ti = vléci

3. Anmerkung. Verba, deren Wurzelsilbe sich mit er schließt, werfen im Infinitiv das e der Wurzelsilbe weg, und nehmen zum Bindungsvokal der Wurzel mit dem Infinitivausgang ein á an; z. B.

ber-u ich nehme, Infinitiv br-á-ti,
der-u ich schleiße, Infinitiv dr-á-ti.

---

*) In der Volkssprache piju.
**) In der Volkssprache miluju.
***) In der Volkssprache můžu.

Eben so gehen kolu ich steche, Inf. kláti; stelu ich bette auf, Inf. stláti; ženu ich treibe, Inf. hnáti; pošlu ich schicke, Inf. poslati; zebe es friert, Inf. zábsti.

4. **Anmerkung.** Auch diejenigen Verba, deren Wurzel keinen Vokal hat, nehmen zum Bildungsvokal der Wurzel mit dem Infinitivausgang **á** an; z. B.

rvu ich raufe, Inf. ryáti; cpu ich stopfe, Inf. cpáti.
lhu ich lüge, Inf. lháti; ssu ich sauge, Inf. ssáti.

5. **Anmerkung.** Ist die Wurzel vokallos, und der letzte Wurzelkonsonant ein **r**, so wird zum Bildungsvokal der Wurzel mit dem infinitiven Ausgang ein **i** eingeschaltet; z. B.

vru ich siede, Inf. vříti; mru ich sterbe, Inf. mříti u. s. w.

Auf ähnliche Art bilden den Infinitiv die Verba:
melu ich mahle, mlíti; chci ich will, chtíti;
ždmu ich winde, ždíti; jdu ich gehe jíti;
jedu ich fahre, jeti; jmu ich fange, jíti.

II. Zur zweiten Konjugazion gehören Verba, die im Präsens den Ausgang **-ji**, im Infinitiv **-ti** annehmen. Ihre Wurzelsilbe ist immer offen, und im Präsens kurz, im Infinitiv wird sie gedehnt; z. B. pi-ji ich trinke, Inf. pí-ti; my-ji ich wasche, Inf. mý-ti; bi-ji ich schlage, Inf. bí-ti; ši-ji ich nähe, Inf. ši-ti.

Sie sind, wenn einfach, doch stätig.

Anmerkung.

pře-ji ich gönne, hat im Inf. přá-ti; hře-ji ich wärme, hat im Inf. hřáti;
vě-ji ich wehe, „ „ „ váti;
okře-ji ich erhole mich, hat im Inf. okřáti und okříti.

III. Zur dritten Konjugazion gehören Verba, die im Präsens **-nu**, im Infinitiv **-nouti** an die Wurzel annehmen. Die Wurzel ist entweder ein oder zwei Konsonanten ohne Vokal, oder eine offene, oder endlich eine geschlossene Silbe, z. B.

h-nu ich bewege,	Inf.	h-nouti;
m-nu ich reibe,	„	m-nouti;
hr-nu ich rolle,	„	hr-nouti;
kl-nu ich fluche,	„	kl-nouti;
vi-nu ich winde,	„	vi-nouti;
hy-nu ich gehe zu Grunde,	„	hy-nouti;
váz-nu ich bleibe stecken,	„	váz-nouti;
has-nu ich erlösche,	„	has-nouti.

Die einfachen Verba dieser Konjugazion sind der Mehrzahl nach vereinzelnd, die übrigen sind stätig. Die vereinzelnden sind der Bedeutung nach ohne Ausnahme faktitiv, d. h. sie zeigen eine körperliche oder geistige Thätigkeit an; die mehrmomentigen sind theils faktitiv, theils neutra oder Zustandszeitwörter; diese letzteren nennt man auch inchoativa, beginnende; sie werden im Deutschen in der Regel mit der Kopula „werden" und einem prädikativen Adjektiv gegeben. Die Präsensform der vereinzelnden Verba ist kein Präsens, sondern ein momentanes Futurum. Nach den gegebenen Begriffen über die vereinzelnden und stätigen Verba ist es durchaus nicht schwer, die einen von den andern aus ihrer Bedeutung zu unterscheiden. Zur Übung folgen hier einige sowohl vereinzelnde als stätige Verba durcheinander. Die vereinzelnden sind absichtlich durch gewöhnliche Verba übersetzt worden, obzwar sie nach der angezeigten Analogie gar oft durch Substantiva hätten gegeben werden können. Der Schüler möge selbst die einen und die andern aus der Bedeutung zu bestimmen versuchen.

blednu ich erbleiche,	bodnu ich steche,	táhnu ich ziehe,
hrnu ich rolle,	fouknu ich blase,	drhnu ich scheure,
chřadnu ich zehre ab,	hvízdnu ich pfeife,	hasnu ich erlösche,
klepnu ich klopfe,	kleknu ich kniee nieder,	hynu ich vergehe,
klouznu ich glitsche,	klesnu ich sinke zusammen,	klenu ich wölbe,
křiknu ich schreie,		kousnu ich beiße,
mrznu ich friere,	koukmu ich blicke,	líznu ich lecke,
píchnu ich steche,	kynu ich winke,	páchnu ich dufte,
seknu ich hacke,	padnu ich falle,	plynu ich schwimme,
sáhnu ich greife,	planu ich flamme,	stanu se ich werde,
škrábnu ich kratze,	střihnu ich schneide	šlehnu ich peitsche,
trhnu ich reiße,	mit der Scheere,	vládnu ich regiere,
vanu ich wehe,	šlápnu ich trete,	výsknu ich jauchze.

IV. Zur vierten Konjugazion gehören Verba mit einer geschlossenen Wurzelsilbe, an die im Präsens **-im**, im Infinitiv **-iti** angehängt wird.*) Ihrer Bedeutung nach sind sie faktitiv.

Die einfachen Verba dieser Konjugazion sind stätig; einige sind vereinzelnd, sechs sind iterativ.

Die vereinzelnden sind:

---

*) Einige Stämme dieser Konjugazionen haben jetzt keinen Wurzelvokal; diese dehnen das i im Infinitiv; z. B:
ct-im ich ehre, Infinitiv ctíti.
j-im ich esse,   „   jísti.
křt-im ich taufe, „   křtíti.
mst-im ich räche, „   mstíti.

1. bacím ich mache einen Schlag,
   lapím ⎫
   chopím ⎬ ich fange in einem einzigen Augenblicke, ich erwische.
   chytím ⎭
2. hodím ich mache einen Wurf,
   kotím ich stürze um.
   sadím ich setze ein,
   pustím ich lasse los,
   kročím ich mache einen Schritt.
3. vrátím ich gebe zurück,
   chybím ich mache einen Fehler,
   koupím ich mache einen Kauf,
   půjčím ich borge.

skočím ich mache einen Sprung,
strčím ich mache einen Stoß,
mrštím ⎫ ich werfe nieder in einem Augenblick,
praštím ⎭
krojím ich mache einen Schnitt,
střelím ich mache einen Schuß,
raním ich mache eine Wunde.

slíbím ich mache ein Versprechen,
stačím ich reiche aus,
stoupím ich mache einen Tritt,
trefím ich treffe,
vtípím se ich begreife.

Die sechs Iterativen sind:
honím ich jage, Iterat. von ženu, chodím ich gehe, Iterat. von jdu, jezdím ich fahre, Iterat. von jedu, nosím ich trage Iterat. von nesu, vodím ich führe, Iter. von vedu, vozím ich fahre zu Wagen, Iter. v. vezu.

V. Zur fünften Konjugazion gehören Verba mit einer geschlossenen Wurzelsilbe, an die im Präsens -ím, im Infinitiv -ěti angehängt wird*). Sie sind ohne Ausnahme stätig, wenn sie einfach sind, und benennen in der Regel einen Zustand; z. B. sedím ich sitze, seděti; ležím ich liege, ležeti; hledím ich schaue, hleděti. Hiedurch unterscheiden sie sich wesentlich von den Verbis der VI. Konjugazion, die faktitiv sind. Viele dieser Verba werden im Deutschen durch ein prädikatives Adjektiv und die Kopula „werden" übersetzt; z. B. bohatím ich werde reich, onemocním ich werde krank.

Werden den stätigen und diskreten Verbis dieser 5 Konjugazionen die S. 55 angeführten Partikeln**) vorgesetzt, so werden sie hiedurch be-

---
*) Die Verba dieser Konjugazion, deren Wurzel vokallos ist, haben im Infinitiv in der Volks- und Schriftsprache statt ěti auch íti; z. B.
lpím ich klebe, Infinitiv lpěti und lpíti.
pním ich hänge, Infinitiv pněti und pníti.
smím ich darf, Infinitiv smětí und smíti u. s. w.; vím ich weiß hat im Infin. věděti und mám ich habe, hat míti.

**) Vielleicht wird es nicht unwillkommen sein, wenn die Bedeutung und der Sinn der Partikeln in Kürze und im allgemeinen angegeben wird.
do- zeigt an die endliche Erreichung des Zieles und Zweckes, dojdu ich komme an's Ziel, donesu ich trage an's Ziel, dovolám ich erreiche durch Rufen mein Ziel.
na- zeigt an:
1. Eine Sättigung und Überfüllung der Handlung; z. B. najím se ich esse mich satt, nadělám se ich arbeite mich ab.

endigend oder endmomentig, die vereinzelnden jedoch einzeln beendigend und ihre Präsensform ist dann kein Präsens, sondern ein momentanes Futurum.

1. Anmerkung. Diese Partikeln sind sämmtlich vom Zeitworte untrennbar. Den nur aus einem Konsonanten bestehenden oder auf einen

    2. Eine An- und Aufhäufung; nanesu ich trage eine Menge zusammen, nakoupim ich kaufe eine Menge ein.
    3. Den Beginn der Handlung, die nicht zur Vollendung kommt, ähnlich dem deutschen „an"; z. B. nalomím ich breche an, napálím ich zünde an, nakousnu ich beiße an: načínám ich schneide, ich breche an.

nad-, nade- zeigt ein Uibermaß, ein Zuvorkommen an, nadejdu ich komme zuvor, nadženu ich treibe vor, nadbudu ich bin übrig über die Zahl.

o- zeigt ein „um, herum" an; opálím ich brenne von allen Seiten an, osuším, ich trockne von allen Seiten ab.

ob-, obe-, zeigt eine Umwindung, ein ringsum an; obezdím ich ummaure, obrostu ich bewachse, oblehnu ich belagere, ich umlagere.

od-, ode- zeigt an:
    daß sich das Subjekt vom Gegenstande entferne oder denselben von sich gebe, also ein „Ab-, Weg-, Ent-"; odejdu ich gehe weg, odstavím ich stelle bei Seite, odnesu ich trage weg; odstoupím ich trete ab, odlomím ich breche ab, odloučím ich entferne, odrazím ich stoße ab.

po- zeigt an:
    1. Ein Bedecken, Bestreuen: pokryti bedecken, politi begießen, posaditi niedersetzen, popsati beschreiben.
    2. Ein Handeln, das sich auf viele oder alle Gegenstände gleicher Art erstrecket: posekati aushauen, pokoupiti alles auflaufen, potrhati alles abreißen.
    3. Eine zu Ende geführte Handlung: pokaziti verderben, potlouci zerschlagen.
    4. Zeigt es, besonders wenn es verdoppelt oder an ein einmomentiges Verbum gesetzt wird, an, daß eine Handlung geschieht, jedoch nicht in ihrer Gänze, sondern nur ein wenig; z. B. pohrám si ich werde nur ein wenig spielen, ponaučím ich werde ein wenig belehren, popojdu ich werde ein wenig vorwärts gehen, popojedu ich werde ein wenig vorwärts fahren.

pod-, pode- entspricht dem Deutschen „unter;" z. B. podsaditi untersetzen, podkovati beschlagen den Huf, polkopati untergraben.

pře- entspricht dem Deutschen „über, hinüber, zer-": presaditi übers.tzen, prevézti überführen, přebiliti übertünchen, predělati überarbeiten, přelomiti zerbrechen, pretrhnouti zerreißen.

před-, přede- zeigt ein „vor" und „zuvor" an: predejíti zuvorkommen, predepsati vorschreiben, předložiti vorlegen, predeslati vorausschicken.

při- zeigt ein Ankommen und Anlangen, ein An- oder Hinzufügen oder Anmachen an: prejíti ankommen, pritovaryšiti se sich beigesellen, pribiti annageln, pridati zugeben, příspěti zu Hilfe kommen, prikoupiti hinzukaufen, pridělati hinzua:beiten, pripsati zuschreiben.

pro- zeigt an:
    1. Ein Durchdringen durch einen Raum: projeti durchfahren, prokopati durchgraben, probodnouti durchbohren.
    2. Ein Verlieren: projísti veressen, prohospodariti verwirthschaften, prohráti verlieren im Spiele.
    3. Ein Eröffnen und Offenbaren: propovědíti sagen, prozraditi verrathen, problásiti offenbaren.

roz-, roze- zeigt an, daß Gegenstände getheilt oder auseinander gegeben werden. Oft entspricht es dem deutschen „aus-, zer- und auseinander": rozebrati alles wegnehmen, rozejíti se auseinandergehen, rozvázati aufmachen z. B. ein Band auflösen, roznésti auseinander-, zertragen, rozesmáti se in's Lachen kommen.

s oder se- zeigt an;
    1. die Richtung von oben herab: spadnouti herunterfallen, sletěti herunterfliegen, svaliti herunterwälzen.
    2. Eine Vereinigung, ein „mit" oder „zusammen": sejíti se zusammenkommen, snášeti zusammentragen, sebrati zusammenklauben.

Konsonant sich endigenden Partikeln wird gern ein milderndes e angehängt, besonders wenn das nachfolgende Verb im Anlaute zwei Konsonanten hat, z. B. roz-brati = rozebrati. Ein feines Gehör ist dabei wohl der beste Führer.

2. **Anmerkung.** Verba, die im Präsens zweisilbig sind, kürzen im Infinitiv, sobald sie durch die Partikel dreisilbig geworden sind, den Stammvokal; z. B. píti trinken, napiti se sich antrinken, bráti nehmen, nabrati schöpfen, dáti geben, udati angeben, anbringen, plésti flechten, uplesti zusammenflechten, nésti tragen, přenésti übertragen.

Den langen Vokal behalten jedoch 1. diejenigen, die im Perfekt ein langes á haben und 2. die im Präsens der 1. Konjugazion einsilbig sind; zum Beispiel:

smáti lachen, vysmáti auslachen, Perfektum vysmál,
váti wehen, zaváti verwehen, Perfektum zavál,
mru ich sterbe, mříti, umříti absterben,
jdu ich gehe, jíti, přijíti ankommen.

3. **Anmerkung.** Folgende Verba bleiben stätig, wenn ihnen die Partikeln **do-, na-, při-, za-,** jedoch gedehnt, vorgesetzt werden:

---

u- zeigt an, dass eine Handlung oder ein Zustand auf welche Art immer zu Ende geführt wurde: udělati fertig machen, vollenden, uhospodařiti erwirthschaften, uskociti wegspringen, ukliditi abräumen, aufräumen, ulomiti abbrechen, uschnouti vertrocknen, ukrotiti besänftigen.

v-, ve- zeigt ein Hineindringen: vejíti hineintreten, vloudití se hineinschleichen, vraziti hineinschlagen, vepsati hineinschreiben.

vy- entspricht:
1. dem deutschen „aus, heraus": vynesti heraustragen, vysmáti se auslachen, vycpati ausstopfen.
2. Zeigt es an, dass man etwas mit Anstrengung erlangt: vyprositi erbitten, vymoci erreichen, vydělati durch Arbeit gewinnen.
3. Zeigt es die Richtung nach oben an: vylezti hinaufkriechen, vyvěsiti aushängen.
4. Zeigt es das Beenden einer Thätigkeit an: vyhladiti austilgen, vypršeti zu regnen aufhören.

vz-, vze- zeigt die Richtung oder das Streben von unten nach oben an; z. B. vztýčiti se sich aufrichten, vzrůsti heraufwachsen, vzbuditi se aufwachen. Das v wird manchmal auch weggelassen: zrůsti, ztýčiti se, zmoci se.

z- zeigt eine Vernichtung, oder ein Verderben, oder ein „ver-" an; zkaziti verderben, zničiti vernichten, zradíti verrathen, zmizeti verschwinden, ztratiti verlieren.
Es unterscheidet sich wesentlich vom

z-, das anstatt vz steht: zhůru = vzhůru in die Höhe, zkřísiti zum Leben wecken = vzkřísiti; zmoci se mächtig werden = vzmoci se.

za- zeigt an:
1. dass das Subjekt von der Richtung abwich; zabloudití irre gehen, zamluviti etwas unterreden, zapiti durchs Trinken einen Gegenstand vergessen machen, zadlužiti se sich verschulden.
2. Dass eine Handlung vollbracht wurde; zabiti todtschlagen, zahnati vertreiben, zabíliti übertünchen, zacpati verstopfen, zamlčeti verschweigen.
3. Dass eine Handlung begann und sogleich aufhörte; začervenati se roth werden, zaklepati anklopfen, zakašlati ein wenig husten.

Dass diese Bedeutungen der Partikeln hier weder vollständig noch allseitig sondern nur annähernd und nur die gebräuchlichsten angeführt wurden, wird jeder, dem die Mannigfaltigkeit der Bedeutung solcher Partikeln in jeder Sprache bekannt ist, wohl voraussetzen können.

důvěřovati vertrauen, náležeti augehören, záležeti daranliegen, náviděti gerne sehen, nenáviděti hassen, záviděti beneiden, zápasiti ringen, záviseti abhängen, nápodobniti nachahmen, následovati folgen, pronásledovati verfolgen, příslušeti geziemen, angehören.

přísedati beisitzen, přísahati schwören, zapřísahati beschwören.

Die gedehnten Partikeln geben diesen Verbis eine abstrakte Bedeutung, die wieder konkret wird, sobald die Partikel, falls es geschehen kann, geschärft wird, z. B. naležeti se sich satt liegen, naviděti se sich satt sehen.

Aus dem bisher Gesagten ergibt sich:
1. daß alle einfachen Verba der I., II., IV., V. Konjugazion stätig sind, nur etwa 25 der IV. sind vereinzelnd und 6 iterativ.
2. Die der dritten sind meist vereinzelnd, die übrigen sind stätig.
3. Alle mit Vorsetzpartikeln zusammengesetzten sind entweder finitiv oder einzeln finitiv, nur etwa 15 bleiben, wenn sie mit gedehnten Vorsetzpartikeln zusammengesetzt werden, stätig.

VI. Zur sechsten Konjugazion gehören Verba mit einer geschlossenen Wurzelsilbe, an die man im Präsens -im, im Infinitiv -ěti setzt. Diese Verba unterscheiden sich wesentlich der Bedeutung nach von den Verbis der V. Konjugazion, indem diese meist Zustandsverba, jene dagegen fast ohne Ausnahme faktitive sind.

Alle Verba der VI. Konjugazion sind entweder einfach oder zusammengesetzt.

Die einfachen sind ohne Ausnahme mehrmomentig und zwar entweder diskret oder iterativ und kontinuativ.

Die zusammengesetzten sind alle iterativ und kontinuativ; nur 12: házeti, káleti, střileti, káceti, krájeti, kráčeti, kouleti, sázeti, váleti, stavěti, věseti, váběti werden durch Vorsetzung der Partikeln finitiv.

VII. Zur siebenten Konjugazion gehören Verba mit einer geschlossenen Wurzelsilbe, an die man im Präsens -ám, im Infinitiv -ati setzt.

In den ältesten Zeiten hatten die Verba dieser Konjugazionen im Präsens den Ausgang -u, dem ein Erweichungszeichen vorausgieng. Dieses verschmolz nach bekannten Regeln mit dem unmittelbar vorstehenden Konsonanten, der dann erweicht, oder war er ein wandelbarer, sogar verwandelt werden mußte. Auf diesen Grund hin hatte das Verbum drápám ich kratze, auch die Form drápu, überfeinert drápi; dýchám ich athme, dýšu und dýši. Da viele Verba der VII. noch bis jetzt biefe abunbante (nadbytnou) Konjugazion haben, so mögen einige der gewöhnlichsten hier folgen; sie sind:

česám,	češu,	češi,	cesati pflücken,
drápám,	drápu,	drápi,	drápati kratzen,
dřímám,	dřímu,	dřími,	dřímati schlummern,
dýchám,	dýšu,	dýši,	dýchati athmen.
hrabám,	hrabu,	hrabi,	hrabati graben,
hýbám,	hýbu,	hýbi,	hýbati bewegen,
chápám,	chápu,	chápi,	chápati begreifen.
chrápám,	chrápu,	chrápi,	chrápati schnarchen,
kašlám,	kašlu,	kašli,	kašlati husten,
(kázám)	kážu,	káži,	kázati predigen,
klamám,	klamu,	klami,	klamati täuschen,
kopám,	kopu,	kopi,	kopati hacken, graben,
kousám,	koušu,	kouši,	kousati beißen,
křesám,	křešu,	křeši,	křesati Feuer schlagen,
kysám,	kyšu,	kyši,	kysati gähren,
lámám,	lámu,	lámi,	lámati brechen,
lízám,	lížu,	líži,	lízati lecken,
mazám,	mažu,	maži,	mazati schmieren,
orám,	ořu,	oři,	orati ackern,
páchám,	pášu,	páši,	páchati verüben (einen Frevel),
(písám),	píšu,	píši,	psáti schreiben,
plakám,	pláču,	pláči,	plakati weinen,
plésám,	plešu,	pleši,	plésati frohlocken,
řehtám,		řehci,	řehtati wiehern,
řezám,	řežu,	řeži,	řezati schneiden,
sekám,	seču,	seči,	sekati mähen, hauen,
skákám,	skáču,	skáči,	skákati springen,
stonám,	stůňu,	stoni,	stonati krank sein,
sypám,	sypu,	sypi,	sypati schütten,
šklubám,	šklubu,	šklubi,	šklubati rupfen,
tázám,	tážu,	táži,	tázati fragen,
tepám,	tepu,	tepi,	tepati necken,
tesám,	tešu,	teši,	tesati zimmern,
trestám,		tresci,	trestati strafen,
(vázám)	vážu,	váži,	vázati binden.

Die eingeklammerten sind gegenwärtig nicht mehr üblich, wohl aber die anderen Formen.

Die Verba der VII. Konjugazion sind entweder einfach oder zusammengesetzt.

Die einfachen sind sämmtlich mehrmomentig und zwar entweder stätig oder diskret oder frequentativ; sie sind alle nach den gegebenen Begriffen aus der Bedeutung leicht erkennbar.

Dám dáti geben, und nechám nechati lassen, sind vereinzelnd.

Die zusammengesetzten sind theils einmomentig, theils mehrmomentig.

Die einmomentigen sind finitiv und entstanden dadurch, dafs man den stätigen und diskreten Verbis dieser Konjugazion Partikeln vorgesetzt hat. Nur padám, lehám, sedám, bleiben auch mit der Vorsetzpartikel stätig.

Die mehrmomentigen sind entweder iterativa von den Formen I, II, III, IV, V, VI, VII und VIII gebildet, oder frequentativ.

VIII. Zur achten Konjugazion gehören Verba mit geschlossener Wurzelsilbe, an die man im Präsens -uji, im Infinitiv -ovati setzt.

Auch die Verba dieser Konjugazion sind entweder einfach oder zusammengesetzt.

Die einfachen sind ihrer Dauer nach alle mehrmomentig und zwar entweder stätig oder iterativ und kontinuativ.

Die zusammengesetzten sind iterativ und kontinuativ von den ersteren Formen gebildet. Finitiv sind nur die stätigen, wenn sie von Nennwörtern abgeleitet eine Vorsetzpartikel erhalten; z. B. pracuji arbeiten von práce, finitiv dopracovati zu Ende arbeiten.

B. Bildung der Diskreta, Iterativa und Frequentativa.
1. Bildung der Diskreta.

1. Vereinzelnde Verba der III. Konjugazion werden zu diskreten in der VII., wenn man an den unveränderten Stamm der III. den Ausgang der VII. Konjugazion setzt; z. B. klep-nu—klep-ám; písk-nu—písk-ám.

2. Die Diskreten der IV. Konjugazion (S. 63 unter 1.) werden zu Diskreten in der VII., wenn man an den Stamm den Ausgang der VII. Konjugazion setzt, und den im Stamme vorkommenden Bindungsvokal o in á und den letzten Stammkonsonanten č in k und šť in sk verwandelt; z. B. bacím—bacám; skočím—skákám; mrštím—mrskám.

3. Vereinzelnde Verba der IV. Konjugazion (S. 63 unter 2.) werden zu biskreten in der VI. nach folgenden Regeln:

a) Die kurzen Stammvokale werden gedehnt, und zwar:

a, o in á,
e, ě, i in í,
y in ý; u in ou.

Sollte im Stamm kein Vokal sein, so wird ein i oder ý eingeschaltet, je nachdem der vorstehende Konsonant ein weicher oder harter ist.

b) Der letzte Stammkonsonant wird verwandelt, und zwar:

d in z; t in c,
s in š; st in šť;
z in ž.

c) Wird der Ausgang der neuen Konjugazion gesetzt. So wird z. B. aus hodím, ich mache einen Wurf: házím, aus kotím, ich stürze um: kácím, u. s. f. Diese Regeln gelten, so oft ein Verbum aus der VI. in die IV. Konjugazion und umgekehrt versetzt werden muß.

4. Vereinzelnde Verba der IV. (S. 63. unter 3.) werden zu kontinuativen in der VIII., indem nach den hier oben angeführten Regeln der lange Stammvokal geschärft, der letzte Stammkonsonant verwandelt und endlich der Ausgang der VIII. Konjugazion angehängt wird; so z. B. wird

aus chybím chybuji, aus vrátím vracuji,
aus koupím kupuji, aus slíbím slibuji.

Diese Regeln kommen in Anwendung, so oft ein Verbum der IV. und VI. in die VIII. Konjugazion oder umgekehrt gesetzt wird.

5. Die vereinzelnden Verba dám und nechám werden zu biskreten in der VII., indem vor dem Infinitiv-Ausgang, wenn die Stammsilbe offen ist, die Silbe -va eingeschoben wird, oder -áva, wenn sie geschlossen ist, also: dá-ti = dá-va-ti; nech-ati = nech-áva-ti.

II. Bildung der Iterativen und Koninuativen.

Ein jedes beendigte Verbum kann in der Regel iteriert werden.

Die Iterazion geschieht mit Ausnahme von nur 6 Zeitwörtern, die wir bereits kennen, ausschließend in der VI., VII. und VIII. Konjugazion nach den hier oben angeführten Regeln. Es erübrigt nur noch anzugeben, welche Verba nach der VI., welche nach der VII. und VIII. sich iterieren. Hierüber Folgendes:

1. Die Beendigenden der I. Konjugazion iterieren sich in der VII.

der Stammvokal wird gedehnt; ist kein Vokal in der Stammsilbe, so schiebt man ein **i** oder **ý** ein. So hat z. B.

vypřádu ich werde erspinnen, vypřádám, vypřádati,
vybředu ich werde durchwaten, vybřídám, vybřídati,
vytluku ich werde herausschlagen, vytloukám, vytloukati,
dočtu ich werde zu Ende lesen, dočítám, dočítati,
sederu ich werde zusammenschleißen, sedírám, sedírati,
ustelu ich werde aufbetten, ustýlám, ustýlati,
vyrvu ich werde zerzausen, vyrývám, vyrývati,
nazvu ich werde benennen, nazývám, nazývati,
vykvětu ich werde aufblühen, vykvítám und vykvétám, vykvítati und vykvétati,
zapletu ich werde zusammenflechten, vyplítám und vyplétám, vyplítati und vyplétati.
napeku ich werde vollauf backen, napíkám und napékám, napíkati und napékati.
vyteku ich werde herausfließen, vytíkám, vytýkám und vytékám, vytíkati, vytýkati und vytékati,
ohryzu ich werde abnagen, ohrýzám, häufiger ohryzuji, ohrýzati und ohryzovati.

2. Die Beendigenden der II. Konjugazion iterieren sich nach denselben Regeln in der VII., nur geht **-ji** in **-vám** über; demnach wird aus
pokry-ji ich werde bedecken, pokrý-vám,
zase-ji ich werde zusäen, zasí-vám,
zahra-ji ich werde spielen, zahrá-vám,
vyzu-ji ich werde die Stiefel ausziehen, vyzou-vám,
zachvěji se ich werde erzittern, zachví-vám se,
zale-ji ich werde begießen, zalí-vám.

Nachfolgende werden zu Iterativen in der VI. Konjugazion nach bekannten Regeln, nur geht **-ji** über in **-jím**. Demnach wird aus:
zabi-ji ich werde tödten, zabí-jím,
uvi-ji ich werde aufwinden, uví-jím,
zaři-ji ich werde brüllen, zaří-jím,
rozta-ji ich werde aufthauen, roztá-jím.

3. Die Beendigenden der III. Konjugazion bilden in der VII. und VIII. ihre Iterativen nach bekannten Regeln, wenngleich hie und da abweichend. Schwierigere Fälle sind die folgenden.

In der VII. iterieren sich:
nadunu — nadouvám ich blähe auf, nadouvati von duji,
zhasnu — zhasínám ich lösche aus, zhasínati,
vykanu \
vykapu / — vykapám ich träufle heraus, vykapati,
proklinu — proklovám ich picke durch, proklovati,
proklnu — proklínám ich verfluche, proklínati,
zalesknu — zalýskám ich erglänze, zalýskati,
přilnu — přilínám ich schmiege mich an, přilínati,
zpomenu — zpomínám ich erinnere mich, zpomínati,
vymnu — vymínám ich reibe aus, vymínati,
zapnu — zapínám ich knöpfe zu, zapínati,
vyprahnu — vyprahám ich trockne aus, vyprahati,
užasnu — užasínám ich erstaune, užasínati,
odpočinu — odpočívám ich ruhe aus, odpočívati,
opuchnu — opuchám ich dunse auf, opuchati,
dotknu — dotýkám ich berühre, dotýkati.

Folgende iterieren sich in der VIII. nach bekannten Regeln:
zahrnu — zahrnuji ich scharre zusammen, zahrnovati,
sklenu — sklenuji ich wölbe, sklenovati,
pokynu — pokynuji ich winke, pokynovati,
odtáhnu — odtahuji ich ziehe ab, odtahovati,
vyřinu — vyřinuji ich rinne aus, vyřinovati,
pošinu — pošinuji ich schiebe vor, pošinovati,
ustrnu se — ustrnuji ich erbarme mich, ustrnovati.

Folgende iterieren sich in der VI.:
pominu — pomíjím ich vergehe oder schwinde von mijím, míjeti,
nabídnu — nabízím ich biete an,
prohlédnu — prohlížím und prohlédám ich sehe durch.

Folgende iterieren sich in der VII. und VIII.:
vyhynu — vyhýnám und vyhynuji ich gehe zu Grunde,
zamrznu — zamrzám und zamrzuji ich friere zu,
stisknu — stiskám und stiskuji ich drücke zusammen,
odvrhnu — odvrhám und odvrhuji ich werfe ab.

4. Die Beendigenden der IV. iterieren sich nach bekannten Regeln in der VIII. Konjugazion, z. B.:
ochráním — ochraňuji ich beschütze, ochraňovati,
vykouřím — vykuřuji ich räuchere aus, vykuřovati,

zasvětím — zasvěcuji ich weihe ein, zasvěcovati,
uhladím — uhlazuji ich glätte, uhlazovati,
pohrozím — pohrožuji ich drohe, pohrožovati,
ujistím — ich versichere, ujišťovati.

Einige Beendigende dieser Konjugazion können sich ohne Veränderung der Bedeutung in der VI. und VIII. iterieren; diese sind:

skloním ich werde neigen,	zacloním ich werde verdunkeln,
namočím ich werde einweichen,	pokropím ich werde besprengen,
natočím ich werde aufbrechen,	zatopím ich werde einheizen,
napojím ich werde tränken,	zakalím ich werde trübe machen,
zavařím ich werde einkochen,	vytlačím ich werde auspressen,
splatím ich werde abzahlen,	ztratím ich werde verlieren,
přičiním se ich werde mich bemühen,	oddálím se ich werde mich entfernen,
uhasím ich werde ablöschen,	poručím ich werde befehlen,
sklátím ich werde abschütteln,	uspořím ich werde ersparen,
uklidím ich werde abräumen,	vysuším ich werde austrocknen,
sklížím ich werde zusammenleimen,	přituľím ich werde anschmiegen,
ukojím ich werde befriedigen,	vytvořím ich werde bilden, schaffen,
překroutím ich werde überdrehen,	provodím ich werde begleiten.

Die nachfolgenden iterieren sich in der VI. Konjugazion:

vynosím ⎫ ich werde ernobrt durch das Tragen, dohoním ich werde einholen,
vychodím ⎬ durch das Gehen, překazím ich werde verderben,
vyvozím ⎪ durch das Fahren, vyzvoním ich werde ausläuten,
vyjezdím ⎭ durch das Reiten, porazím ich werde niederschlagen.

5. Die Beendigenden der V. Konjugazion werden, da sie meistens Neutra oder Zustandsverba sind, nur selten iteriert. Die wenigen Beendigenden dieser Konjugazion, die sich iterieren lassen, iterieren sich in der VIII. Konjugazion. Sie sind:

zadržeti halten, hat zadržuji,
dohořeti zu Ende brennen, hat dohořuji,
překypěti überwallen, hat překypuji,
vyhověti Nachsicht haben, hat vyhovuji,
zmizeti verschwinden, hat zmizuji,
přivoněti zuriechen; hat přivoňuji und přiváním,
dovím se ich werde in Erfahrung bringen, hat dovídám se, und
zamlčím ich werde verschweigen, hat zamlkám und zamlčuji.

6. In der VI. Konjugazion gibt es nur äußerst wenige beendigende

Verba, denn die meisten zusammengesetzten dieser Konjugazion sind iterativ. Die wenigen Beendigenden dieser Konjugazion iterieren sich nach bekannten Regeln in der VIII. Derlei sind:

naházím ich werde aufwerfen, pokálím ich werde besudeln,
vystřílím ich werde herausschießen, překácím ich werde umstürzen,
nakrájím ich werde aufschneiden, vykoulím ich werde auskugeln,
nasázím ich werde aufpflanzen, naválím ich werde aufwälzen,
nastavím ich werde ansetzen, pověsím ich werde aufhängen,
vykráčím ich werde abschreiten, zvábím ich werde verlocken.

7. Die Beendigenden der VII. Konjugazion iterieren sich auch in der VIII., indem vor den Infiniativausgang -ati an die Wurzelsilbe -áv eingeschoben wird, z. B.:

rozkop-ati hat rozkop-ávati auseinandergraben,
vyvol-ati hat vyvol-áv-ati ausrufen.

Einige Beendigende dieser Konjugazion können sich ohne Veränderung ihrer Bedeutung nach bekannten Regeln in der VII. und in der VIII. wiederholen; die gebräuchlichsten sind:

zahrabám ich werde vergraben, vydrápám ich werde herauskratzen,
naškrábám ich werde kratzen, pošlapám ich werde zertreten,
osklubám ich werde abrupfen, podřímám ich werde schlummern,
rozkousám ich werde zerbeißen, ostrouhám ich werde abschaben,
rozpíchám ich werde zerstechen, nadýchám ich werde athmen,
roztrhám ich werde zerreißen, vydlabám ich werde aushöhlen,
rozklubám ich werde zerpicken, zamazám ich werde verschmieren.

Einige Beendigende der VII. Konjugazion iterieren sich nur in der VIII. Bei ihnen muß der letzte weiche Stammkonsonant nach bekannten Gesetzen hart gemacht werden, sonst geschieht alles nach allgemeinen Regeln. Sie sind:

požádám ich werde begehren, napíši ich werde aufschreiben,
vylízám ich werde auslecken, roztoulám ich werde herumstreichen,
vypárám ich werde auftrennen, rozvážu ich werde losbinden,
vyskákám ich w. mich satt springen, naštípám ich werde genug spalten,
spořádám ich werde ordnen, vyždímám ich werde auswinden,
rozfoukám ich werde anblasen, vystíhám ich werde ansforschen,
zazpívám ich w. ein wenig singen, zastříkám ich werde bespritzen,
zaklouzám ich w. ein wenig glitschen, rozžvýkám ich werde zerkauen,
vykoukám ich werde erschauen, ukážu ich werde zeigen.

8. Die Beendigenden der VIII. Konjugazion, deren es überhaupt nur sehr wenige gibt, iterieren in der VII., indem statt -uji, -ovati, gesetzt wird -ovávám, -ovávati; z. B. dopracuji, dopracovávám, dopracovávati; dokraluji, dokralovávám, dokralovávati u. s. w.

III. Iterative ohne Präposizion.

Es wurde oben gesagt, daß sich biskrete und stätige Verba, wofern sie nicht zu Beendigenden werden, nicht iterieren können; nur einige wenige machen eine Ausnahme, und zwar nur solche, die anzeigen, daß sich die Handlung ihrer Natur nach mannigfach wiederholen oder an mehreren räumlich getrennten Gegenständen zugleich vornehmen lasse. Einige derselben (6) haben wir schon bereits bei der IV. Konjugazion angeführt, die übrigen sind:

a) cloním ich mache dunkel,   mlátím ich dresche,
   haním ich schimpfe,   močím ich benetze,
   kalím ich mache trübe,   musím ich muß,
   klátím ich schüttle,   razím ich schlage, präge,
   kloním ich neige,   stavím ich baue,
   kropím ich sprenge,   valím ich wälze,
   kulím ich kugle,   věsím ich hänge auf,
   kvílím ich wehklage,   vláčím ich schleppe.

Die hier angeführten Verba iterieren sich nach bekannten Regeln in der VI. Konjugazion.

b) Ferner gehören hierher die nachfolgenden, die sich fast regelmäßig in der VII. iterieren, als:

činím ich thue	Iterat.	konám,	čtu ich lese	Iterat.	čítám,
dmu ich blähe auf	„	dýmám,	hlásím ich verkünde	„	hlásám,
hnu ich bewege	„	hýbám,	hořím ich brenne	„	hárám,
hřmím ich donnere	„	hřímám,	hýřím ich schwelge	„	hýrám,
jím ich esse	„	jídám,	jmu ich greife	„	jímám,
kořím ich demüthige	„	kárám,	loupím ich schäle ab	„	loupám,
metu ich kehre aus	„	metám,	prší es regnet	„	prchá,
patřím ich schaue	„	pátrám,	pliji ich spucke	„	plivám,
pasu ich weide	„	pásám,	řku ich sage	„	říkám,
slyším ich höre	„	slýchám,	stojím ich stehe	„	stávám,
táhnu ich ziehe	„	tahám,	tuším ich vermuthe	„	touchám,
větřím ich wittere	„	větrám,	vidím ich sehe	„	vídám,
vleku ich schleppe	„	vlékám,	vrhu ich werfe	„	vrhám.

IV. Bildung der Frequentativa.

Frequentativa können ihrem Begriffe nach nur von mehrmomentigen Zeitwörtern gebildet werden; der Form nach nur von jenen, die vor dem Infinitivausgang -ti einen reinen Vokal — nicht Diphthong — haben, also von der II., IV., V., VI., VII. und VIII. Konjugazion. Die Bildung geschieht auf folgende Art:

Der Vokal vor -ti wird nach bekannten Regeln gedehnt, also e, ĕ, i in í; a in á. Darauf wird vor -ti ein -va, oder wenn man die unterbrochene Handlung noch mehr bezeichnen will, ein -váva- eingeschoben, wodurch das Verbum in die VII. Konjugazion gesetzt wird. So wird

aus pí-ti trinken pí-va-ti,
aus hrozi-tī drohen hrozí-va-ti,
aus voně ti riechen voní-va-ti,
aus snáše-ti ertragen snáší-va-ti,
aus plaka-ti weinen pláká-va-ti,
aus litova-ti bedauern litová-va-ti u. s. f.

Da die Frequentativa von der I. und III. Konjugazion wegen Mangels an Vokal vor -ti nicht gebildet werden können, so müssen sie, wenn man ihnen die frequentative Form geben will, zuerst iteriert werden, wodurch sie einen Vokal vor -ti bekommen, z. B.

Aus nésti muß werden nositi, und dann erst nosívati,
aus vézti „ „ voziti, „ „ vozívati,
aus vlásti „ „ ovládati „ „ ovládávati.

Überhaupt werden frequentative Verba am liebsten und am häufigsten von diskreten und von iterativen Verben gebildet. So muß

aus slyšeti zuerst werden slýchati, und dann erst slýchávati,
aus klečeti „ „ klekati, „ „ klekávati.

C. Zeiten der Verba.

1. Alle mehrmomentigen Verba haben eine gegenwärtige, künftige, vergangene und vorvergangene Zeit (Praesens, Futurum, Perfectum, Plusquamperfectum).

2. Alle einmomentigen Verba haben nur eine künftige, vergangene und vorvergangene, aber keine gegenwärtige, d. i. keine jetzt noch sich entwickelnde Zeit, denn ihre Präsensform ist immer, wie schon gesagt, ein momentanes Futurum.

Das lateinische Imperfekt muß immer mit dem Perfekt mehrmomentiger, das Perfekt mit dem Perfekt einmomentiger Verba gegeben werden, das Futurum und das Plusquamperfekt dagegen durch das Futurum und Plusquamperfekt mehrmomentiger und einmomentiger Verba, je nachdem die Handlung eine Dauer hat oder nur momentan ist; woraus sich von selbst ergibt, daß jedes böhmische Verbum so viele gegenwärtige, vergangene, vorvergangene und künftige Zeiten als Formen hat.

D. Die Konjugazionen.

Vergleicht man das Präsens aller Konjugazionen unter einander, so bemerken wir, daß die Verba der I., II., III. und VIII. Konjugazion, besonders wenn wir die Volkssprache berücksichtigen, ferner die Verba der IV., V. und VI. Konjugazion den Biegungslauten nach gleich sind. Diese Gleichheit geht alle Personen und Zahlen durch. Die VII. Konjugazion hat ihren eigenen Ausgang. Da wir die Kojugazion des budu bereits kennen, so kennen wir auch das Präsens der I., II., III. und VIII. Konjugazion. Nur muß noch bemerkt werden, daß die harten Konsonanten b, k in der I. Konjugazion in ž, č verwandelt werden, und zwar in der Volkssprache in allen Personen, in der Schriftsprache nur vor e. Dasselbe geschieht oft auch mit r, besonders in einsilbigen Verbis.

1.
Präsens für die I., II., III. und VIII. Konjugazion.

Singular, Einzahl.

	I.	II.	III.	VIII.
1.	nes-u	pi-ji (piju)*)	m-nu	mil-uji (miluju)
2.	nes-eš	pi-ješ	m-neš	mil-uješ
3.	nes-e	pi-je	m-ne	mil-uje.

*) Die eingeklammerten Ausgänge sind der Volkssprache entnommen. Wäre es nicht besser, wir kehren zu der alten, volleren, im Volke noch nicht erstorbenen, uns den übrigen Stammbrüdern in Ungarn und Mähren annähernden Konjugazion zurück?

Plural, Mehrzahl.

I.	II.	III.	VIII.
1. nes-eme	pi-jeme	m-neme	mil-ujeme
2. nes-ete	pi-jete	m-nete	mil-ujete
3. nes-ou	pi-ji (pijou)	m-nou	mil-ují (milujou).

1. Konjugazion. Nové pometlo[1] dobře mete[2]. Páry vodnaté[3] vzhůru[4] se nesou[5]*). Když nemůžeme[6], co chceme[7], chtějme (wollen wir), co můžeme. Kdo lže[8], ten krade[9]. Kde nic

―――――――

*) Die Rückbeziehung der Handlung auf das Subjekt, bei reflexiven, das ist, rückwirkenden Zeitwörtern wird im Böhmischen immer mit dem reflexiven Fürworte se, manchmal auch mit si ausgedrückt, mag übrigens das Subjekt in der Einzahl oder Mehrzahl, in der ersten, zweiten oder dritten Person stehen; z. B.:

těším se ich freue mich,   těšíme se wir freuen uns,
těšíš se du freuest dich,   těšíte se ihr freuet euch,
těší se er freuet sich,   těší se sie freuen sich.

Nur die subjektiven Verba, die einen ruhigen Zustand des Subjektes ausdrücken, können wahrhaft reflexiva Verba sein; sind sie jedoch faktitiva Verba, so können sie nur im uneigentlichen Sinne reflexiv sein, indem man das reflexive Fürwort leicht mit einem andern Objekte vertauschen kann, was bei jenen Verbis nie der Fall ist. Z. B. chválím se ich lobe mich; chválím Boha ich lobe Gott.

Folgende Verba werden wohl im Böhmischen, nicht aber im Deutschen reflexiv gebraucht:

blýskati se blitzen,   blyštěti se glänzen,   dařiti se gelingen,
dívati se schauen,   líbiti se gefallen,   modliti se beten,
naditi se hoffen,   ptáti se fragen,   smáti se lachen,
starati se sorgen,   tázati se fragen,   třpytiti se schimmern,
týkati se betreffen,   vtípiti se auffassen,   rditi se erröthen,
pěniti se schäumen,   postiti se fasten,   potiti se schwitzen,
prýštěti se hervorquellen,   mračiti se trübe werden,   stěhovati se überziehen.
   toulati se herumstreichen,

Folgende Verba nehmen zur Reflexion si oder sobě an, als: stěžovati si sich beschweren, libovati si sich gefallen, oblíbiti si lieb gewinnen, vážiti si achten; všímati si bemerken, stýskati si sich beklagen, naříkati si wehklagen. Die Bedeutung der Verbis wird durch die Reflexion nicht selten so verändert, daß der Deutsche, um den Begriff wiederzugeben, ganz andere Wörter gebrauchen muß; so z. B.:

třásti schütteln, reflexiv třásti se sich schütteln also zittern,
učiti lehren   „   učiti se sich lehren also lernen,
děsiti schrecken   „   děsiti se sich schrecken also sich entsetzen,
zlobiti böse machen, reflexiv zlobiti se sich böse machen also zürnen,
souditi richten, reflexiv souditi se sich richten also prozessiren u. s. f.

Nur selten dürfte sich der Fall treffen, daß man die Bedeutung des reflexiven Verbs nicht errathen könnte, wenn man das faktitive kennt; so z. B. heißt vrátiti zurückgeben und vrátiti se zurückkehren,
vaditi hinderlich sein und vaditi se zanken,
hoditi werfen und hoditi se passen.

není, tu ani smrť nebeře¹⁰. Tak jsem slab¹¹, že sotva¹² se vleku¹³. Kdo maže¹⁴, ten jede¹⁵. Vy květete¹⁶ co růže. Proč pláčeš¹⁷, proč se třeseš¹⁸, jsi-li nevinen? Schytralý¹⁹ lhář vůčihledě²⁰ lže. Tenkráte jísti²¹, kdy se chce. Jste-li poctivi, proč se třesete? Zajisté že vás (euch) hněte²² svědomí. Jsou vaši doma? Jsou. Otec píše²³, matka přede²⁴, sestra mete a děvečka pere²⁵. Vaši hoši rostou jako kopřivy²⁶. Můžeš-li pomoci²⁷ a nepomaháš, jsi člověk nelidský. Kam jdeš²⁸? Jdu domů. A kam vy jdete? My se jdeme trochu projít²⁹*). Smrť co lepší béře. Ne všecka péra dobře³⁰ píší. Pěkně³¹ lháti není žádná ctnosť.

¹Der Besen, Ofenbesen ²kehren ³wässrig ⁴in die Höhe, hinauf ⁵steigen, sich heben ⁶können ⁷wollen ⁸lügen ⁹stelen ¹⁰ nehmen ¹¹schwach ¹²kaum ¹³schleppen ¹⁴schmieren ¹⁵fahren ¹⁶blühen ¹⁷weinen ¹⁸zittern ¹⁹listig ²⁰ins Angesicht ²¹essen ²²quälen ²³schreiben ²⁴spinnen ²⁵waschen ²⁶die Brennessel ²⁷helfen ²⁸gehen ²⁹spazieren ³⁰gut ³¹schön.

2.

Wir Menschen sind so schwach und elend, dass wir uns (si) oft selbst nicht helfen können. Wir sind heute so schwach, dass wir (se) uns kaum schleppen. Warum zitterst du so sehr, wenn du gerecht und unschuldig bist? Eine schöne Feder schreibt nicht immer auch schön. Die reuigen¹ Sünder weinen und zittern; auch wir sind Sünder, allein wir weinen und zittern nicht, vielleicht sind wir keine reuigen Sünder. Da ich lese, so kannst du schreiben; die Magd kann zuerst auskehren und dann spinnen. Das eine Thier wächst schneller² als das andere. Die Diebe stelen, wo sie was finden³. Wenn du nicht kannst, was du willst, so wolle, was du kannst. Welche lügen, die stelen auch; auch du lügst, stielst du vielleicht auch schon? Ich lüge nicht; unsere Blumen blühen schöner (pěkněji) als die eurigen. Je schöner dein irdisches Glück blüht, desto demüthiger musst du sein (Imper.). Der Tod nimmt der Reihe nach (napořád) und diejenigen, die heute noch wie eine Rose blühen, können Morgen schon todt sein. Wir können weinen und zittern, so viel wir wollen, dem Tode (smrti) werden wir nicht entgehen ⁴. Du

---

*) Wird das i im Auslaute des Infinitivs weggeworfen und der lange Stammvokal gekürzt, so entsteht das Supinum welches nach den Verbis, die eine Bewegung von einem Orte zum andern anzeigen, gesetzt wird.

lžeš, wenn du sagst (pravíš), daß diejenigen immer fahren, die schmie-
ren. Ich kann dir (ti) nicht helfen, weil du selbst nicht willst. Lügen
und stelen ist Sünde.
¹kající, skroušený ²rychleji ³najíti — najdu ⁴ujíti — ujdu.

3.

II. Konjugazion. Kdo che žíti¹, musí² síti³. Každý člověk bohatý přeje⁴ si, aby dlouho žil, i já si přeji, abych dlouho žil, ačkoli bohat nejsem. Když se jedna husa⁵ napije⁶. pijí všecky jiné. Dnes se pořád smějete⁷, jen ať⁸ zítra nepláčete! My jsme všickni velcí hříšníci, protož káti⁹ se máme (sollen wir). Kdo spravedliv není, nemůže blaženě*) a spokojeně žíti. Krví-li a potem lidu (vom Blut und Schweiß der Leute) žiješ a tyješ¹⁰, budiž mu (ihm) rádce, po· mocník¹¹ a ochrance¹². Když švestky¹³ zrají¹⁴, nebývá (pflegt nicht zu sein) prý pivo¹⁵ dobré. Otec i matka lají¹⁶, že ani nešijete¹⁷, ani neperete, než jen pořád hrajete¹⁸. Kdo neseje, ten nevěje¹⁹. Když dědic²⁰ pláče, v srdci (im Herzen) se směje! Jest vám (euch) zima, že se hřejete? Smějeme-li se, nebuďme rozpustili. Všickni si přejeme, abysme dlouho a šťastně žili.

¹ärnten ²müssen ³säen ⁴sich wünschen ⁵die Gans ⁶trinken ⁷lachen ⁸nur das ⁹Buße thun ¹⁰dick und fett werden ¹¹der Helfer ¹²der Beschützer ¹³die Pflaume ¹⁴reifen ¹⁵das Bier ¹⁶schelten ¹⁷nähen ¹⁸spielen ¹⁹wehen, worfeln, ²⁰der Erbe.

4.

Die reichen Leute wünschen sich (si) oft lange zu leben, obzwar sie nicht immer glücklich und zufrieden leben, weil sie (jich) manchmal auch ein böses Gewissen quält. Warum scheltet ihr immerfort? Wir schelten, weil alle nur essen und trinken, spielen und lachen, und keiner

---

*) Nebenwörter, Adverbia (příslovce) sind doppelter Art:
1. Nebenwörter der Beschaffenheit (příslovce jakosti).
2. Umstandswörter (příslovce okolnosti).
Die letzten sind unabänderlich. Die ersten werden meist von Adjektiven mit dem bestimmten Ausgange gebildet, indem man anstatt des Adjektiv-Auslautes ý den Adverbial-Auslaut ě setzt und die nothwendigen Veränderungen am letzten Konsonanten vornimmt, d. h. h in z, ch in š, k in c u. s. f. verwandelt; z. B. měkký Adverb. měkce weich; dlouhý Adverb. dlouze lang; mokrý Adverb. mokře naß; hluchý Adverb, hluše u. s. f. — Oft setzt man statt des Adverbial-Ausganges ě den Ausgang o. In diesem Falle steht das Adverb. meist als prädikatives Adjektiv des sächlichen Geschlechtes.

denkt (nemyslí), daſs es bereits Zeit zu ſäen ſei. Alle reuigen Sünder thun Buße, auch ich bin ein Sünder, folglich will auch ich Buße thun. Wenn wir geſund bleiben (zůstati) ſollen, ſo wollen wir (máme) nur mäßig eſſen und trinken; denn wer unmäßig iſſt und trinkt, kann nicht geſund bleiben. Warum nähſt oder ſpinnſt du nicht? Sieh (viz)! wir ſind alle beſchäftigt¹; ich leſe und ſchreibe, der Bruder ſäet, die Schweſter wäſcht und du allein willſt nur ſpielen und lachen? Wenn Sünder Buße thun und weinen, freuen ſich (radují se) die Engel im Himmel (v nebesích). Der lebt glücklich, der zufrieden lebt. Wo Liebe ſäet, da wächſt Freude.

¹zaneprázdněn.

5.

III. Konjugazion. Kde pokoj a svornost[1] vládne[2], tam jest milo býti. My jsme ustavičně zdrávi a veseli; vy ale pořád chřadnete[3]. Bohatý zase schudnouti[4] může. Nejkrásnější čas jest čas jarní; neboť když větérkové[5] mírně vanou[6], květiny libě květou a příjemně páchnou[7], okřívá[8] každé srdce lidské. Leskneš[9] se, leskneš, ale jako vrána[10] cizím peřím (mit fremden Federn). Dnes ve všem (in allem) ustavičně váznu[11] a často ani se hnouti[12] nemohu. My již stárneme[13] a schneme[14] jako starý strom, a než se nadějeme[15], nebude z nás (aus uns) nic než prach a popel. My prahneme[16] po (nach) Bohu, jako žíznivý jelen[17] po (nach) čerstvé vodě (friſchem Waſſer) prahne. Divné jsou osudy lidské, ješto jedni bohatnou[18], chudnou druzí. Již vadnou[19] růže i vše květiny a s nimi (mit ihnen) i vše krása jarní. Kde pokoj vládne, tam jest požehnání[20] Boží. Večer květiny silněji*) páchnou než ve dne[21]. Pane

---

*) Die Adverbien der Beſchaffenheit können wie die Adjektiva geſteigert werden und zwar auf folgende Art: Man ſetzt an die Stelle des Adverbiallautes des Poſitivs für den Komparativ die Endſilbe -ěji und macht dann am letzten Konſonanten die nothwendigen Verwandlungen. Zum Superlativ wird dem Komparativ die Vorſilbe nej- vorgeſetzt; z. B.:

tuhý,   Adverb. tuze, Kompar. tužeji, Superl. nejtužeji,
tichý,   „   tiše,   „   tišeji,   „   nejtišeji,
pilně,   „   pilný,   „   pilněji,   „   nejpilněji.

Adverbia von Adjektiven auf ký, eký, oký bilden den Komparativ auch auf folgende Art: Man dehnt den Stammvokal, wirft den Ausgang ký ꝛc. weg, ſetzt ein e an und macht dann die nothwendigen Veränderungen am letzten Stammkonſonanten; z. B.:

úzký,   Adverb. úzce, Komp. úže, ober úžeji, ober úž,
vysoký,   „   vysoce,   „   výše,   „ výšeji,   „ výš,
nízký,   „   nízce,   „   níže,   „ nížeji,   „ níž.

Von zle iſt der Kompar. hůře ober hůř.
   „ dobře „ „   „   lépe   „ líp.

(Herr) budiž nám milostiv, hyneme[22]. Národy nehasnou[23], pokud jazyk žije. Již větérkové vanou chladní, již vadne listí[24]stromů (der Bäume) i veškeré rostlinstvo[25] chábne[26], znamení, že brzo nastane[27] zima. [1]die Eintracht [2]herrscht, waltet [3]abzehren [4]arm werden [5] das Lüftchen [6]wehen [7]duften [8]frisch werden [9]glänzen [10]die Krähe [11]stecken bleiben [12]sich rühren [13]alt werden [14]verdorren [15]sich versehen [16]lechzen [17] der Hirsch [18]reich werden [19]welken [20]der Segen [21]am Tage [22]zu Grunde gehen [23]erlöschen, sterben [24]die Blätter, das Laub [25]das Pflanzenreich [26]schlaff werden [27]anfangen, bevorstehen.

6.

Du blühest noch immer, bist noch frisch und munter; ich aber welke wie Bäume, wenn sie alt werden. Wo Friede und Eintracht walten, dort leben wir gerne; wo aber Unfriede und Zwietracht walten, dort sind wir nicht gerne. Wenn der Himmel heiter ist, die goldenen Sterne am Horizont (na obzoru) glänzen und die Lüftchen lieblich wehen, dann erhebt sich unsere Seele zu Gott (k Bohu) und staunt[1] vor Bewunderung (podivením). Ihr glänzet zwar, glänzet, allein wie die Krähe mit fremden Federn. Im Herbste (na podzim) werden die Blätter der Bäume (stromů) gelb[2], die Luft[3] kühl[4] und feucht[5]. Ein Gewächs[6], wird es nicht angefeuchtet (svlažována), wird schlaff, welkt und verdorrt. Wunderbar sind unsere Schicksale; wir werden reich und ihr werdet arm. Die Tugend altert nie. Kein Glück, auch kein Friede ist dort, wo Sünde und Leidenschaften walten. Ihr lechzet nach Reichthümern (po bohatství), aber nicht nach Gott. Es ist nicht alles Gold was glänzt. Ein Reicher kann eben so gut verarmen, wie ein Armer reich werden kann.

[1]žasnouti [2]žloutnouti [3]vzduch [4]chladnouti [5]vlhnouti [6]rostlina.

7.

VIII. Konjugazion. Poctivý není, kdo mnoho slibuje[1] a málo plní[2]. Kdo nepracuje[3], ať nejí; avšak mnozí nic nepracují a předce jísti chtějí. Kdo se povyšuje[4], bude ponížen[5] a kdo se ponižuje[6], bude povýšen[7]. Ty mne (mich) lituješ[8], ale pomoci nechceš,

	von málo ist der Kompar.		méně	oder	míň,
"	dlouze "	"	déle	"	dýl,
"	mnoho "	"	více	"	víc,
"	brzy "	"	dříve	"	dřív.

Prakt. böhm. Sprachlehre 6. Aufl.

či nemůžeš? Nejbohatší jest, kdo nejméně potřebuje⁹. Lakomec spravedlivě i nespravedlivě zbohatnouti usiluje¹⁰. Nepochopujeme¹¹, proč nic nepracujete, ačkoli zdrávi a silní jste. Zasluhuješ¹² chválena býti, že víc nepiješ a nejíš, než co potřebuješ. Často nevíme (wissen wir nicht), jak mnoho můžeme, ale pokušení¹³ ukazuje¹⁴, co jsme. Kdo s Kristem (mit Christus) neshromažďuje¹⁵, rozptyluje¹⁶. Nestřídmí jsou ti, kteří více jedí, než žaludek¹⁷ snese¹⁸.

¹versprechen ²erfüllt ³arbeiten ⁴sich erhöhen ⁵erniedrigt ⁶sich erniedrigen ⁷erhöht ⁸bedauern ⁹bedürfen ¹⁰sich bemühen ¹¹begreifen ¹²verdienen ¹³die Versuchung ¹⁴zeigen ¹⁵sammeln ¹⁶zerstreuen ¹⁷der Magen ¹⁸verträgt.

8.

Willst du oder kannst du nicht erfüllen (splniti), was du gelobst, warum gelobest du also? Weißt du denn nicht, daß die nicht ehrlich sind, welche etwas versprechen und es nicht erfüllen¹? Ihr erhöhet euch und denket nicht (nemyslíte) daran, daß ihr erniedrigt werden könnet. Oft bedauert der Reiche den Armen (chudého), aber helfen will er nicht. Ich bin sehr reich, denn ich brauche nur sehr wenig. Deine Brüder verdienen gelobt zu werden, denn sie leben sehr mäßig; sie essen und trinken nicht mehr, als sie gerade brauchen. Ihr arbeitet nicht, deswegen sollt ihr (nemáte) auch nicht essen. Wir sind Thoren, daß wir uns überheben², wenn uns (nám) das Glück wohl will³. Besser sind die offenbaren Sünder, die sich zeigen wie sie sind, als die Heuchler, die ihre Laster (nešlechetnosti) verhüllen⁴. Die Unmäßigen essen mehr, als sie essen sollen (mají).

¹splňovati ²povyšovati ³přáti, přeji ⁴zahalovati.

9.

Präsens für die IV., V., VI. und VII. Konjugazion.

Singular, Einzahl.

	IV.	V.	VI.	VII.
1.	hon-ím	hled-ím	shán-ím	vol-ám
2.	hon-íš	hled-íš	shán-íš	vol-áš
3.	hon-í	hled-í	shán-í	vol-á.

Plural, Mehrzahl.

1.	hon-íme	hled-íme	shán-íme	vol-áme
2.	hon-íte	hled-íte	shán-íte	vol-áte
3.	hon-í	hled-í	shán-ějí	vol-ají.

IV., V., VI. Konjugaziou. Kdo umí[1]dobře činiti[2], a nečiní, hřeší[3]. I ta věc, která málo stojí[4], jest drahá, když zbytečná jest. Bloudíte[5], myslíte-li[6], že člověk, když hřeší a se nekaje, spasen[7] bude. Kdo mnoho mluví[8], aneb lže, aneb se chlubí[9]. Myslí mnohý, poněvadž hospodaří[10], že také hospodařiti umí. Všickni, chtějme neb nechtějme, umříti[11] musíme[12]. Jakž Bůh ráčí[13], takž i já chci. Lada[14] neživí[15], pole živí. Musímeť to, což raditi[16]aneb čemuž (was) učiti[17]máme, znáti[18] a uměti. Spěšné[19] dílo nerado se daří[20]. Víš[21], kde bydlejí[22]divoký lev a krvežíznivý[23] tigr aneb krásný papoušek[24]? a víš, kde roste palma, fík a datle? Já to vím, ale vy nevíte. Co cítím[25], to mluvím, tož i činím. Sám každý nejlépe ví, kde ho (ihn) střevíc[26] tlačí[27]. Suché[28] dříví[29] dobře hoří[30]. Moudrý náklad[31] přináší[32] více než nemoudré spoření[33]. Nesmíte (bürfen) pořád zaháleti[34], neboť zahálka škodí[35]. Člověk míní[36], pán Bůh mění[37]. Nemůže se pokaždé všecko zdařiti. Štěstí snadno pomíjí[38]. Mnohdykráte[39]lépe jest činiti než mluviti. Netěšíš[40] se, že slunce tak krásně svítí[41]? Víno[42] není vinno, že se lidé opíjejí[43]. Kdo nemůže mlčeti[44], neumí také mluviti. Eihle[45] slunce již vychází[46] a pastýřové[47] na pastvu (auf die Weide) vyhánějí[48] a ty ještě ležíš[49] a se válíš[50]? Bůh křivditi[51] nemůže. Spanilá[52] mysl volí (wollen) raději býti tichá než zuřivá[53]. Smrť nehledí[54], kdo starý, kdo mladý. Pravda nehladí[55]. Dlužník[56] vesele béře, ale smutně vrací[57].

[1]kennen, wiffen [2]thun, arbeiten [3]fündigen [4]koften, mit za wert fein [5]irren [6]denken [7]felig [8]fprechen, reden [9]fich pralen [10]wirtfchaften [11]fterben [11]müffen [13]belieben, wollen [14]die Brache [15]nähren [16]rathen [17]lehren [18]kennen [19]eilig [20]gebeihen, gerathen [21] wiffen [22]wohnen, haufen [23]blutgierig [24]der Papagei [25]fühlen [26]der Schuh [27]drücken [28]dürr [29]das Holz [30]brennen [31]der Aufwand [32]einbringen [33]das Sparen [34]faulenzen, müßig fein [35]fchaden [36]meinen [37]ändern [38]fchwinden [39]oft [40]fich freuen [41]leuchten, fcheinen [42]der Wein [43]fich betrinken [44]fchweigen [45]fiehe [46]aufgehen [47]der Hirt [48]treiben [49]legen [50]fich wälzen [51]Unrecht thun [52]fchön, edel [53]zornig [54]fchauen, fehen [55]glätten, fchmeicheln [56]der Schuldner [57]zurückgeben.

10.

Schaden kann jedermann, nützen[1] nur der Weife und Gute. Auch die Dinge, die wenig koften, find theuer, wenn fie überflüffig find. Wir dürfen nicht immer reden, was wir fühlen, wir dürfen aber auch nicht alles thun, was wir reden und fühlen. Ein thörichter Aufwand fcha-

det mehr, als weise Sparsamkeit eintragen¹ kann. Du magst wollen
oder nicht, sterben mußt du. Viele Leute können Gutes thun und sie thun
es nicht. Glaubst du, daß du selig werden wirst, wenn du sündigest und
keine Buße thust? Glaubst du das, da irrst du sehr. Wir alle sind
Sünder; deshalb müssen wir demüthig und barmherzig sein, wenn wir
sehen, daß andere Leute sündigen. Sei fleißig und du wirst nie darben².
Wo Unglückliche weinen, dort sollen (máme) wir trösten³, wo sie trau=
rig sind, dort sollen wir aufheitern⁴. Wo nichts ist, dort kann man
nichts nehmen⁵. Du sprichst viel, entweder weißt du viel oder du lügst
und pralest. Was schadet, das unterrichtet. Ein friedfertiger Mensch
nützt mehr als ein gelehrter. Du glaubst⁶, daß ein Gott ist: wohl,
die Teufel⁷ glauben es auch und zittern. Der Todte fühlt nicht, wo
und wie er liegt. Wo das Herz liegt, dorthin rennt⁸ das Auge. Die
Wahrheit schützt⁹ sich selbst. Wenn ich fröhlich bin, das sehen¹⁰ alle
Leute; allein niemand¹¹ sieht, wenn ich mich härme¹². Wo das Glück
aufgeht, da geht¹³ die Demuth unter. Ein guter Ruf ist mehr wert
als Reichthum und Schätze.

¹prospěti ²nuzeti ³těšiti ⁴obveselovati ⁵vezmu, vzíti ⁶věřiti
⁷dábel ⁸běžeti ⁹hájiti ¹⁰viděti ¹¹nikdo ¹²soužiti ¹³zacházeti.

11.

VII. Konjugazion. Práce kvapná nebývá platná. Všecky věci
pomíjitelné¹ jsou, nastávají² a hynou³. Čelo⁴, oči⁵, tvář přečasto⁶ klamávají⁷, řeč ale nejčastěji. Mistr potřeba⁸ učí dělati⁹. Moře
bouří¹⁰, hučí¹¹, šumí¹², duje se¹³, nadýmá se¹⁴, čeří se¹⁵. Mudrc
skoumá¹⁶, pošetilec¹⁷ tupí¹⁸, marnomluvec¹⁹ se hádá²⁰. Blaženěji
jest dávati²¹ než bráti. Kde hospodář sám nedohlídá²², špatně se
dělá. Vy nic nedbáto²³, jen když se dobře máte²⁴. Kde růže i
kopřivy tam růstávají. Bohatství nadýmá, chudoba níží²⁵. Čím výše
lezeš²⁶, tím tížeji padáš²⁷. Mysl soudí²⁸, vůle volí²⁹, tělo poslouchá³⁰. Jísti, píti, bdíti³¹, spáti³², odpočívati³³ a se lopotiti³⁴ a jiným těla potřebám (andern Lebensbedürfnissen) podrobenu*) býti³⁵,
opravdu³⁶ veliká bída jest. Kde se kouří³⁷, tu rád oheň bývá.
Trpěliví lidé lkají³⁸, slzejí³⁹, úpějí⁴⁰; ale hrubě⁴¹ nepláčí, nekvílí⁴²,
nenaříkají⁴³. Vaši páni rodičové se hněvají⁴⁴, že nic neděláte, a

---

*) Der passive Infinitiv, welcher immer die hier vorliegende Form hat, kommt im
Böhmischen selten vor.

o nic se nestaráte⁴⁵ a jen pořád hrajete a zpíváte⁴⁶. Proč jen pýchá⁴⁷ člověk, ješto není než země a popel? Dlužník⁴⁸ když žádá⁴⁹ pýří se⁵⁰, a když má oplatiti⁵¹, bledne⁵². Pes, který velmi štěká⁵³, nerad kouše⁵⁴. Kdo rychle dává, dvakrát dá.

¹vergänglich ²entstehen ³vergehen ⁴die Stirn ⁵die Augen ⁶sehr oft ⁷trügen ⁸die Noth ⁹arbeiten ¹⁰stürmen ¹¹brausen ¹²schäumen ¹³aufschwellen ¹⁴sich aufblähen ¹⁵sich kräuseln, Wellen machen ¹⁶forschen ¹⁷der Thor ¹⁸schimpfen, schmähen ¹⁹der Schwätzer, der Plauderer ²⁰streiten, zanken ²¹geben ²²nachsehen ²³sich kümmern ²⁴sich befinden ²⁵erniedrigen ²⁶steigen ²⁷fallen ²⁸urtheilen ²⁹wollen, wählen ³⁰gehorchen, folgen ³¹wachen ³²schlafen ³³ausruhen ³⁴sich rackern ³⁵unterworfen sein ³⁶wahrlich ³⁷rauchen ³⁸seufzen ³⁹Thränen vergießen ⁴⁰jammern ⁴¹sehr grob ⁴²heulen ⁴³wehklagen ⁴⁴böse sein ⁴⁵sich kümmern ⁴⁶singen ⁴⁷sich erheben ⁴⁸der Schuldner ⁴⁹begehren, bitten ⁵⁰schamroth werden ⁵¹zurückzahlen ⁵²bleich werden ⁵³bellen ⁵⁴beißen.

12.

Wer genug hat¹, soll (ať) nichts mehr verlangen. Auch ihr habt genug, warum verlangt ihr noch mehr? Du kümmerst dich um nichts, sondern bist fortwährend müßig, spielst und singst nur; siehst du nicht, daß alle Menschen arbeiten? Nur der ist wahrhaftig ein weiser, guter, nützlicher, glücklicher und großer Mann, der nicht mehr und nicht weniger thut, noch thun will, als was er nach den Umständen (dle okolností) jedesmal thun darf, soll, kann und muß. Der gute Mensch wird manchmal² böse, allein er zürnet³ nie. Kaum vergeht eine Versuchung oder Widerwärtigkeit⁴, schon entsteht eine andere. Willst du ein Weiser sein, so mußt du fleißig forschen und darfst nicht streiten, wie die unnützen Schwätzer es thun. Ich kümmere mich um nichts, wenn ich mich nur wohl befinde. Die Weisen prüfen, die Thoren schimpfen, die Schwätzer streiten. Wahre Freundschaft dauert ewig. Ihr seid gute Wirte, denn ihr sehet selbst überall nach, und deswegen gedeiht euch (vám) alles. Wir sind böse, weil ihr nicht aufhorcht, wenn wir euch (vás) rufen und ermahnen⁵. Der Tod sucht⁶ nicht aus, er nimmt der Reihe nach. Wo Furcht ist, da wohnet⁷ Gott. Der Ruf kann trügen, aber das Gewissen nie. Wie wir leben, so sterben wir auch.

¹míti, mám ²někdy ³zlobiti se ⁴protivenství ⁵napomínati ⁶vybírám ⁷přebývati.

13.
Akkusativ.

Die belebten Maskulina der starken Deklination haben im Akk. Sing. -a, z. B. holub-a.

Die Feminina der starken Deklinazion haben im Akk. Sing. -u, z. B. ryb-u.

Die belebten Maskulina der schwachen Deklinazion haben im Akk. Sing. -e, z. B. muž-e.

Die Feminina der schwachen Deklinazion haben im Akk. Sing. -i, z. B. zem-i.

Die unbelebten Maskulina, die Neutra und die Feminina der Einzeln=Deklinazionen haben den Akkusativ gleich dem Nom.*)

a) Práce ustavičná¹ sílí tělo. Jak kdo činí, tak odplatu² béře. Lépe křivdu³ trpěti⁴ než činiti. Kdo chce jádro⁵ jísti, musí nejprv⁶ skořepinu⁷ rozluštiti⁸. Pýcha předchází⁹ pád. Bezpráví¹⁰ sluje¹¹ všecko, co se mimo**) řád¹² a právo¹³ děje¹⁴. Pro hubu patří¹⁵ na hubu. Pro pravdu se často lidé marnomyslní¹⁶ hněvají. Moudrý otec rozumně vychovává¹⁷ syna, ale zpozdilá¹⁸ matka nezřídka¹⁹ kazí²⁰ dceru. Jako dech²¹ zrcadlo²² zatemňuje²³, tak vášnivost²⁴ rozum. Slovo dělá muže. Dokonalý syn ctí²⁵ a miluje upřímně²⁶ otce a matku. Bůh spravuje²⁷ a zachovává²⁸ nebe i zemi. Kvítí²⁹ představuje³⁰ mladost a pomíjejičnost³¹. Laskavá odpověď³² odvracuje³³ hněv, ale řeč zpurná³⁴ vzbuzuje³⁵ prchlivosť³⁶.

¹stärken ²die Belohnung ³das Unrecht ⁴leiden ⁵der Kern ⁶zuerst ⁷die Schale ⁸aufbeißen ⁹vorhergehen ¹⁰die Widerrechtlichkeit, der Frevel ¹¹heißen ¹²die Ordnung ¹³ das Recht ¹⁴geschehen ¹⁵gehören ¹⁶eitel ¹⁷erziehen ¹⁸langsam, thöricht ¹⁹nicht selten ²⁰verderben ²¹der Hauch ²²der Spiegel ²³verdunkeln ²⁴die Leidenschaftlichkeit ²⁵ehren ²⁶aufrichtig ²⁷regieren ²⁸erhalten ²⁹die Blumen ³⁰vorstehen ³¹die Ver=

---

*) Die Tabellen zu den Deklinazionen kann der Lehrer nach den angegebenen Schemen auf der Tafel entweder selbst entwerfen oder von einem Schüler entwerfen lassen.

**) Folgende Präposizionen regieren den Akkusativ:
mezi zwischen, unter, auf die Frage wohin?
mimo vorbei, vorüber, außer,
na auf die Frage wohin, worauf, wie?
nad über „den," an „den,"
o um was, für was, wegen was, binnen,
ob um, an,
po bis an das, bishin, hin durch, nach,
pod unter das „das,"
pro vor, durch, wegen, um, um willen,
přes über, durch,
s um das Maß, das Vermögen, die Möglichkeit anzuzeigen,
skrz durch, wegen; ferner
u in, zu,
ve in das „das,"
za innerhalb, in Verlauf, während.

gänglichkeit ³²die Antwort ³³abwenden ³⁴trotzig, hoffärtig ³⁵erregen, anfachen ³⁶die Wuth, der Grimm.

b) Svědek¹ věrný neklame, ale svědek křivý² mluví lež. Oblak³ zakrývá⁴ slunce. Hříšná radosť plodí⁵ žalosť. Přesycenosť⁶ přináší ošklivosť⁷. Kdo skrývá⁸ obilí⁹, zlořečen¹⁰ bude. Přítele postrádati¹¹ jest veliká ztráta¹². Kdo sužuje¹³ otce a zahání¹⁴ matku, jest hanebný¹⁵ člověk. Lakomství jest dobrý hospodář pro dědice¹⁶. Přes zdvořilosť¹⁷ lidé nepadají. Oheň zlato, nouze přítele zkouší¹⁸. Když učí kuře slepici, tuť mistrují¹⁹ učenníci²⁰. Cvičení²¹ a zkušení²² dává umění²³. Soužení působí²⁴ trpělivosť a trpělivosť zkušení; zkušení pak naději, a naděje nezahanbuje²⁵. Svatý apoštol uvádí²⁶ jedenáctero²⁷ ovoce²⁸ Ducha svatého (des heiligen Geistes), a sice: lásku, radosť, pokojnosť²⁹, shovívání³⁰, dobrotivosť³¹, dobrotu³², dlouhočekání³³, tichosť³⁴, věrnosť³⁵, zdrželivosť³⁶ a čistotu. Kdo miluje domlouvání³⁷, moudrý bude. Učenlivosť³⁸ přináší chleb a česť, hnilosť přivádí³⁹ na žebrotu.

¹der Zeuge ²falsch ³die Wolke ⁴verdecken ⁵erzeugen ⁶die Uebersättigung ⁷der Eckel ⁸verbergen ⁹das Getreide ¹⁰verflucht ¹¹vermissen ¹²der Verlust ¹³quälen ¹⁴vertreiben ¹⁵schändlich ¹⁶der Erbe ¹⁷die Höflichkeit ¹⁸prüfen ¹⁹meistern ²⁰der Lehrling ²¹die Uibung ²²die Erfahrung ³³die Kenntnis ²⁴erzeugen, bewirken ²⁵zu Schanden machen ²⁶anführen ²⁷eilferlei ²⁸die Frucht ²⁹der Friede ³⁰die Geduld, die Nachsicht ³¹die Freundlichkeit ³²die Gütigkeit ³³die Langmuth ³⁴die Sanftmuth ³⁵die Treue ³⁶die Enthaltsamkeit ³⁷der Verweis ³⁸die Lernbegierde ³⁹führen, bringen.

14.

Gott ist die Wahrheit. Gott lieben und die Wahrheit lieben ist eins. Wer die Wahrheit liebt, der liebt auch Gott, wer aber den Verweis nicht liebt, der liebt auch die Zucht nicht. Arbeitsamkeit bringt Ehre und Brot, Müßiggang nur Schande und Noth. Üppigkeit¹ verzehrt² den Leib und noch mehr die Seele. Ehre (cti) den Greis³ und in dem Greise (v starci) die Erfahrung, die Klugheit und die Tugend. Jeder Vogel lobt sein Nest. Liebe erzeugt⁴ wieder Liebe. Noth bricht⁵ Eisen. Gut ist es das Eisen zu schmieden⁶, so lange es heiß ist. Besser ist's Schaden zu leiden, als Schaden zu thun. Ein reines Herz durchdringt⁷ Himmel und Hölle. Für⁸ Nahrung⁹, Ruhm und Ehre wagen¹⁰ die Menschen oft das Leben. Der Mensch kann den Menschen wohl¹¹ quälen¹², allein auch beglücken¹³. Wohin du den Baum biegſt[14], dorthin wächſt er. Wer nicht Noth und Hunger leiden will, der muſs auch arbeiten. Die Sonnenſtralen[15] machen das Licht, das Licht macht den Tag. Das Schaf iſt ein ſehr nützliches Thier, es bringt dem Menſchen (člověku) Fleiſch, Milch[16], Käſe[17], Wolle[18] und Vließ[19]. Der Zorn verkürzt[20] das Leben. Die Eigenliebe gebiert die Eitelkeit, den Hochmuth[21], den Stolz, die Hoffart und die Aufgeblaſenheit[22]. Die Arbeit ſchafft[23] Bequemlichkeit[24], Ueberfluſs[25] und Achtung[26]. Kleine Kinder eſſen Brot, aber große das Herz. Wer ſeinen Vater beleidigt und ſeine Mutter verflucht[27], der iſt ehrlos und unglücklich. Ein böſes Gewiſſen erzeugt Argwohn[28] und Mistrauen[29].

[1]bujnost [2]sežírám [3]stařec [4]roditi [5]lámati [6]kouti [7]proniknu, It. VII. [8]pro [9]potrava [10]vážiti, nasaditi, It. VIII. [11]ovšem [12]soužiti [13]blažiti [14]shýbnu, It. VII. [15]paprſlek [16]mléko [17]sýr [18]vlna [19]rouno [20]zkrátím; It. VIII. [21]vysokomyslnosť [22]nadutosť [23]dělati [24]pohodlí [25]nadbytek [26]vážnosť [27]prokleti, It. VII. [28]podezření [29]nedůvěra.

15.

Die männlichen Subſtantiva der ſtarken Deklinazion haben im Akk. Plur. -y.

Die männlichen Subſtantiva der ſchwachen Deklinazion haben im Akk. Plur. -e.

Alle andern Subſtantiva haben den Akkuſativ gleich dem Nominativ.

Povolnosť[1] přátely rodí, pravda nenávisť[2] plodí. Nuzná[3] potřeba práva lomí. Dobře růže trhati[4], když květou. Oko pánovo nejlépe koně obročí[5]. Tovaryšstvo[6] rozpustilé zajisté porušuje[7] dobré (gute) mravy. Člověk soudný skoumá důvody[9] a odvody[10]. Dokud míza[11], dlužno[12] píšťalky[13] dělati. Pes zapomíná[14] rychle na ublížení[15]; ale dobrodiní[16] pamatuje si dlouho. Moře činí břehy[17], zálivy[18], předhoří[19], ostrovy[20], půlostrovy[21], okřídlí[22], průlivy[23], a má úskalí[24] a písčiny[25]. Prudká[26] voda předse[27] běží, tichá břehy podrývá[28]. Svatý apoštol Pavel uvádí[29] mezi jinými skutky těla (unter anderen Werken des Fleiſches) také následující (folgende): modloslužebnosť[30], trávení[31], nepřátelství, sváry, nenávisti, hněvy, vády[32] různice[33], roty[34], závisti, vraždy[35], opilství, žrádla a těm podobné (und dieſen ähnliche) věci. Kámen zlato zkouší, zlato lidí. Příčinlivosť[36] zaplacuje³⁷ dluhy³⁸, ale choulostivosť³⁹ množí⁴⁰ je (sie). Nenávisť vzbuzuje sváry, ale láska všecka provinění⁴¹ přikrývá⁴². Člověk převrácený⁴³ vzbuzuje sváry a klevetník⁴⁴ rozlučuje⁴⁵ přátely. Království s národu (von einem Volke) na národ přenáší se⁴⁶ pro nespravedlnosti a křivdy a pohanění⁴⁷ a podvod⁴⁸. Bratr ať miluje sestry a sestry ať milují bratry své (ihre).

¹die Nachgiebigkeit ²der Hals ³dringend ⁴reißen ⁵füttern ⁶die Gesellschaft ⁷verderben ⁸verständig ⁹der Grund ¹⁰der Gegengrund ¹¹der Saft ¹²soll man ¹³die Pfeife ¹⁴vergessen ¹⁵die Beleidigung ¹⁶merken ¹⁷das Ufer ¹⁸die Bucht, der Meerbusen ¹⁹das Vorgebirge ²⁰die Insel ²¹die Halbinsel ²²die Erbenge ²³die Meerenge ²⁴der Riff ²⁵die Sandbank ²⁶schnell, reißend ²⁷fort ²⁸unterwühlen ²⁹anführen ³⁰die Abgötterei ³¹die Giftmischerei ³²der Hader ³³die Uneinigkeit ³⁴die Spaltung ³⁵der Todtschlag ³⁶die Thätigkeit ³⁷bezahlen ³⁸die Schuld ³⁹die Weichlichkeit ⁴⁰vermehren ⁴¹das Verbrechen ⁴²verdecken ⁴³verkehrt ⁴⁴der Klatscher ⁴⁵trennen ⁴⁶kommen ⁴⁷die Schmach ⁴⁸der Betrug.

16.

Die Jugend muß vorzüglich¹ · drei Gegenstände² ehren: Gott, den Monarchen³, die Aeltern. Faule Leute wollen immer Feiertage⁴ haben. Wohlthaten erweisen⁵ heißt⁶ Gott nachfolgen⁷. Die Sanftmuth ziert⁸ am besten die Christen. Die Furcht⁹ hält¹⁰ oft Mütken¹¹ für Elefanten. Bäume muß man*) biegen, so lange sie noch jung und klein sind. Gute Bäume tragen nicht bloß Blätter, sondern auch Früchte, und gute Christen nicht bloß Worte, sondern auch Werke. Die Bauern liefern¹² den Städtern (měšťákům): Holz, Getreide, Flachs¹³, Hanf¹⁴, Butter¹⁵, Käse, Honig¹⁶, Pferde, Ochsen, Kühe und Kälber, Gänse, Änten¹⁷, Hühner, Kapaunen¹⁸, Eier¹⁹, Stroh²⁰ und Heu²¹ und andere (jiné) Dinge²². Das Glück macht Freunde, das Unglück stellt²³ sie (je) auf die Probe. Wer sich auf Lügen²⁴ stützt²⁵, der nährt²⁶ Winde und jagt²⁷ fliegenden (letící) Vögeln nach. Ein fröhliches Herz erfrischt das Leben; ein trauriges Gemüth aber trocknet²⁸ die Gebeine²⁹ aus. Wer Geld und Reichthümer zu sehr liebt, lebt gewöhnlich dürftig. Um Gottes willen sollen wir Freunde und Feinde lieben.

¹především ²předmět ³vladař ⁴svátek ⁵prokázati, It. VIII. ⁶slouti ⁷následují ⁸zdobiti, krášliti ⁹strach ¹⁰držeti ¹¹komár ¹²dávati ¹³len ¹⁴konopě ¹⁵máslo ¹⁶med ¹⁷kachna ¹⁸kapoun ¹⁹vejce, ²⁰sláma ²¹seno ²²věc ²³zkusiti, It. VI. ²⁴klam ²⁵spolehnouti, It. VII. ²⁶živiti ²⁷stíhati c. Acc. ²⁸vysušiti, It. VI. VIII. ²⁹kosť.

*) Das deutsche „man" wird im Böhmischen am besten durch eine bestimmte Person des Plurals ausgedrückt.

17.
Adjektiva im Akkusativ.

Adjektiva possessiva und prädikativa haben ben Akkusativ des Singular und des Plural gleich den starken Deklinationen.

Bratr prodává[1] louku Anninu[2] a kupuje dům sousedův. Časem[3] i pravdu lhářovu za lež držíváme. Tu máš bratrův klobouk a otcovu hůl[4] a již pojdme (gehen wir). Já mám pero Václavovo a ty máš knihu Terezčinu. Kdo miluje zisk[5], Jidášovu[6] píseň[7] zpívá. Poctivý učitel vyučuje[8] stejnou horlivostí (mit gleichem Eifer) syna nádenníkova jako syna úředníkova. Šiji košili bratrovu a lemuji[9] šátek sestřin. Vidím bratra zdráva, sestru nemocnu, dítě mrtvo. Budeš-li poslušen, učiním[10] tě (dich) bohata a sestru šťastnu. Ty Hospodine[11] lid pokorný (das demüthige) spasen učiníš. Dobrotivý otec vychovává syny sousedovy a laskavá matka šatí dcery sousedčiny. Zahradník zalévá[12] květiny[13] hraběnčiny[14]. Pasák[15] vyhání na pastvu[16] jehňata[17] Vojtěchová[18]. Nevidíš koně Procházkovy ani voly sládkovy[19]? Kdo kupuje hříbata[20] bratrova? Kdo hříbata bratrova kupuje, nevím; ale pole sestřina kupuje sládek. Syn moudrý přijímá[21] učení otcovo, ale posměvač[22] hněvá se na domlouvání matčino. Kdo se nespravedlivě hněvá, poskvrňuje[23] srdce — příbytek Kristův a chrám Ducha svatého (des heiligen Geistes).

[1]verkaufen [2]Anna [3]manchmal [4]der Stock [5]der Gewinnst, der Vortheil, der Nutzen [6]des Judas [7]Lied, [8]unterrichten [9]einsäumen [10]ich werde machen [11]Jehovah, Gott [12]begießen [13]die Blume [14]die Gräfin, [15]der Hirtenknabe [16]die Weide [17]das Lamm, [18]Adalbert [19]der Bräuer [20]das Füllen [21]aufnehmen [22]der Spötter [23]beflecken, beschmutzen.

18.

Kennst du nicht des Bruders Tochter? Des Bruders Tochter kenne ich nicht, allein den Sohn der Schwester kenne ich gut. Warum lauffst du des Nachbars Feld, kaufe (kup) lieber die Gärten und die Wiesen der Nachbarin. Siehst du nicht, daß Adalberts Hirtenknabe auch des Bauers Schafe und Pferde auf die Weide heraustreibt? Hörst du nicht die Worte des Lehrers, und hast du schon vergessen (zapomněl jsi na) die Mahnung des Vaters und die Bitten[1] der Mutter? Die Religion Christi kennen ist die wahre Weisheit, und die Gesetze[2] Christi erfüllen die wahre Tugend. Die Wissenschaften[3] bilden[4] das Herz und den Sinn des Jünglings. Das Wort der Mutter lenkt⁵ die Schritte⁶ des Sohnes und die Wege der Tochter. Die redlichen Lehrer unterrichten mit gleicher Sorgfalt die Töchter der Bettlerin, wie die Söhne der reichen Frau⁷. Besser ist das Schweigen⁸ des Weisen⁹, als das Reden¹⁰ der Narren¹¹. Wer den Geist Christi nicht hat, der ist nicht sein (jeho). Wer die Missethat¹² des Sünders lobt, ist gewiss selbst ein Sünder.

¹prosba ²zákon ³věda ⁴vzdělati, It. VII. ⁵spravovati, říditi ⁶krok ⁷bohačka ⁸mlčení ⁹mudrc ¹⁰mluvení ¹¹blázen ¹²nešlechetnosť.

19.

Adjektiva mit dem bestimmten Ausgang haben im Akkus. Sing. männl. belebt -ého.

Adjektiva mit dem bestimmten Ausgang haben im Akk Sing. weibl. -ou.

Adjektiva mit dem bestimmten Ausgang unbelebt und Neutra haben den Akkus. Sing. gleich dem Nominativ.

Člověk šťastný nerozeznává¹ přítele pravého a nepravého. Kdož miluje syna svého*), často jej (jho) mrská². Štědrého³ dárce⁴ pán Bůh miluje. Dobrý strom dobré ovoce nese; ale zlý strom nese zlé ovoce. Nechceš-li blouditi, slyš (höre) moudrou radu. Kdož ospravedlňuje⁵ bezbožného i kdož odsuzuje⁶ spravedlivého, ohavní⁷ jsou oba před Bohem (vor Gott). Moudrý zná nevědomého⁸, protože sám druhdy nevědom byl; ale nevědomý nezná moudrého, protože nikdy moudrý nebyl. Říká-li⁹ někdo¹⁰, že Boha miluje, nenávidí¹¹ ale bratra svého, píše sv. Jan, lhář jest. Nebo kdo ne-

---

*) Das zueignende Fürwort (Pronomen possessivum) svůj, svá, své wird immer gesetzt, so oft das Subjekt und das zueignende Fürwort eine und dieselbe Person oder Sache sind, also:
ich — mein = svůj, -á, -é, z. B. ich habe meinen Hut, mám klobouk svůj;
du — dein = svůj, -á, -é, z. B. hast du deinen Hut? máš klobouk svůj?
er, es — sein; sie, ihr = svůj, -á, -é, z. B. er hat seinen Hut und sie hat ihr Buch, on má klobouk svůj a ona má knihu svou.
Dagegen:
ich — dein = tvůj, -á, -é, z. B. ich habe dein Messer, mám tvůj nůž;
du — mein = můj, -á, -é, z. B. du hast meine Feder, máš péro mé;
er, sie, es — mein = můj, -á, -é,er hat meinen Rock und sie hat deinen Ring, on má kabát můj a ona má prsten tvůj;
er, sie, es — dein = tvůj, -á, -é,; und so geht es durch alle Kasus und Personen.
(Er, sie, es — sein, d. i. eines andern, und sie — ihr, d. i. einer andern Person, heisst nie svůj, své, svá, sondern wird mit dem Genitiv von on, ona, ono gefügt, also jeho, její, jejich; wovon weiter unten.

miluje bratra svého, kteréhož[12] vidí; Boha, kteréhož nevidí, kterak může milovati? Každá[13] bylina[14] má svůj věk[15] jako člověk. Starý hřích novou hanbu činí. Každý hřích svou pokutu[16] má. Zdárné[17] dítě ctí otce svého i matku svou. Práce a hlad i sprostý pokrm koření[18]. Mužové opravdové[19] učení rádi se přiznají[20], že mnohou věc nevědí[21]; ale polo-učení[22] obyčejně všecko vědí. Bouřka občerstvuje[23] dusné[24] povětří[25]. Krtek[26] má slabý zrak[27], ale velmi jemný[28] hmat[29] a sluch. Nemilosrden jest, kdo vidí člověka bídného a nepomáhá mu (jhm), ač může. Země, když se neoře[30], žeň[31] rodí bodlavou[32], totiž řepíky[33] a bodláčí[34]; a srdce, když se nevzdělává[35], plodí jen vášně a hřích. Lidé bojí[36] se často holou[37] pravdu mluviti a obvíjejí[38] slova svá v hedbáví[39]. Zahálka a dobré bydlo[40] tělo bujné[41] činí. Aj jak malý oheň jak veliký les zapálí[42]. Statek[43] nespravedlivý sežírá[44] i spravedlivý. Chudobného ani svojet[45] nezná. Lež má plytké[46] dno[47]. Lepší jest jmeno dobré nežli bohatství veliké; a přízeň[48] lidskou míti jest lepší než stříbro a zlato. Nic není nepravějšího[49] než milovati peníze; nebo takový[50] i duši svou prodajnou[51] má. Bůh rozum lidský převyšuje, pročež ne vše na rozum, více na Boha dáti.

[1] unterscheiden [2]geißeln [3]freigebig [4]der Geber [5]rechtfertigen, [6]verurtheilen [7]schändlich, gräulich [8]unwissend, [9]sagen [10]jemand [11]hassen [12]welcher [13]jeder [14]die Pflanze [15]die Dauer, die Zeit [16]die Strafe, die Sühne [17]gerathen [18]würzen [19]wahrhaft [20]bekennen [21]nicht wissen [22]halbgelehrt [23]erfrischen [24]schwül [25]die Luft [26]der Maulwurf [27]das Gesicht, [28]zart, fein [29]der Tastsinn [30]ackern [31]die Arnte [32]stachlicht [33]die Klette [34]die Distel [35]bilden [36]sich fürchten [37] pure, nackte [38]einwickeln [39]die Scibe [40]der Wohlstand [41]übermüthig [42]anzünden [43]das Gut [44]aufzehren [45]der Seinige [46]seicht [47]der Boden [48]die Gunst [49]so ungerecht [50]solcher [51]feil, verkäuflich).

20.

Besser ist's bittere[1] Wahrheit als süße[2] Lüge zu reden. Gott ist höchst gerecht, er belohnt[3] das Gute und bestraft[4] das Böse. Nicht das Blut[5], sondern das Herz macht die wahre Verwandtschaft[6]. Die Trommel[7] macht einen sehr großen Lärm[8], aber inwendig[9] ist nur Wind. Eine kleine Nachlässigkeit verursacht oft großes Unglück. Eine Schwalbe[10] macht seinen Sommer. Oft verfolgt[11] ein Unglück das andere [12]. Es geziemt[13] sich nicht das Sichere[14] um des Unsicheren willen zu verlassen[15]. Wer seine Zunge nicht zähmt[16], dessen (tohož) Religion ist eitel[17]. Das Gute für Böses auszugeben[18] ist Bosheit[19]. Die Hand unterscheidet durch's Anrühren der Dinge (dotýkáním se věcí) Maß[20] und Beschaffenheit[21], Warmes und Kaltes, Feuchtes[22] und Trockenes[23], Hartes[24] und Weiches[25], Glattes[26] und Rauhes[27], Schweres und Leichtes. Der Betrieger[28] trügt[29] den Betrieger, der Eitle den Eitlen, der Blinde[30] den Blinden, der Schwache den Schwachen, wenn er ihn (jej) erhebet[31]. Drei Stücke[32] befördern[33] ungemein[34] die menschliche Gesundheit, nämlich[35]: Freude, Mäßigkeit und Ruhe. Jederman ist (má) verpflichtet[36] seine Ehre und Ehrlichkeit zu schützen[37], zu bewahren[38], und rechtlich[39] und schicklich[40] zu vertheidigen[41]. Viele Leute ertragen[42] leichter ein Unglück als ein großes Glück. Oft zündet ein kleines Feuer einen großen Wald an. Ein Weiser achtet die Zucht für einen goldenen Schmuck. Wir müssen eben so[43] unser Äußeres[44] wie unser Inneres[45] prüfen und ordnen[46]. Wer Ungerechtigkeit liebt, hasset seine Seele.

[1]hořký [2]sladký [3]odměniti [4]trestati [5]krev [6]příbuzenství [7]buben [8]hluk [9]vnitř [10]laštovka [11]pronásledovati [12]druhý [13]slušeti [14]jistý [15]opustiti [16]krotiti [17]marný [18]vydati [19]nešlechetnosť [20]míra [21]velkosť, jakosť [22]vlhký [23]suchý [24]tvrdý [25]měkký [26]hladký [27]drsný [28]podvodný [29]klamati [30]slepý [31]vynášeti, velebiti [32]věc [33]podporovati [34]velice [35]totiž [36]povinnosť [37]opatruji [38]zachovávám [39]právě [40]slušně [41]hájím [42]snášeti [43]rovně [44]zevnitřnosť [45]vnitřnosť [46]pořádati.

21.

Abjektiva mit dem bestimmten Ausgang haben im Akk. plur. männl. und weibl. -é, sächlich -á.

Vítr prudký klátí[1] a poráží[2] mnoholeté[3] duby. Na naší zemi (auf unserer Erde) nalezáme[4] vysoké vrchy, hluboká údolí, úrodná pole, příkré rozsedliny[5] a stinné[6] lesy. Muž hněvivý vzbuzuje sváry, ale kdož trpěliv jest, krotí[7] sváry vzbuzené[8]. Také moře má své obyvatele[9]; ono živí raky[10], lastury[11], malé a velké ryby a nesčíslná[12] jiná[13] zvířata. Zlosyn[14] zlé věci kuje. Pošetilec nemoudré věci na se (auf sich) béře. Mladík, který rád moudrá slova poslouchá, dokonalý bude. Jazyk jest zajisté malý oud[15], a však veliké věci provodí[16]. Ucho[17] slyší[18] zvuky[19] jak umělé[20] tak přirozené[21]. Italie chová[22] ve svém lůně (in seinem Schoße) nesčíslná podivná[23] jezera[24], plesa[25], kaluživny[26], teplice[27], vody

uzdravující (Gesund-), přemnohé²⁸ studnice²⁹ a prameny³⁰, řeky
a potoky na³¹ spůsob³² žil (von Adern) po celé krajině se křižující
(die sich im ganzen Lande kreuzen). V letě (im Sommer) pouští³³
slunce na krajiny³⁴ italské téměř³⁵ přímo³⁶ své luky³⁷ a paprsky.
Duchovní³⁸ potěšení³⁹ převyšuje⁴⁰ všecky (alle) lahůdky⁴¹ svět-
ské. Největší mudrc jest, kdo náležitě⁴² uznává⁴³ chyby své. Bůh
sesílá⁴⁴ déšť na dobré i na zlé. Zlí a neučení lékaři zabíjejí⁴⁵
těla, neučení kněží⁴⁶ duše lidské. Časté účty⁴⁷ dělají dobré přátely. Jsouť čtyry⁴⁸ dobré matky, ježto⁴⁹ častokráte čtyry ne-
šťastné dcery plodí. Pravda zplozuje nenávisť, štěstí pýchu, jistota⁵⁰
nebezpečí, důvěra⁵¹ opovržení⁵².

¹schütteln ²niederwerfen ³vieljährig ⁴finden ⁵die Kluft ⁶schattig
⁷zähmen, dämpfen ⁸erregt ⁹die Bewohner ¹⁰der Krebs ¹¹die Muschel
¹²unzählig ¹³anderes ¹⁴der Bösewicht ¹⁵das Glied ¹⁶zu wege bringen
¹⁷das Ohr ¹⁸hören ¹⁹der Ton, Laut ²⁰natürlich ²¹künstlich ²²bewa-
ren, enthalten ²³wunderbar ²⁴der See ²⁵der Sumpf ²⁶die Pfütze
²⁷die warme Quelle ²⁸sehr viel ²⁹der Brunnen ³⁰die Quelle ³¹in
³²die Gestalt ³³schließen ³⁴die Gegend ³⁵beinahe ³⁶gerade ³⁷der Pfeil
³⁸geistig ³⁹der Trost ⁴⁰übertreffen ⁴¹die Annehmlichkeit ⁴²gehörig
⁴³erkennen ⁴⁴schicken ⁴⁵tödten ⁴⁶der Priester ⁴⁷die Rechnung ⁴⁸vier
⁴⁹welche ⁵⁰die Sicherheit ⁵¹das Vertrauen, die Zuversicht, ⁵²die
Verachtung.

22.

Gerechtigkeit erhebt ein Volk, die Sünde aber macht die Völker
elend. Glückliche Menschen vermögen nicht gute und falsche Freunde zu
unterscheiden. Gute Bäume bringen gute Früchte und schlechte Bäume
bringen schlechte Früchte. Die Väter lieben ihre Söhne und ihre Töchter gewöhnlich mehr als die Söhne und Töchter ihre Väter und Mütter zu
lieben pflegen. Der Wolf frißt die Schafe ungezählt¹. Die Winde reinigen
die Luft, indem sie die schädlichen Ausdünstungen² zerstreuen³. Der Neid,
der Gefährte⁴ der Tugend (cnosti), verfolgt gewöhnlich nur rechtschaffene Leute. Große Eigenschaften⁵ machen große Menschen. Der
Undankbare erinnert⁶ sich nicht gern an empfangene⁷ Wohlthaten. Ge-
legenheit⁸ macht Diebe, aber auch große Männer. Der Staar hat
einen gelben¹⁰ Schnabel¹¹, schwärzliche¹² Federn¹³ und auf dem
ganzen Leibe (po celém tele) kleine weiße Flecken¹⁴. Der Ordentliche¹⁵
verrichtet¹⁶ seine Pflichten sorgsam, der Träge nachlässig. Arbeit ent-
fernt¹⁷ von uns (od nás) drei böse Dinge: die lange Weile¹⁸, das
Laster und die Noth. Gott ist die Liebe, also strafet er niemanden (ni-

koho) wegen¹⁹ unverschuldeter Irrthümer²⁰. Schlechte Gesellschaft verdirbt gute Sitten.

¹nesečtěn ²výpar, pára ³rozháněti ⁴průvodce ⁵vlastnosť ⁶vzpomínati si ⁷obdržený ⁸příležitosť ⁹špaček ¹⁰nažloutlý ¹¹zobák ¹²začernalý ¹³peří ¹⁴skvrna ¹⁵správný ¹⁶plniti, konati ¹⁷zaháněti, zapuditi ¹⁸chvíle ¹⁹pro ²⁰blud. *

23.

Abjektiva kontrakta haben im Akk. Sing. männl. belebt -iho.
Männlich unbelebt, weibl. und neutr. -í.
Im Plural haben sie für alle drei Geschlechter -i.

Znáš tajné soudy Boží, že tak nelaskavě bližního¹ posuzuješ²? Bázlivec³ svůj vlastní stín⁴ za strašidlo⁵ má. Koukej (schau) raději na zadní⁶ než na přední⁷ kola. Přední povinnosť naše jest milovati bližního svého jako sebe (sich) samého. Bůh nám (uns) dává chléb vezdejší⁸ i vše, čehož (was) potřebujeme. Kdo domácí pokoj ruší⁹, jest nepřítel lidí (der Menschen). Bloudícího¹⁰ na pravou cestu uvesti¹¹ máme. Kde nemůže kůže¹² lvova¹³ projíti¹⁴, tu sluší kůži liščí¹⁵ přičiniti¹⁶. Chtějícího¹⁷ snadno jest nutiti¹⁸. Nemírná¹⁹ hra²⁰ i nejlepšího člověka v chudobu a hanbu uvádí. Svět pomíjí i žádost²¹ jeho (ihre); ale kdo činí vůli Boží, zůstává²² na věky. Nestůj (stehe) o cizí. Kdo stojí o cizí, přichází²³ o vlastní. Neustupný²⁴ vždy slovo poslední míti chce. Věřitelé²⁵ mají lepší paměť²⁶ nežli dlužníci. Pozdraviti²⁷ mimojdoucí²⁸ jest přívětivý obyčej. Mnohý drží se za nešťastna, vidí-li bratra šťastnějšího.

¹der Nächste ²beurtheilen ³furchtsam ⁴der Schatten ⁵das Gespenst ⁶hintere ⁷vordere ⁸täglich ⁹stören ¹⁰irren ¹¹führen, bringen ¹²die Haut ¹³Löwe- ¹⁴durchkommen ¹⁵Fuchs- ¹⁶zusetzen, hinzuthun ¹⁷wollend ¹⁸nöthigen ¹⁹unmäßig ²⁰das Spiel ²¹die Begierde, die Lust ²²bleiben ²³kommen ²⁴der Unnachgiebige, der Hartnäckige ²⁵der Gläubiger ²⁶Gedächtnis ²⁷grüßen ²⁸vorübergehend.

24.

Wer die Gebote Gottes kennt und sie (je) nicht erfüllt, hat eine viel größere Sünde als derjenige, der sie nicht kennt. Die Sonne, wenn sie am niedrigsten¹ ist, gibt den kürzesten Tag und fängt² den Winter an; wenn sie am höchsten ist, macht sie den längsten Tag und fängt den Sommer an. Selig ist der Mensch, der das Wort Gottes hört und es bewart. Böser Rath schlägt³ den eigenen Herrn. Ein jeder Vogel liebt sein eigenes Nest. Je mehr wir die Welt Gottes betrachten⁴, je schöner finden wir sie (jej). Die Seele, das größte Ge-

schenk Gottes, müssen wir vervollkommnen⁵. Das Korn hat gewöhn=
lich einen längeren Halm⁶ und eine längere Aehre⁷ als der Weizen.
Misgunst⁸ frißt⁹ ihr eigenes Herz, aber kein fremdes. Der barmher=
zige Gott nimmt¹⁰ selbst den größten Sünder gnädig auf, wenn er
seine bösen Wege verläßt. Wer ein reines Gewissen hat, hat den größten
Schatz. Die Geschichte¹¹ zeigt uns (nám)Gottes Wege und Rathschläge¹².
  ¹nízký ²počínati ³býti ⁴považovati ⁵zdokonaliti, It. VIII. ⁶stéblo,
⁷klas ⁸nepřízeů ⁹žráti ¹⁰přijmouti ¹¹dějepis ¹²řízen í.

25.
Der Genitiv.

A. Starke Konjugazion im Singular.

Belebte Maskulina und Neutra haben im Genit. Sing. -a.
Unbelebte Maskulina „   „   „   „ -u*).
Feminina „   „   „   „ -y.

Nejlepší koření pokrmu jest hlad. Rozum jest pravidlo¹ života.
Kde není protivníka**),tu není půtky². Kdo si na nevděčnost stě-
žuje³, nikdy vděku nezasluhuje⁴. Kdo se topí⁵, stébla se chytá⁶***).
Přikázání jest svíce, a zákon světlo a cesta života jsou domlouvání
vyučující⁷. Žváč⁸ slibuje hory⁹, doly¹⁰, když k skutku (zur That)
přijde, nepodá¹¹ ani vody. Bez†) lásky jest život náš malovaný¹²
sen. Střídmost mírní¹³ žádosti a působí, že tyto rozumu poslou-

---

*) In der ältesten Zeit hatten sowohl die belebten als unbelebten Substantiva im Ge=
nitiv -a. Jetzt haben dieses -a im Genitiv noch etwa 30 unbelebte Substantiva,
vorzüglich jene, die im Leben häufig vorkommen, und zwar:
  1. chléb das Brot, dobytek das Vieh, klášter das Kloster, kostel die Kirche,
oves der Hafer, popel die Asche, sýr der Käse, svět die Welt, údol das Thal, oběd
das Mittagessen, ocet der Essig, večer der Abend, zákon das Gesetz, život das Leben.
  2. Die Namen der Monate auf en, leden Januar, březen März u. s. f.; ferner
die Namen der Tage auf ek, z. B. pondělek Montag.
  3. Die Namen der Städte und Dörfer, wenn sie keine Gattungsnamen sind, z. B.
Londýn, Řím u. s. f. Können die Namen der Städte zugleich Gattungsnamen
sein, so haben sie im Genitiv -u, z. B. Brod, Stadt Brod und die Furt; Most,
die Stadt Prux und die Brücke u. s. f.
**) Der Böhme betrachtet die Negazion am Verbum als etwas Selbständiges; sie ist ihm
bei dem Verbum nebýti und nestáti se ein unbestimmtes Subjekt, und deswegen setzt
er auch das bestimmte Subjekt, das sonst im Nominativ stünde, in den Genitiv.
Ist das negative Verbum ein transitives, so gilt gewöhnlich die Negazion als Ob=
jekt und folgerecht muß der Objektakkusativ in den Genitiv gesetzt werden.
***) Die reflexiva Verba, besonders wenn sie zusammengesetzt sind, haben das Sach=
objekt im Genitiv.
†) Folgende Präpozizionen regieren den Genitiv: bez ohne, außer; do bis, zu, bis zu,
dle, podlé, vedle wegen, willen, ob; krom, kromě außer; od, ode ab, von, weg;
okolo, kolem, vůkol um, herum; na bei, an; z, ze aus, herum. Ferner s, se ab
hinunter, hinab; za während, bei unter.

chají*). Kde pán do kouta¹⁴ nahlédá¹⁵, tu hospodářství¹⁶ dobře stojí. Po niti¹⁷ klubka¹⁸ dojdeš¹⁹**). Škoda²⁰***) krásy, kde rozumu není. Pýcha a závisť netrpí pravdy. Dobré jméno a ctnosť víc platí než mnoho†) zlata. Kdo si mála nevšímá, není mnoha hoden††). Slávu²¹ světa vždycky zármutek provází²². Smrť jest odměna²³ hříchu. U Boha nepostačuje²⁴ výmluva²⁵. Mnohý má sice peníze, ale rozumu nemá. Mlsná huba příčina žebroty. Nikdo bez vady²⁶ není. Svědek falešný²⁷ nebude bez pomsty²⁸, a kdož mluví lež, zahyne²⁹. Hospodin hledí na cesty člověka a všecky kroky jeho (feine) znamená³⁰. Moudrosť i umění a povědomosť³¹ zákona od Boha jest. Mnohé mluvení³² nebývá bez hříchu, kdož pak zdržuje³³ rty³⁴ své, opatrný jest. Rána biče³⁵ působí modřinu³⁶; rána pak jazyka potírá³⁷ kosti. Z ruky Boží přichází život i smrť. Kdo se hříchu bojí, nepotřebuje se pekla báti.

¹die Regel, die Richtschnur ²der Kampf ³klagen ⁴verbienen ⁵versinken ⁶greifen ⁷belehrend ⁸der Schwätzer, der Mauldrescher ⁹der Berg ¹⁰das Thal ¹¹darreichen ¹²gemahlt ¹³mäßigen ¹⁴der Winkel ¹⁵schauen, nachsehen ¹⁶die Wirtschaft ¹⁷der Faden ¹⁸der Knäuel ¹⁹erreichen ²⁰der Schade ²¹der Ruhm ²²begleiten ²³der Lohn ²⁴ausreichen ²⁵die Ausrede ²⁶der Fehler, der Makel ²⁷falsch ²⁸die Rache ²⁹zu Grunde gehen ³⁰bemerken ³¹Kenntnis ³²das Reden ³³abhalten ³⁴die Lippe ³⁵Peitschen- ³⁶ein blauer Fleck ³⁷zerbrechen, zerreiben.

26.

Die Metallarbeiter¹ machen aus Zinn² Kannen³, aus Kupfer⁴ Kessel⁵, aus Messing⁶ Leuchter⁷, aus Silber Thaler⁸, aus Gold Dukaten⁹. Wer einen Freund ohne Makel sucht¹⁰, sucht einen überirdi-

---
*) Einige einfache Verba, die im Deutschen transitiv gebraucht werden, haben im Böhmischen ihr Sachobjekt im Genitiv. Hieher gehören:
a) Die einen Schutz bezeichnen, brániti, chrániti, hájiti, šetřiti, hleděti, dbáti.
b) Die irgend eine Gemüthsbewegung anzeigen: žádati, toužiti, přáti, litovati, želeti, pykati, plakati, žalovati; ferner všímati si, minouti, hledati, čekati, následovati, prositi, poslouchati; tajiti, mstíti; nechati.
**) Die zusammengesetzten Verba besonders mit: do-, na-, po-, při-, pro-, u-, vy-, za- haben gern das Objekt im Genitiv, welcher in diesem Falle meist partitiv ist.
***) Škoda und hanba haben ihre Ergänzung im Genitiv.
†) Die Wörter, die eine unbestimmte Menge anzeigen, werden im Nominativ und Akkusativ als Substantiva neutra angesehen und folglich mit dem Genitiv gefügt.
†† Mehrere Adjektiva haben ihr Objekt im Genitiv, namentlich: bedlivý eifrig, fleißig in, blízký nahe, citedlný empfindsam, daleký weit von, hoden würdig, chtivý begierig nach, milovný Liebhaber von etwas, mocný mächtig des, oučastný theilhaftig wessen, pilen fleißig in, pln voll von, poslušen gehorsam wem? práv quitt von, prázden leer von, prost ledig von, příbuzný anverwandt mit, schopen fähig zu, svědom bewusst mit allen Zusammensetzungen; syt satt wessen? tajný verborgen vor, trpělivý geduldig in, vděčný dankbar für, zdrželivý enthaltsam von, žádostivý begierig nach.

schen¹¹ Schatz. Außer Gott ist nichts ewig. Das Leben des Menschen vergeht schnell wie der Schatten. Vor einem Bösewicht läuft¹² selbst ein Bösewicht davon. Reichthum und Armut sind die Quellen der Unordnung. Der Hochmuth ist des Stolzes Bruder. Die Vernünftigen kümmern sich nicht um den Beifall¹³ des Pöbels¹⁴. Die Lust¹⁵ zu schaden stammt¹⁶ aus der Hölle, die Lust zu nützen aus dem Himmel. Reichthum und Vergnügungen¹⁷ stürzen¹⁸ den Menschen gar oft ins Verderben¹⁹. Liebst du das Leben, so vergeude (nemarni) keine Zeit; denn das Leben besteht²⁰ aus der Zeit. Ein Mensch ohne Wert²¹ ist ein Pflug ohne Rad, eine Quelle ohne Wasser, ein Feld ohne Korn. Die Kraft²² des Gebetes²³ richtet²⁴ auf, die Macht²⁵ des Glaubens hält²⁶ aufrecht, die Gewalt²⁷ der Liebe erhebt²⁸. Die Schnelligkeit²⁹ des Gedankens übertrifft die Schnelligkeit des Auges. Wenn die Noth ins Haus geht³⁰, geht die Liebe aus dem Hause. Gutes und Böses, Leben und Tod, Armut und Reichthum kommen³¹ von Gott. Alle Weisheit ist von Gott dem Herrn. Nur was vom Herzen kommt, geht wieder zum Herzen. Ein jeder, der Sünde thut, ist ein Knecht der Sünde.

¹řemeslník ²cín, čistec ³konvice ⁴měď ⁵kotel ⁶mosaz ⁷svícen ⁸tolar ⁹dukát ¹⁰bledati ¹¹nadpozemský ¹²uteku, It. VII. ¹³pochvala ¹⁴lid ¹⁵žádosť ¹⁶pocházeti ¹⁷rozkoš ¹⁸uvrci, It. VII. VIII. ¹⁹záhuba ²⁰pozůstanu, It. VII. ²¹cena ²²síla ²³modlitba ²⁴pozdvihnouti, It. VII. VIII. ²⁵moc ²⁶držeti ²⁷mocnosť ²⁸povznesti, It. VI. ²⁹rychlosť ³⁰vcházeti ³¹býti.

27.
Die übrigen Deklinazionen im Singular.

Die schwachen Deklinazionen haben im Genitiv des Singular -e,*), muže, meče, duše, pole.

Die Feminina der Einzelndeklinazion haben im Genit. des Singulars -i, kosti.

Die kontrakte Deklinazion hat im Genit. des Singulars -i znamení.

Spokojenosť¹ srdce jest největší odměna ctnosti. Cesty moudrosti jsou cesty utěšené² a všecky stezky³ její (ihre) pokojné. Lepší hrsť⁴ jistoty⁵ nežli pytel⁶ naděje. Střídmosť jest matka zdraví. Bázeň Hospodinova jest počátek⁷ moudrosti. Nedostatek⁸ skromno-

---
*) Die belebten Neutra nehmen im Genitiv und in den übrigen Fällen (ausgenommen Akk. und Nom.) das Augment -et- an, demnach hat děvče, das Mädchen, im Genitiv děv-čet-e.

sti[9] veliký nedostatek rozumu jeví[10]. Velké muže ceníme[11] dle ctnosti a nikoli dle štěstí. Kdo se bojí nouze, nerad pro Bůh*) dává. Znáti kořen[12] nemoci, jest počátek zdraví. Opatrnosť a výmluvnosť[13] jsou vlastní sestry, z jedné (einer) matky „chytrosti"[14] narozené. Kdo pronáší[15] tajné věci přítele, ztracuje[16] víru a nenalezne víc přítele podle vůle své (feinem). Raději z marnosti jarmo[17] nosíme, nežli z povinnosti rozkaz[18] plníme. Květ mladosti jest kratinký[19] sen. Život bez přátelství jest jako svět bez slunce. Jako tělo duše poslouchá, tak i žádosti rozumu poslouchati mají. Lepší jest jméno dobré nežli drahé masti[20], a den smrti lepší jest než den narození[21]. Lepší jest jíti do domu pláče než do domu hodování[22]. Porušení[23] jazyka jest porušení národnosti[24] a počátek jejího (ihres) pádu. Darové Ducha svatého (heiligen), kteří usnadňují[25] vykonávání[26] ctnosti, jsou: dar moudrosti a rozumu, dar rady a síly, dar umění a dar bázně Boží. Karbaniti[27] znamená[28] tolik[29] jako zboží své do moře házeti. Kdo pomoci[30] potřebuje, nebude liknovati[31] stále[32] a úsilně[33] žádati, pokorně vzývati[34], pro Bůh prositi. Žádná věc nemůže lépe naučiti člověka požívati[35] času nežli blízkosť[36] smrti. Nedostatek péče[37] více škodí, nežli nedostatek důvtipů[38]. Kde není studu, tam není cti. Nikdo bez práce nejí koláče[39]. Bůh není Bůh různice ale pokoje. Následkové[40] pomlouvání[41], nespravedlnosti, nestřídmosti, lenivosti jsou vždycky mrzutí, bolestní, smutní. Zahálka, lenosť a bujnosť jsou hlavní nepřátelé a vrahové nevinnosti. Největší protivenství, které člověka potkati může, jest býti bez protivenství. Kdo od lakomce pomoci čeká, pošetilec jest, neboť lakomec nezná, kromě peněz, jiného předmětu, kterýž by miloval (lieben würde).

¹die Zufriedenheit ²lieblich ³der Steg ⁴die Handvoll ⁵die Gewissheit ⁶der Sack ⁷der Anfang ⁸der Mangel ⁹die Bescheidenheit ¹⁰offenbaren, zeigen ¹¹schätzen ¹²die Wurzel ¹³die Beredsamkeit ¹⁴die Schlauheit ¹⁵offenbaren ¹⁶verlieren ¹⁷das Joch ¹⁸der Befehl ¹⁹sehr kurz ²⁰die Salbe ²¹die Geburt ²²das Gelage ²³die Verderbnis, die Verkommenheit ²⁴die Nazionalität ²⁵erleichtern ²⁶die Uebung ²⁷das Kartenspiel ²⁸bedeuten ²⁹soviel ³⁰die Hilfe ³¹säumen ³²anhalten ³³angestrengt ³⁴anrufen ³⁵geniessen ³⁶die Nähe ³⁷die Sorgfalt ³⁸der Scharfsinn, der Witz ³⁹der Kuchen ⁴⁰die Folge ⁴¹die Verleumbung.

---

*) Ehedem hatten die belebten Substantiva den Akkusativ gleich dem Nominativ, was sich noch in einigen Frasen erhalten hat, z. B. pro Bůh, na kůň u. s. w.

28.

Die Geschichte[1] ist die Lehrerin der Weisheit und Tugend. Die Sprache ist ein Bild[2] der Seele. Der Gehorsam[3] ist die Mutter der Weisheit. Das Geräusch[4] der Welt und der Wirbel[5] der Zerstreuung[6] ersticken[7] oft die Stimme des Gewissens. Der Mensch ist ein Gast[8] der Erde, das Ebenbild[9] Gottes, der Unterthan[10] des Gesetzes und der Laune[11], das Spiel[12] des Glückes und die Beute[13] des Todes. Der Zug[14] des Herzens ist des Schicksals[15] Stimme. Nur Feinde der Tugend sind Freunde der Lust. Ein Armer ohne Tugend ist wie eine Lampe[16] ohne Öhl, und Schönheit ohne Tugend ist Fleisch ohne Salz[17]. Begleiterin der Arbeit ist die Gesundheit, und Begleiterin des Schweißes[18] ist die Wohlfahrt[19]. Die göttliche Vorsicht[20] ist der Unschuld Wächter und des Unrechtes Rächer[21]. Die Vergessenheit[22] ist meistens[23] ein Zeichen der Faulheit. Der Friede der Seele erhält[24] die Gesundheit des Körpers. Der Mensch liebt den Menschen mehr von[25] der Ferne[26]. Der Zunge Stottern[27] verräth[28] gar oft des Herzens Grund[29]. Der Fleiß ist die Mutter des Glückes. Wo kein Kläger[30] ist, dort ist auch kein Richter. Bei Gott reicht[31] keine Ausrede[32] aus. Der Stachel[33] des Todes ist die Sünde, die Kraft der Sünde aber ist das Gesetz. Gelobt sei der Name Gottes, des Schöpfers[34] des Himmels und der Erde. Die Früchte der Geduld, der Sanftmuth, der Leutseligkeit[35] sind die Zufriedenheit, der Friede und das Glück. Welche Sünde thun und Unrecht[36], sind Feinde ihrer Seele. Der Neid ist ein Begleiter der Tugend und des Ruhmes. Das Reich Gottes ist ein Reich des Lichtes und des Friedens.

[1]dějepis, děijny [2]obraz [3]poslušnosť [4]hluk [5]vír [6]rozkoš [7]udusiti, It. VIII. [8]host [9]obraz [10]poddaný [11]rozmar [12]hra [13]kořisť [14]tah [15]osud [16]lampa [17]sůl [18]pot [19]blahobyt [20]prozřetelnosť [21]mstitel [22]zapomnětlivosť [23]obyčejně [24]zachovati, It. VII. [25]ze [26]vzdálí [27]zujíkání [28]prozraditi It. VIII. [29]úmysl [30]žalobník [31]postačiti [32]výmluva [33]osten [34]stvořitel [35]přívětivosť [36]nepravosť.

29.

Der Genitiv des Plurals wird vom Nominativ des Plurals auf dreifache Art gebildet:

1. Man wirft den Nominativ-Ausgang weg, und kürzt den Stammvokal namentlich bei zweisilbigen Substantiven; z. B. rány die Wunden, Genitiv ran, mouchy die Fliegen, Genit. much. Sollten durch die Weg-

werfung des Nominativ-Ausganges mehrere Konsonanten zusammenkommen, so schiebt man ein -e- ein, z. B. jádra die Körner, Genitiv jader, svatby die Hochzeiten, Genitiv svateb.

Auf diese Art bilden den Genitiv:
a) alle Neutra und alle Feminina der starken Deklinazion, also ryb, slov. Ferner:
b) alle Feminina der schwachen Deklinazion mit den Bildungssilben -ice, -ile, -yně, z. B. slepice Genitiv slepic, košile Genit. košil, přítelkyně Genit. přítelkyň.
c) Die Ortsnamen nebst einigen andern männlichen Substantiven der starken und schwachen Deklinazion, als: Dobřany Genitiv Dobřan, Budějovice — Budějovic, peníze — peněz, přátelé — přátel, lokte — loket, tisíce — tisíc.

2. Man setzt an die Stelle des Nominativ-Ausganges den Ausgang -ů oder -ův, z. B. holubi Genit. holubův, muži Genit. mužův ɔc.

Diesen Genitiv haben alle Maskulina der starken und schwachen Deklinazion ohne Ausnahme.

3. Man setzt an die Stelle des Nominativ-Ausganges die Endung -í, z. B. kosti Genit. kostí, země Genit. zemí, znamení Genit. znamení.

Diesen Genitiv haben:
a) Alle Feminina der schwachen Deklinazion.
b) Alle Neutra der schwachen Deklinazion, wenn sie nicht in die starke übergehen.
c) Alle Feminina der Einzelndeklinazion.
d) Alle Substantiva kontrakta.

Koruna[1] starcův jest mnohé umění a sláva jejich (ihr) bázeň Boží. Dobrá vůle chleba jídá, zlá ani koláčů[2] nechce. Lepšíť jest zajisté[3] poslušenství[4] nežli[5] oběti, a uposlechnouti[6] více jest nežli obětovati tuk[7] skopců[8]. Věnce[9] reků[10] vadnou během (im Laufe) času jako květ stromů a květin. Zpěv[11] skřivanů[12] a slavíků[13] a vrkání[14] holubů jest nám (uns) milé, ale škohrtání[15] žab[16] a krákání[17] vran[18] a vytí kulichů[20] a sýčků[21] bývá nám protivné[22]. Náboženství, dcera nebes, jest věrný[23] průvodce lidí. Lépe se hodí[24] dobré svědomí[25] nežli plné opasky peněz. Jakož tělo bez ducha mrtvo jest, tak i víra bez skutků mrtva jest. Kdo se mnoha*)

---

*) Die Nomina, welche eine unbestimmte Menge anzeigen, namentlich mnoho, málo, kolik, několik können auch als Substantiva angesehen und als solche, wie es ihr Auslaut ausweist, dekliniert werden.

cest[27] chytá[28], nejde lcč bloudí. Kdo u[29] cesty staví[30], mnoho
mívá nepřátel. Dobré jmeno rodičů[31] jest nejlepší dědictví. Kdo
domácí pokoj ruší[32], jest nepřítel lidí. Požehnání otcovo utvrzuje[33]
domy synů: zlořečení[34] pak mateřino z kořene[35] vyvrací[36] zákla-
dy[37]. Síla jest mladíků rozkoš, šediny[38] jsou starců okrasa[39], a
hodné děti jsou rodičů veselí[40]. Užitek slepic[41] jest značně[42] veliký. Žloutek[43] vajec*)[44] jest záživnější[45] než bílek[46]. Pravda a
spravedlnosť jsou nejhlavnější podpory[47] státu[48]. Více sluší Boha
poslouchati než lidí. Řekové[49] jsou učenníci Asiatův a Egyptčanův,
Římané[50] jsou zase učenníci Řeků, a my všickni jsme zas učenníci
Římanův a Řekův. Dobré svědomí nepotřebuje mnoho svědků. Kde
jest mastná[51] kuchyně[52], tu much[53] sletí[54] velmi mnoho. Všickni
časové vždycky dobří jsou; ale lidé časův zle požívají[55]. Mnoho
řemesel[56] málo chleba. Smrť nemá ani kalendáře[57] ani hodin[58].
Kdo se zdržuje od sváru, umenšuje hříchů. Jazyka žádný z lidí
zkrotiti[59] nemůže, on jest nepokojné zlé. Řeč jest divuplný[60] a
vzácný dar nebes.

[1]Die Krone [2]der Kuchen [3]in der That [4]der Gehorsam [5]das
Opfer [6]gehorchen [7]das Fett [8]der Hammel [9]der Kranz [10]der Held
[11]der Gesang [12]die Lerche [13]die Nachtigall [14]das Girren [15]das
Quacken [16]der Frosch [17]das Krächzen [18]die Krähe [19]das Heulen
[20]das Käuzchen [21]die Todteneule [22]widerwärtig [23]treu [24]passen, taugen [25]das Gewissen [26]der Gürtel [27]der Weg [28]ergreifen, wählen
[29]am [30]bauen [31]die Aeltern [32]stören [33]befestigen [34]der Fluch [35]von
der Wurzel aus [36]zerstören [37]der Grund [38]graues Haar [39]die Zier
[40]die Luft [41]die Henne [42]sehr, merklich [43]der Dotter [44]das Ei [45]ver-
daulich [46]das Eiweiß [47]die Stütze [48]der Staat [49]der Grieche [50]der
Römer [51]fett [52]die Küche [53]die Fliege [54]zusammenfliegen [55]gebrau-
chen, anwenden [56]das Handwerk [57]der Kalender [58]die Uhr [59]zähmen
[60]wundervoll.

30.

Der Himmel ist die Heimath[1] der Seelen. Wer dir (tobě) viele
Neuigkeiten[2] zuträgt, trägt auch viele Neuigkeiten aus dem Hause.
Die Fehler der Kinder sind selten so unbedeutend[3], als oft die Aeltern
meinen[4]. Viele abergläubische[5] Menschen sehen[6] eine Sonnen- und
Mondesfinsterniß[7] als[8] einen Unglücksboten[9] an; halten Bäume, Ge-
sträuche[10] und Steinhaufen[11] für Ungeheuer[12]; das Geschrei der Eulen

---

*) Vejce bildet den Genitiv des Plurals unregelmäßig vajec.

klingt[13] ihnen (jim) wie Sterbegeläute[14]. Die Gesetze sind die besten Beschützer[15] der Bürger. Die Werke[16] der Natur sind viel künstlicher als alle Werke der Künstler[17]. Ist Gott allein der Juden[18] Gott? Ist er nicht der Heiden[19] Gott? Ja wohl, auch der Heiden Gott. Nur jener ist allein, der ohne Freunde ist. Ein frommes Leben ist der sicherste Weg in den Himmel. Tugend ist das einzige wahre Gut, das nicht von der Macht des Glückes und den Befehlen des Königs abhängt[20]. Wer Gott nicht fürchtet, der schämt[21] (Genit.) sich auch vor den Menschen nicht. Es ist besser ohne Geld als ohne Freunde zu leben. Die Beredsamkeit bedarf vieler Worte, die Weisheit hat an wenigem (na mále) genug. Keine Sünde hat so viel Ausreden[22] als der Geiz. Die Geduld ist ein Arzneimittel, das zwar nicht heilt[23], aber doch die Leiden[24] wenigstens[25] mindert[26] (Genit.). Keine Rose ist ohne Dornen.[27] Kindeskinder[28] sind die Krone der Greise und Väter sind die Ehre[29] ihrer (jejich) Söhne. Wer sparen[30] will, muß vom Munde[31] anfangen[32]. Die Noth ist die Mutter der Helden, die Erzieherin[33] der Weisen. Stolz und Anmaßung sind die sichersten Kennzeichen[34] der Thoren. Es ist besser ohne Kinder[35] zu sterben als gottlose Kinder zu hinterlassen[36].

[1]otčina [2]noviny [3]nepatrný [4]domnívati se [5]pověrečný [6]povážiti, It. VIII. [7]zatmění [8]za [9]posel — [10]křoví [11]kámen, hromada [12]obluda [13]zníti [14]hrana [15]ochrance [16]výtvor [17]umělec [18]Žid [19]pohan [20]záviseti [21]styděti se [22]výmluva [23]hojiti [24]utrpení [25] aspoň [26]umenším [27]trn [28]syn — syn [29]sláva, česť [30]spořiti [31]ústa (neutr.) [32]začíti [33]pěstounka [34]znak [35]dítě hat im Plur. děti und geht somit nach kosť, [36]zůstaviti po sobě.

31.
Adjektiva im Genitiv.

I. Adjektiva mit dem bestimmten Ausgang.

Diese Adjektiva haben im Genit. des Singul. männl. Geschl. -ého,

„ „ „ „ „ „ sächl. „ -ého,
„ „ „ „ „ „ weibl. „ -é.

Milé jsou zlého počátky, leč[1] konec[2] žalostný[3]. Tělo lidské jest chrám Ducha svatého. Ustavičné starosti ztrpčují[4] všecky doby života lidského. Homér praví, že krásná Helena byla první příčina dlouhé války Trojanské. Kdož jest s to[5], by vypsal[6] ouzkosť[7] a bolesť laskavé matky, když vidí, že synové a dcery od cesty svaté pravdy ustupují[8]. Králodvorský[9] rukopis[10] obsahuje[11] nejstarší památky[12] českého básnictví[13]. Nepředloženosť[14] mladého věku bývá zhusta[15] pramen mnohého neštěstí. Střídmosť, pohybování[16] těla a pokoj duše jsou nejjistější základové[17] stálého zdraví. Žádný nemůže předvídati[18] poslední den aneb poslední hodinu[19] svého života. Bázlivec[20] i svého stínu se leká[21]. Bližní tvůj jest každý, kdož tvé pomoci potřebuje. Zasmáti[22] se spůsobného[23] jest obyčej, chechtati[24] se nezdvořilého[25]. Každá ctnosť svého hance[26] nalézá. Pro obranu[27] pravdy nemáme se nikde a nikdy hněvu a nepřízně žádného člověka báti. Kdo Boha z celého srdce miluje, ani smrti, ani muk[28], ani soudu, ani pekla se nebojí. Bůh nehledí na osobu[29] žádného. Každý jest strůjce[30] štěstí svého. Nemoudrého, hloupého[31] a nesmyslného[32] skutek jest, bez úmyslu[33] někam[34] se nésti[35]; nerozumného[36], bláznivého[37] a šíleného[38] nenáležitých[39] věcí žádati; pošetilého[40] a vzteklého[41] nemožné[42] věci na se bráti[43]; nezkušeného[44] (nezběhlého) a nerozvážlivého[45] zanedbávati[46] příhodnosť[47]. Zlosyn[48] každého chřestu[49], i svého stínu se bojí. Všickni dnové chudého zlí jsou; ale dobré svědomí jest ustavičné hodování[50]. Bůh velice nenávidí život chudého pyšného, bohatého lživého[51] a starce pošetilého a nerozumného.

[1]allein [2]das Ende [3]kläglich [4]verbittern [5]vermag, ist im Stande [6]beschreiben [7]die Angst [8]weichen [9]Königinhofer [10]die Handschrift [11]enthalten [12]das Denkmal [13]die Dichtkunst [14]die Unüberlegtheit [15]häufig [16]die Bewegung [17]die Grundlage, der Grund [18]vorhersehen [19]die Stunde [20]der Furchtsame [21]erschrecken, fürchten [22]lachen ein wenig [23]artig [24]lachen unmäßig [25]unartig [26]der Tadler [27]der Schutz [28]die Marter [29]die Person [30]der Schmied [31]einfältig [32]unvernünftig [33]der Zweck [34]wohin [35]streben [36]thöricht [37]Narr [38]wahnsinnig [39]ungebührlich [40]aberwitzig [41]toll [42]unmöglich [43]auf sich nehmen [44]unerfahren [45]unbesonnen [46]vernachlässigen [47]die Gelegenheit [48]der Bösewicht [49]das Geräusch [50]das Festmahl [51]lügenhaft.

32.

Die Folgen[1] der Ausschweifungen[2] sind: Armut, Verlust der Gesundheit und des guten Rufes. Die Mäßigkeit ist die Quelle einer festen Gesundheit. Deines Körpers Leuchte ist dein Auge. Wer den Willen meines Vaters thut, spricht der Herr, der ist mein Bruder, meine Schwester. Der Hunger blickt[3] zuweilen[4] in die Thüre[5] des Arbeitsamen, aber er wagt[6] es nicht hineinzugehen[7]. Ein weiser Sohn ist seines Vaters Freude, und eine thörichte Tochter ist ihrer Mutter Gram.

Nur wenige⁸ Ueberbleibsel⁹ verkündigen¹⁰ den Ruhm des alten Wyšehrad. Es ist Pflicht eines jeden rechtschaffenen Bürgers für das Wohl seiner Vaterstadt¹¹ zu sorgen. Wer seinen Vater ehret, wird lange leben, und wer seinem Vater gehorcht, erquicket¹² seine Mutter. Weder der Ehrgeizige¹³ noch der Heuchler¹⁴ ist wahrer Freundschaft fähig¹⁵. Der deiner Hilfe bedarf, ist dein Nächster. Der Tadel des Weisen ist besser, als das Lob der Thoren. Die Zunge des Gerechten ist reines Silber, des Gottlosen Herz aber ist nichts wert. Das Herz des Weisen sucht Belehrung, aber der Thoren Freude ist die Thorheit. Die Früchte eines ehrbaren¹⁶ Wandels¹⁷ sind die Furcht des Herrn, Reichthum, Ehre und Leben. Von Gott abfallen¹⁸ ist der Anfang des menschlichen Hochmuths. Vergiß den Armen nicht, wenn du einen fröhlichen Tag hast.
¹následek ²prostopášnosť ³hleděti ⁴časem, někdy ⁵dveře ⁶opovážiti se ⁷vejdu ⁸málo ⁹pozůstatek ¹⁰zvěstovati ¹¹domov ¹²občerstviti ¹³ctižádostivý ¹⁴pokrytec, ¹⁵schopen ¹⁶počestný ¹⁷život, obcování ¹⁸odpadnu.

33.

Objektiva mit dem bestimmten Ausgang haben im Genitiv des Plurals für alle drei Geschlechter -ých.

Země studených pásem¹ mají nejdelší dny ale i nejdelší noci. Srdce moudrých bývá tu, kde jest zármutek, ale srdce bláznů tu, kde jest veselí. Jediný šťastný den přivádí² v zapomenutí³ dlouhou řadu⁴ odporných⁵ osudů. Jen málokteří⁶ lidé znají nesčíslná jména čtvernohých⁷ zvířat. Krása barev duhových⁸ jest velkolepá⁹. Malá jiskra¹⁰ bývá často příčina velkých ohňů. Lék hojí neduhy¹¹ tělesné¹², moudrosť ale osvobozuje¹³ ducha z bouřlivých¹⁴ vášní¹⁵. Bujna půda¹⁶ některých¹⁷ krajin českých a moravských přináší velké množství¹⁸ rozličných¹⁹ plodů²⁰ přírody. Jazyk moudrých ozdobuje²¹ umění, ale ústa²² bláznů pronášejí²³ bláznovství. Světlo voskových²⁴ svící²⁵ jest čistší než světlo svíček²⁶ lojových²⁷. Často malé věci velkých jsou příčina. Povaha²⁸ starých Čechů byla přímá²⁹ a upřímná. Mnozí lidé dobře znají své činy vymlouvati³⁰, ale výmluvy jiných přijímati nechtí. Bez ušlechtilých³¹ mravů a upřímné vlídnosti³² ani ten největší mudrc za nic nestojí. Strašidel³³ se báti nepotřebujem, protože žádných není. Blažený život záleží³⁴ z činů dobrých. Rtové spravedlivého mluví libé věci : ale ústa bezbožných převrácené³⁵. Jistý velký sluha³⁶ Boží tvrdil (behauptete), že jest ráj sídlo chudých, pronásledovaných[37], pokořených[38] a zarmoucených, jacíž jsou všickni svatí, jmenovitě[39] svatí mučenníci[40]. Smrť jest od nemoci, nemoc od zlých vlhkostí[41], vlhkosti zlé od nezažívání[42], nezažívání od zbytečností[43], že se tak mnoho do žaludku[44] cpá[45] a leje, že převařovati[46] stačiti[47] nemůže.

[1]der Gürtel [2]bringen [3]die Vergessenheit [4]die Reihe [5]widrig [6]wenig [7]vierfüßig [8]der Regenbogen [9]prächtig, majestätisch [10]der Funke [11]die Krankheit [12]körperlich [13]befreien [14]stürmisch [15]die Leidenschaft [16]der Boden [17]mancher [18]die Menge [19]mannigfaltig [20]die Frucht, das Erzeugnis [21]zieren [22]der Mund [23]vorbringen [24]Wachs [25]die Kerze, das Licht [26]die Kerze [27]Inslicht= [28]der Charakter [29]gerad [30]entschuldigen [31]edel [32]die Freundlichkeit [33]das Gespenst [34]bestehen [35]verkehrt [36]der Diener [37]der Verfolgte [38]der Gedemüthigte [39]namentlich [40]der Martyrer [41]die Feuchtigkeit [42]die Unverdaulichkeit [43]der Ueberfluß [44]der Magen [45]stopfen [46]kochen [47]ausreichen, zureichen.

34.

Die Nüchternheit ist eine Enthaltung von überflüssiger Nahrung. Das Leben vieler Menschen ist oft nichts als eine stäte Mühsal[1] und Drangsal. Die Geschichte der griechischen[2] Staaten enthält eine große Menge berühmter Namen. Die steilen Gipfel[3] hoher Berge deckt[4] ein ewiger Schnee[5]. Du sollst lieber ernste[6] Reden alter Männer anhören als leichtsinnige Scherze[7] junger Thoren. Johannes von Gott[8] war der Stifter[9] des Ordens der barmherzigen Brüder. Das Lob der Guten ist der Widerhall[10] der Tugend. Der Zorn ist die Quelle unzähliger Uneinigkeiten und Zänkereien. Den Tod, das Ende aller (všech) irdischen Dinge, fürchtet der Tugendhafte nicht. Der Herr ist ferne[11] von den Gottlosen, allein die Gebete der Gerechten erhört er. Wahre Weisheit ist Erkenntnis[12] göttlicher und menschlicher Dinge. Herrenkrankheit[13] ist der Armen[14] Gesundheit. Das Herz des Ruchlosen[15] trachtet[16] nach Bösem[17] (Genit.): ein aufrichtiges Herz nach Weisheit. Das Gebet der Demüthigen bringt durch die Wolken. Die Unreinlichkeit ist die Ursache von vielen, besonders ansteckenden[18] Krankheiten. Eine träge Hand bringt[19] Armut, die Hand der Thätigen aber erwirbt[20] Reichthümer. Der Gerechte sorgt auch um das Leben seines Viehes[21], das Herz des Gottlosen aber ist grausam[22]. Der Ruhm der Reichen, der Großen und der Armen ist die Furcht Gottes. Ein gottesfürchtiger Sohn ist besser als tausend*)[23] gottlose[24] Kinder.

*) Die Grundzahlwörter von 5 an sind eigentlich Substantiva feminina; allein diesen

[1]svízel [2]řecký [3]temeno [4]krýti [5]sníh [6]vážný [7]žert [8]Boží [9]zakladatel [10]ohlas [11]dalek mit dem Genit. [12]poznání [13]panský — choroba [14]ubohý [15]nepravý [16]žádostiv býti [17]zlá věc [18]nakažlivý [19]působiti [20]dobudu [21]dobytek [22]ukrutný [23]tisíc [24]bohaprázdný.

35.

II. Adjektiva kontrakta.

Alle Adjektiva kontrakta und alle Komparative, Superlative und alle Partizipia des Präsens haben im Genitiv des Singulars
Mask. und Neutr. -iho
Femin. -i.
Im Plural haben sie für alle drei Geschlechter -ich.

Lepší rány[1] milujícího[2], nežli lstivé[3] líbání[4] nenávidícího[5]. Moudrý člověk hledí svého a cizího si nevšímá. Pohodlno[6] z cizí kůže řemeny[7] krájeti[8]. Mnozí lidé jsou jako slepice: pro zrnéčko[9], pro červíka[10] rozhrabou[11] hromady[12] — štěstí bližního. Jako nejistá jest hodina[13] dnešního dne, tak nejistá jest hodina smrti. Kdo poslouchá rady zkušenějších osob, moudrý bude. Nezhřeší, kdo se bojí budoucího soudu Božího. Zákonů Božích moudrosť kdož zapírati[14] může? Polní[15] půdy poloha[16] severní není tak prospěšná jako jižní, západní a východní. Čím[17] kdo moudřejší, tím[18] větších nedokonalostí[19] do sebe (an sich) znamená, a protož tím jest pokornější. Z ruky Boží máme bez rozdílu[20] dobré i zlé, sladké i trpké[21], veselé i smutné přijímati. Nic není lepšího jako bázeň Boží a nic sladšího jako zřetel[22] míti na přikázání Páně. Nejlepší struny[23] se dělají (werden gemacht) z tenkých střev[24] ovčích, jehněčích[25], kamzičích[26], kozích, kočičích[27].

[1]der Schlag [2]liebend [3]listig, betrügerisch [4]der Kuß [5]hassend [6]jequem [7]der Riemen [8]schneiden [9]das Körnchen [10]das Würmchen [11]auseinanderscharren [12]der Haufe, die Menge [13]die Stunde [14]leugnen [15]der Ader [16]die Lage [17]je [18]desto [19]die Unvollkommenheit [20]der Unterschied [21]bitter [22]die Rücksicht [23]die Saite [24]der Darm [25]das Lamm [26]die Gemse [27]die Katze.

36.

Wer rühmlich handelt, weil er keinen Bessern über sich (nad sebou) sehen will, ist aus der schlimmsten Neigung[1], aus Neid gut.

---

substantivischen Charakter behalten sie gegenwärtig nur im Nom. und Akkusativ. Hieraus läßt sich der Genitiv, den sie in diesem Falle regieren, erklären.

Ein Freund Gottes ist, wer den Geboten Gottes (Genit.) gehorsam
ist. Demuth ist die Anerkennung² eigener Unvollkommenheit. Aus den
Gemeinde=Einkünften³ sollten (měly by) auch die Gemeinde=Bedürfnisse⁴,
wie die Bedürfnisse der Kirchen und Schulen bestritten werden⁵. Die
Annehmlichkeit⁶ eines Frühlingstages macht, daß wir gerne die Stürme⁷
vieler Winternächte vergessen⁸. Die Fruchtbarkeit⁹ des heurigen¹⁰
Jahres¹¹ ist nicht so groß, als die Fruchtbarkeit des vorigen¹² Jahres
war. Manche vergleichen¹³ den Glanz¹⁴ des Morgenthaues¹⁵ mit
dem Glanze (lesku) des Regenbogens¹⁶. Nichts*) ist theuerer¹⁷ auf
der Welt (na světě) und nichts wohlfeiler¹⁸ als die Zeit. Das Ge=
wand¹⁹ ist oft ein Zeichen der menschlichen Gesinnung. Des Armen
Trost²⁰ ist die Hoffnung auf Gott, des Unglücklichen Trost ist der
Glaube an das künftige bessere Leben; des unbarmherzigen Reichen
Trost ist sein Geld. Der Fleiß ist die Mutter des bevorstehenden²¹ Glückes.
Wer sich vor kleinen Fehlern²² nicht hütet²³, fällt allmählich in größere.

¹náklonnosť ²uznání ³důchod obecní ⁴potřeba ⁵zapraviti se
⁶příjemnosť ⁷bouř ⁸zapomenu ⁹úrodnosť ¹⁰letošní ¹¹rok, léto ¹²lon-
ský ¹³přirovnávati, ¹⁴lesk ¹⁵rosa ¹⁶duha ¹⁷drahý ¹⁸laciný ¹⁹šat,
oděv ²⁰útěcha ²¹nastávající ²²úhona ²³varovati se.

37.

III. Adjektiva possessiva.

Die Adjektiva possessiva gehen im Genitiv des Singulars wie die
Substantiva der starken Deklinazion, im Plural wie die Adjektiva mit
dem bestimmten Ausgange.

Anmerkung. Wenn der possessive Genitiv eine Bestimmung hat, oder
wenn sich auf denselben ein Relativum bezieht, oder wenn er im Plural
steht, oder wenn man ihn besonders hervorheben will: so wird auch im
Böhmischen der possessive Genitiv und nicht ein Adj. poss. gesetzt.

Hrad¹ Tetín má jméno od Tety, sestry Libušiny. Kdo nedbá
moudré rady otcovy a nevšímá si rozšafných² řečí matčiných, sám
si škodí. Do Karlových Varů³ přicházívají cizinci⁴ téměř ze všech
(aus allen) dílů⁵ světa. Oběť Melchisedechova byla obraz oběti Kri-
stovy. Ctnosti svatého Vojtěcha, syna Slavníkova, jsou podivu⁶
i chvály hodny. Rány od jazyka utrhačova⁷ jsou bolestnější⁸ než
rány od meče vojínova. Jakož nemožno z kalužiny čisté vody na-
brati⁹, tak i nemožno z huby lichometníkovy¹⁰ čisté pravdy se do-

---

*) Nic wird immer als Substantiv angesehen mit der Ergänzung im Genitiv.

věděti¹¹. Nechceš-li na mizinu¹² přijíti, varuj se (nimm dich in Acht) domu lichvářova¹³. Povinnosť bojovníka Kristova jest následovati práporu Kristova.

¹Die Burg ²vernünftig ³Karlsbad ⁴der Fremdling ⁵der Theil ⁶die Bewunderung ⁷der Verleumder ⁸schmerzlich ⁹schöpfen ¹⁰der Schmeichler ¹¹erfahren ¹²das Elend ¹³ der Wucherer.

38.

Seid eingedenk¹ der Ermahnungen des Vaters und vergesset (nezapomínejte) nie die Bitten der Mutter. Nach Neuhaus² führt der Weg von Prag³ über⁴ Tabor. Wer seine Pflicht thut, braucht sich nicht vor dem Zorne des Lehrers zu fürchten. Der Inhalt⁵ sehr vieler Psalmen⁶ Davids ist außerordentlich⁷ rührend⁸. Die Lage des Gartens der Schwester ist viel schöner als die Lage der Gärten der Tante. Der Scharfsinn⁹ und die Weisheit der Libuša, Kroks jüngster Tochter, waren größer als der Scharfsinn und die Weisheit ihrer (jejich) älteren Schwestern Teta und Kaša. Wer vom Gesetze Christi weicht, weicht von seinem Heile.

¹pamětliv ²Jindřichův Hradec ³Praha ⁴přes ⁵obsah ⁶žalm ⁷velice ⁸tklivý ⁹rozum, vtip.

39.
Dativ.

1. Die Maskulina und die Neutra der starken Deklinazion haben im Dativ des Singulars -u*), die Feminina aber -ě**).
2. Alle übrigen Deklinazionen haben im Dativ des Singulars -i.
3. Die Kontrakta haben -í.

Lví jazyk podobá¹ se pilníku². Někdy bývá pokrm jazyku příjemný, žaludku ale škodí. Lháři nikdo nevěří. Co jest císařovo³ jsme povinni dáti císaři, a což Božího jest, Bohu. Co slušno jest, to se hodí času***) i osobě. Zlá rada bývá rádci nejhorší. Měsíc jest zemi bližší než slunce. Moudrý muž nepropůjčuje⁴ ucha svého pochlebenství, pomocníku nešlechetnosti. Kde káže⁵ žena muži, ovce beranovi⁶, kráva volu, běda⁷ tomu (diesem) domu. Kdo snu⁸ věří, stín chytá. Pokrmové nad míru⁹ jedení¹⁰ škodí tělu i duši.

---

*) Die Nomina propria und belebten einsilbigen Substantiva haben im Dativ gern -ovi.
**) Welchen Einfluß das -š auf den unmittelbar von ihm stehenden Konsonanten hat, ist bekannt.
***) Der Dativ commodi oder incommodi steht im Deutschen gar oft an die Frage für wen? oder wozu?

Sedlákovi náležejí vidle[11], knězi[12] bible[13]. Oheň jest protiven vodě, voda ohni. Nevíš li, že má noha[14] v dativu (im Dativ) jednotného čísla[15] noze, pýcha pýše, ruka ruce, pravda pravdě, řeka řece, koza[16] koze, moucha mouše, kosa[17] kose? Děvčeti nejlépe stydlivosť[18], čistota, zbožnosť[19] a jemnosť[20] sluší. Vlk jest podoben psu, sob[21] jelenu[22], levhard[23] tigru[24], mezek koni, zajíc[25] králíku[26]. Mouše přináší muchomůrka[27] smrť. Proti*) věku není léku. Pokora jest proti pýše, střídmost proti lakomství, trpělivosť proti hnevu, láska proti závisti. Důvěrně ten smrti vstříc hleděti může, který nábožně živ jest. Co oko tělu, to svědomí duši. Kdo proti nebi plije[28], na tvář jeho (ſein) se slina[29] vrací[30] a padá. Voda se potřebuje na mytí[31], k praní[32], ke koupání[33], k vaření[34], k pití[35], na zalívání[36] atd. Čechy hraničí[37] k východu[38] na Moravu[39], k západu[40] na Bavory[41], k severu[42] na Sasy[43], k jihu[44] na Rakousy[45]. Bídný člověk, kdo se k pomstě nakloniti[46] dá. Mzdu[47] zaslouženou[48] dělníku[49] zadrželi[50] jest hřích do nebe volající[51]. Člověk ku tváři, ale Bůh k srdci hledí. Bratr bratru jako silná věž. Oběť Bohu příjemná jest duch skormoucený[52]. Počátek cesty dobré činiti spravedlnosť: a tať jest příjemnější Bohu nežli obětovati oběti. K pomstě nebudiž kvapen nikdy. Jako mol[53] roucho[54] a červ dřevu: tak zármutek člověka škodí srdci jeho. Lež jest druhý stupeň[55] ku křivdě, jakož dělání[56] dluhů první. Chceš-li dobře pochoditi[57], času hověti[58] musíš. Bláznu a dítěti nejspíš se hodí pravdu pověděti. Zlá příležitosť a společnosť vede k zahynutí[59]. Oběti bezbožných ohavné jsou Hospodinu; ale slibové[60] spravedlivých líbí se jemu (ihm). K hněvu jest otci syn blázen, a k žalosti matce. Budiž každý člověk rychlý k slyšení[61]; ale zpozdilý k mluvení[62] a zpozdilý k hněvu.

[1]ähnlich ſein [2]die Feile [3]der Kaiſer [4]leihen [5]befehlen [6]der Widder [7]welche [8]der Traum [9]das Maß [10]genoſſen [11]die Miſtgabel [12]der Prieſter [13]die Bibel [14]der Fuß [15]die Zahl [16]die Ziege [17]die Senſe [18]die Verſchämtheit [19]die Frömmigkeit [20]der Zartſinn [21]das Renn=thier [22]der Hirſch [23]der Leopard [24]der Tiger [25]der Haſe [26]das Kaninchen [27]der Fliegenſchwamm [28]ſpucken [29]der Speichel [30]ſich wen=

---

*) Folgende Präpoſitionen regieren den Dativ:
k, ke, ku zu, gegen, nach;
proti, naproti, vstříc, wider, gegen, entgegen;
po auf, nach Art, wird gerne mit ſubſtantiviſch gebrauchten Beiwörtern verbunden;
z. B. po dobru in Güte; po česku auf Böhmiſch.

ben ³¹das Waschen ³²Wäsche waschen ³³das Baden ³⁴das Kochen ³⁵das Trinken ³⁶das Begießen ³⁷gränzen ³⁸Osten ³⁹Mähren ⁴⁰Westen ⁴¹Baiern ⁴²Nord ⁴³Sachsen ⁴⁴Süd ⁴⁵Oesterreich ⁴⁶bewegen ⁴⁷der Lieblohn ⁴⁸verdient ⁴⁹der Arbeiter ⁵⁰vorenthalten ⁵¹schreiend ⁵²zerknirscht ⁵³die Schabe ⁵⁴das Kleid ⁵⁵die Stufe ⁵⁶das Machen ⁵⁷gut fahren, ankommen ⁵⁸abwarten ⁵⁹das Verderben ⁶⁰das Gelübde, das Versprechen ⁶¹das Hören ⁶²das Reden.

40.

Der Mund, der gerne lügt, tödtet die Seele, und die Lüge macht, daß die Menschen oft der Wahrheit nicht trauen. Was vom Herzen geht, geht wieder zum Herzen. Viele Thiere sind einander sehr ähnlich. So ist z. B. dem Rennthier ähnlich der Hirsch, dem Leoparden der Tiger, dem Maulesel das Pferd, dem Hasen das Kaninchen, und der Mensch ist dem Körper nach¹ dem Affen², der Seele nach aber Gott ähnlich. Wenn jedoch der Mensch sündiget, so wird er Gott, der ohne Sünde ist, unähnlich, und wird ähnlich dem bösen (zlému) Geiste, dem Vater der Sünde. Wem wollet ihr ähnlich sein, Gott, dem Vater der Gnade, oder dem Teufel, dem Vater der Sünde? Ein gutes Gewissen ist dem Menschen angenehmer als der größte Reichthum. Oft ist der Tadel dem Schüler nützlicher als das Lob. Wer einem Narren die Weisheit empfiehlt³, begeht⁴ selbst eine thörichte Handlung. Nichts ist dem Jüngling verderblicher⁵ als der Müßiggang; denn der Müßiggang, sagt das Sprichwort⁶, ist aller (všech) Laster Anfang. Dem Menschen soll ein Wort gelten⁷ wie ein Schwur⁸. Freude, Mäßigkeit und Ruh schließt⁹ dem Arzt¹⁰ die Thüre zu. Die Andacht¹¹ des Herzens gefällt Gott. Ein Mädchen¹² ohne Sittsamkeit¹³ gleicht einer Rose ohne Duft¹⁴. Der Mensch ist zur Arbeit erschaffen wie der Vogel zum Fluge¹⁵. Ohne Glauben ist es unmöglich Gott zu gefallen. Reine Luft¹⁶ ist dem Menschen eben so nothwendig, wie dem Fische das frische, reine Wasser. Zur Tugend ist ein mühe=¹⁷ und arbeitsvoller¹⁸ Weg. Arbeit ist die beste Waffe¹⁹ gegen das Laster²⁰. Wie der Körper der Seele dient²¹, so sollen die Begierden der Vernunft dienen. Barmherzigkeit²² üben²³ und Recht gefällt dem Herrn besser als Opfer. Der wahre Adel²⁴ beruht²⁵ nicht am Reichthume, welcher mehr zur Schlechtigkeit²⁶ und Bosheit²⁷ reizt²⁸ als zum Edelmuth²⁹ und Tugend. Gegenwärtig³⁰ gleicht der Schmeichler dem Lamme; aber abwesend ist (budiž) er dem Wolfe zu vergleichen³¹.

¹dle ²opice ³poroučeti ⁴dopustiti ⁵záhubný ⁶přísloví ⁷býti ⁸přísaha ⁹zavříti ¹⁰lékař ¹¹zbožnost ¹²děvče ¹³mravnosť ¹⁴vůně ¹⁵let ¹⁶povětří ¹⁷úsilný ¹⁸pracovitý ¹⁹zbraň ²⁰nepravost ²¹sloužiti ²²milosrdenství ²³činiti ²⁴urození ²⁵záleželi ²⁶nešlechetnosť ²⁷zlosť ²⁸vnaditi ²⁹šlechetnesť ³⁰přítomen ³¹přirovnán.

41.

Die Maskulina der starken und der schwachen und die Neutra der starken Deklinazion haben im Dativ des Plurals -ům.

Die Feminina und Neutra der schwachen Deklinazion haben im Dativ des Plurals -im. Denselben Ausgang haben auch die Kontrakta.

Die Feminina der starken Deklinazion haben im Dat. d. Plur. -ám.

Die Feminina der Einzelndeklinazion „ „ „ „ -em.

Děti jsou rodičům povinny největší úctu¹ a lásku. Modloslužebníci² na místě Tvůrci³ tvorům⁴ se klanívají⁵. Člověk moudrý nesmí žádostem pouštěti uzdu⁶, nýbrž musí všecky chtíče⁷ podrobovati⁸ rozumu. Práce dodává⁹ sílu údům¹⁰ těla. Krev¹¹ ptáků jest teplá jako krev ssavců¹², a jako ssavcům slouží i ptákům plíce¹³ k dýchání¹⁴. Na podzim¹⁵ stromům listí vadne i opadává¹⁶. Vojny jsou lidem i zemím záhubné, neboť bojovníci hospodaří často záhubně. Dětem a bláznům neklade¹⁷ se za hřích, když pravdu mluví. Vlasť občanům¹⁸ neméně drahá vezdy býti má, jako děti rodičům. Mnozí domýšlejí se, že lidé tím více prostředkův¹⁹ mají ku slastem²⁰ a rozkošem, čím bohatší a vzdělanější²¹ jsou. Veliký národ slovanský náleží ku plemenu²² indoevropskému (indoeuropäischen), a tudíž²³ Thrákům, Řekům, Latinníkům, Vlachům²⁴, Němcům Litvanům v (in) Evropě, v Asii pak Indům, Peršanům²⁵, Médům příbuzen²⁶ jest. Mdlého²⁷ člověka srdce snadno se marnostem poddává²⁸. Nic bez práce nepřichází²⁹ lidem. K hostem³⁰ vespolek³¹ přívětivi býti máme. Ani otec k dětem jako Bůh k lidem. Dětinská chuť³² k šperkům³³ jest nebezpečné bláznovství. Strany³⁴, kteréž se soudí, podobny jsou k ptákům, radnice³⁵ čihadlu³⁶, soud síti³⁷, právní přítel čiháři³⁸. Většíť jest práce odpírati³⁹ nepravostem a náruživostem, než tělesné práce až do potu konati.

¹die Ehrfurcht ²der Götzendiener ³der Schöpfer ⁴das Geschöpf ⁵anbeten ⁶der Baum ⁷die Begierde ⁸unterwerfen ⁹geben ¹⁰das Glied ¹¹das Blut ¹²das Säugethier ¹³die Lunge ¹⁴das Athmen ¹⁵der Herbst ¹⁶abfallen ¹⁷anrechnen (passiv) ¹⁸der Bürger ¹⁹das Mittel ²⁰die Lust=

barkeit ²¹gebildet ²²die Raſſe, der Stamm ²³demzufolge ²⁴der Ita‑
liener ²⁵der Perſer ²⁶verwandt ²⁷matt, feig ²⁸ergeben ²⁹kommen
³⁰der Gaſt ³¹wechſelſeitig ³²die Luſt ³³der Putz ³⁴die Partei ³⁵das
Rathhaus ³⁶der Vogelherd ³⁷das Netz ³⁸der Vogelſteller ³⁹widerſtehen,
bekämpfen.

42.

Die Freude iſt dem Menſchen das, was Licht und Sonnenſchein¹
den Pflanzen iſt. Die ſchönſten Eigenſchaften eines Schülers² ſind:
Unſchuld, Sittſamkeit, Gehorſam und Ehrerbietung³ gegen Ältern und
Lehrer, Lernbegierde⁴, Friedfertigkeit, Ordnungsliebe⁵ und Reinlichkeit⁶.
Moſes⁷ gab (dal) den Juden, Solon den Athenern⁸ und Lykurg den
Spartanern Geſetze. Allen (všem) Obrigkeiten⁹ gebührt¹⁰ Achtung
und Gehorſam; denn ſie handhaben¹¹ Gerechtigkeit und Ordnung,
und ſorgen für Sicherheit¹² und Wohlfahrt¹³ des Landes¹⁴. Wol‑
let ihr Gott gefallen, ſo dürftet ihr nicht den Leidenſchaften den Zügel¹⁵
ſchießen¹⁶ laſſen. Groß iſt die Macht des Herrn, Länder und Meere
gehorchen ihm (jeho), er gebietet nicht nur der Sonne und den Ster‑
nen, ſondern auch den Winden und den Fluten¹⁷ des Meeres (moř‑
ským). Es iſt keine leichte Sache den Herren die Wahrheit zu ſagen.
Ein Spaßmacher¹⁸ gefällt den Leuten, aber ſie achten ihn (ho) nicht.
Wer böſe Thaten der Kinder und der Untergebenen den Aeltern und den Vor‑
geſetzten¹⁹ verheimlicht²⁰, macht ſich ihrer (jejich) Sünden theilhaftig²¹.
Die Geizigen ſind den Pferden gleich, welche Wein²² fahren²³ und
Waſſer trinken, und den Eſeln, welche Geld tragen und Diſteln freſſen.
Wer Gott untreu iſt, iſt auch den Menſchen untreu. Den Müttern
gebührt es, um die Erziehung²⁴ ihrer Kinder beſondere Sorge zu haben.
Unglücklich werden die Kinder, welche den Ermahnungen ihrer Aeltern
widerſtehen²⁵. Gott verheißt den Kindern, die ihren Aeltern gehorſam
ſind, zeitliches und ewiges Wohl. Die Hoffnung ſtärkt und erhebt²⁶
den Muth und bahnt²⁷ zu Thaten den Weg. Wahrheit iſt die Pforte²⁸,
welche zum Himmel führt.

¹slunce ²školák, žák ³uctivosť ⁴učenlivosť ⁵pořádnosť ⁶čistot‑
nost ⁷Mojžíš ⁸Athénan ⁹vrchnosť ¹⁰patřiti, náležeti ¹¹udržeti, It. VIII.
¹²bezpečnost ¹³blaho ¹⁴země ¹⁵uzda ¹⁶pustiti, It. VI. ¹⁷vlna ¹⁸šprý‑
mař ¹⁹představeným ²⁰zatajiti, It. VIII. ²¹oučasten ²²víno ²³vézti ²⁴vy‑
chování ²⁵protiviti se, It. VIII. ²⁶povznesu, It. VI. ²⁷klestiti ²⁸brána.

43.
Adjektiva im Dativ.

1. Adjektiva mit dem bestimmten Ausgange haben im Dativ des Sing. Mask. und Neutr. **-ému**.
   Femin. **-é**.
2. Adjektiva kontrakta, ferner die Komparative und die Superlative haben im Mask. und Neutr. **-ímu**.
   Femin. **-í**.

Ani nemocnému zlaté lůžko[1], ani hlupci[2] štěstí neprospívá. Kdo nešlechetnému ustupuje, uráží[3] tím (daburch) šlechetného. Neutrhejtež*) (läftert nicht) jeden druhému, bratří! Kdo utrhá bratru, aneb kdo soudí bratra svého, utrhá zákonu a soudí zákon. Lvu zdechlému[4] snadno vytrhati[5] bradu.[6] Člověku ctnostnému jest každý nakloněn[7]; ale cesta k ctnosti jest každému otevřena. Každému člověku, spravedlivému i bezbožnému, dobrému i zlému, nevinnému i hříšnému jest souzeno[8] umříti. I muži nejmoudřejšímu udá[9] se, že někdy klesne[10]. Lživá ústa vlastnímu pánu úklady[11] strojí[12]. Poskytnouti[13] lačnému[14] kus[15] chleba zákon přirozený velí[16]. Jinak[17] se modlíme[18] k Bohu, jinak k rodičce[19] Boží. Chceš-li drahé vlasti své prospěti, nesmíš k hlasu jejímu (ihrer) hluch[20] býti. Člověk jest povolán [21] k trpení[22] a k práci, a ne k zahálce a ničemné[23] rozprávce[24]. Hřích jest vždy proti zákonu Božímu. Bůh dal (gab) každému zvířeti jakous[25] zbraň: včele[26] dal žíhadlo[27], lvu sílu, člověku ale dal rozum. Těžko jest zvyklému[28] odvykati[29]; ale mnohem tíže své vlastní vůli na odpor[30] býti. Podle činův každý se tovaryší[31]; věrný k věrnému, dobrý k dobrému, zlý k zlému, nebo každý k sobě (ihm) podobné miluje. Duši lidské nad hřích nic není škodnějšího. Nižádná[32] netečnosť[33] povinnosti a danému[34] slovu překážeti[35] nemá. Hluchému snadno housti[36]. Soudce má vésti pravdu chudému jako bohatému. Lépe vinnému odpustiti[37], než nevinného kárati[38]. Proti své krvi bojuje[39], kdo svůj národ nemiluje. Jak šíp[40] a meč a střela[41] ostrá[42], tak jest člověk ten, kterýž mluví proti bližnímu svému křivé svědectví. Lakomý méně věří Bohu než svému měšci[43].

*) Folgende Verba verlangen im Böhmischen ihre Ergänzung im Dativ: utrhovati läftern; učiti lehren, z. B. hudbě Musik; rozuměti verstehen; věřiti slovům glauben; zlořečiti fluchen; dobrořečiti segnen; smáti se lachen; diviti se sich wundern; radovati se sich freuen; hájiti und brániti wehren; překážeti hindern; ublížiti beleidigen; nadáti se hoffen, erwarten.

Sukně⁴⁴ jest oděv⁴⁵ těla, a tělo oděv duše, jedno druhému podobno jest. Kdo se mocnosti protiví, Božímu zřízení⁴⁶ se protiví.

¹das Lager, das Bett ²der Dummkopf ³beleidigen ⁴todt ⁵herausreißen ⁶der Bart ⁷geneigt ⁸bestimmt ⁹treffen, begegnen ¹⁰fallen ¹¹die Nachstellung ¹²bereiten ¹³darbieten ¹⁴hungrig, nüchtern ¹⁵das Stück ¹⁶befehlen ¹⁷anders ¹⁸beten ¹⁹die Gebärerin ²⁰taub ²¹berufen ²²Leiden ²³unnütz ²⁴das Reden, das Plaudern ²⁵irgend ein, ein gewisser ²⁶die Biene ²⁷der Stachel ²⁸angewöhnt ²⁹sich entwöhnen ³⁰widerstehen ³¹sich gesellen ³²kein ³³die Gleichgiltigkeit ³⁴gegeben ³⁵hinderlich sein ³⁶geigen ³⁷vergeben ³⁸strafen ³⁹kämpfen ⁴⁰der Pfeil ⁴¹das Geschoß ⁴²scharf ⁴³ der Geldsack ⁴⁴der Rock ⁴⁵das Kleid ⁴⁶die Anordnung.

44.

Was nützt¹ dem Gottlosen der Reichthum, da er sich darum (za ně) Weisheit nicht kaufen kann. Viel fehlt² dem Armen, dem Geizigen alles. Alle erschaffene³ Dinge gereichen⁴ dem Frommen zum Guten, dem Gottlosen zum Bösen. Einem schlechten Rath dürfen wir eben se wenig trauen, als einem unvorsichtigen Freunde. Der Mensch gleicht einer schönen Feldblume, die heute blüht und morgen bereits verdorrt. Dem Reichen regnet⁵ es, dem Armen tropft⁶ es weder⁷. Dem Vorsichtigen sind fremde Gefahren nützlich. Ein jeder soll seiner Pflicht genügen⁸. Mehr schuldig ist, wer zum Bösen räth, als wer das Böse thut. Einem lügenhaften Menschen glaubt man nicht, auch wenn er die Wahrheit spricht. Die Wahrheit gefällt nicht⁹ jedermann; manchen ist auch die Lüge lieb. Ein übermäßiger Zorn schadet Jung und Alt. Die Arbeit ist dem Fleißigen angenehm, dem Faulen unangenehm. Das Schicksal der Menschen darf nicht dem Zufalle¹⁰ oder dem Einflusse¹¹ der Sterne zugeschrieben¹² werden, sondern Gottes allsehendem¹³ Auge und dessen (jeho) allregierender¹⁴ Hand, so wie auch unserer (naší) Unvorsichtigkeit oder Unbedachtsamkeit¹⁵ und Sünde. Dem menschlichen Auge erscheint die Sonne viel kleiner als sie wirklich¹⁶ ist. Ein unterrichteter Mann¹⁷ ist dem feinen¹⁸ Golde gleich, welches überall gilt. Dem Gerichte Gottes entgeht¹⁹ kein Mensch. Der Tod droht²⁰ dem Reichen und dem Armen. Dem ewigen Könige²¹, dem unsterblichen, unsichtbaren²², einzigen²³ Gotte sei Ehre und Preis²⁴ auf ewige Zeiten. Wer seinem Vater oder seiner Mutter etwas stiehlt, und sagt, dies sei keine Sünde, der ist einem Todtschläger²⁵ ähnlich.

¹platno býti ²scházeti ³stvořený ⁴býti ⁵pršeti ⁶kapati ⁷ani

⁸zadost činiti ⁹líbíti se ¹⁰náhoda ¹¹vliv ¹²připsati, It. VIII. ¹³vševidoucí ¹⁴vševládnoucí ¹⁵nepředloženosť ¹⁶skutečný ¹⁷učený ¹⁸dobrý ¹⁹ujíti ²⁰hroziti ²¹král ²²neviditelný ²³jediný ²⁴chvála ²⁴vražedlník.

45.

3. Abjektiva possessiva haben den Dativ im Singular wie die Substantiva der starken Deklination; somit: Maskulina -u, Femininr -ě, Neutra -u.

Jidášovu¹ políbení² nevěř (traue nicht), ani psům, ani noze koní³. Samodruhovi, synu Boleslavovu, bylo jméno dáno Strachkvas. Synové rádi se učívají řemeslu otcovu. Kdo své matce laje, okrádá⁴ se o požehnání Boží, a kdo moudré radě otcově se protiví, jde časné i věčné záhubě vstříc. Svatý Jan Nepomucký byl k rozkazu královu s mostu⁵ do Vltavy svržen⁶. Kdo věří slovu lhářovu, na písek⁷ staví⁸. Blázen posmívá⁹ se kázni otcově; ale kdo ostříhá¹⁰ domlouvání, chytřejší¹¹ bude.

¹der Judas ²der Kuss ³Pferd- ⁴sich bestehlen, bringen ⁵die Brücke ⁶herabgeworfen ⁷der Sand ⁸bauen ⁹verhöhnen ¹⁰bewaren ¹¹klug.

Wehe den Aeltern, die dem Eigensinn¹ des Sohnes und der Thorheit der Tochter nachgeben². Die Sünde schadet am meisten dem Glücke des Sünders. Wer zur Freundes Bitte sein Ohr verschließt³ und von der Thräne des Unglücklichen sein Auge abwendet⁴, der weiß nicht, wie schwer und bitter das Unglück ist. Dem Fortgang⁵ eines Schülers schadet am meisten Unaufmerksamkeit⁶ und Trägheit. Es ist gut bei dem Rathe eines Verführers⁷ sein Gehör zu verschließen und dem Lobe eines Schmeichlers nicht zu trauen.

¹svéhlavosť ²povoliti, It. VIII. ³zavříti, It. VII. ⁴odvrátiti, It. VIII. ⁵prospěch ⁶nepozornosť ⁷svůdník.

46.

4. Abjektiva prädikativa und Partizipia passiva haben im Dativ für beide Zahlen und für alle drei Geschlechter den Ausgang -u.

Sluší býti křesťanům pokornu. Třeba opatrnu býti každému pánu, aby (damit) jej (ihn) lakomství nepodtrhlo (nicht zum Falle bringen). Člověku nelze¹ milovánu býti, pokud náruživostem hoví². Lépe jest samotnu³ býti, nežli spolek⁴ s zlými míti. Není dobře člověku samotnu býti. Lakomcům nelze ctnostnu býti. Slušné jest pánům býti rozumnu a poslouchati písma Žádný neví, dlouho-li bude jemu živu býti.

¹nicht möglich ²frönen ³allein ⁴die Gemeinschaft.

Fröhlich sein in Ehren (ve cti) kann uns (nám) niemand wehren[1]. Ohne einen Freund ist es niemanden (nikomu) möglich zu leben[2]. Wahrlich[3] nur wenigen[4] gelingt[5] es im Unglück (v neštěstí) zufrieden zu sein. Dem Stolzen ist es wohl lieb gegrüßt[6] zu werden, allein selbst grüßen[7] mag er nicht. Dem Fleißigen widert[8] es an, müßig[9] zu sein. Für die Jugend schickt es sich heiter, für die Greise ernst[10] zu sein. Besser ist's ehrlich zu sterben, als ehrlos[11] zu leben.

[1]brániti [2]živ býti [3]zajisté [4]nemnohý [5]podařiti se [6]pozdraven býti [7]pozdraviti [8]protiviti se [9]zahálčiv [10]vážen [11]nectný.

47.

Abjektiva mit dem bestimmten Ausgang und Abjektiva possesiva haben im Dativ des Plurals für alle Geschlechter -ým.

Abjektiva kontrakta haben im Dativ b. Pl. für alle Geschlechter -im.

Bůh se pyšným protiví, ale pokorným dává milost. My máme poplatky[1] a desátky[2], které nám (uns) více ujímají[3] než panské a kněžské. Poplácíme[4] zahálce, poplácíme hrám a rozkošem, robotujeme[5] novým krojům[6] a nádhernému šatstvu[7], robotujeme starým, škodlivým[8] zvykům, neumělosti, hlouposti[9]. Jiří Poděbradský zajisté náleží[10] k nejmoudřejším králům českým. Starým lidem těžko bývá zastaralým[11] obyčejům odvykati. Proti jazykům uštěpačným[12] a jizlivým jest nejlepší zbraň trpělivosť a mlčení. Služebníci poddáni buďte ve vší (in aller) bázni pánům, netoliko dobrým a mírným, ale také zlým. Pro lásku ku člověčenstvu[13] nešťastným jakémukoli[14] národu pomáhati máme, ne ale pro odplatu stonásobnou[15], po které sobec[16] lapá[17]. Závisť jiným zlé přeje a hubí se[18] sama. Staří Slované se mívali k zajatým[19] a cizincům vlídněji, než u jiných národů vídáno[20]. Přemnozí přátelé podobají se ptákům vodním, kteří od jednoho (einem) rybníka[21] k druhému poletují[22]. Mrtví mluví k živým: Co jste vy, to jsme byli my, co jsme my, to budete vy. Literní[23] umění jest obecným[24] lidem místo[25] stříbra, urozeným místo zlata, knížatům místo perel[26] a drahého kamení. Pán má býti štít[27] dobrým a zlým kladivo[28]. Těžko dáti starým věcem novoty[29], novým vážnosti, vetchým[30] lesku, temným[31] světla, mrzutým[32] milosti[33], pochybným[34] víry. Mladým dělati, mužům říditi[35], starým přisluší se modliti. Bůh povyšuje a ponižuje, a vznešeným i nepatrným³⁶, boháčům i chudákům, mocným i slabým zároveň³⁷ ukládá³⁸ povinnosti.

¹die Abgabe, die Steuer ²der Zehent ³Abbruch thun ⁴steuern ⁵arbeiten, Frohndienste thun ⁶die Tracht, die Mode ⁷das Kleid ⁸schädlich ⁹die Dummheit ¹⁰gehören ¹¹veraltet ¹²bissig, spottend ¹³die Menschheit ¹⁴welche immer ¹⁵hundertfältig ¹⁶der Egoist, der Selbstsüchtige ¹⁷haschen ¹⁸sich zu Grunde richten ¹⁹der Gefangene ²⁰gesehen ²¹der Teich ²²fliegen ²³literärisch ²⁴gemein ²⁵anstatt ²⁶adelig ²⁷das Schild ²⁸der Hammer ²⁹die Neuheit ³⁰abgenützt ³¹das Dunkel ³²hässlich ³³die Lieblichkeit, die Anmuth ³⁴zweifelhaft ³⁵anordnen, regieren ³⁶unansehnlich, unscheinbar ³⁷zugleich ³⁸auferlegen.

48.

Nicht immer wählen die Menschen zu den besten Zwecken¹ die besten Mittel. Der Mensch hat immer mehr Neigung zum Bösen als zum Guten. Die Ursache davon (toho) muss man der Erbsünde² und ihren (jeho) schlechten Folgen zuschreiben³. Böse Gesellschafter und Gesellschafterinnen⁴ verderben die guten Sitten braver junger Leute, und böse Worte schaden jungen und alten Leuten oft mehr, als dann die besten Reden gut machen⁵ können; wer aber Unschuldige verführt⁶, wird den bittern Vorwürfen⁷ der Verführten⁸ nicht entgehen (neujde). Schmeichlerischen⁹ Reden darf man nicht immer glauben. Den Handlungen der Menschen gibt die Absicht den Wert, die Zeit die Belohnung. Gewohnheit und Unmässigkeit nehmen¹⁰ sinnlichen¹¹ Vergnügungen den Reiz¹². Gott hilft dem Arbeitsamen, auf die Faulen ist er böse. Der treue Freund muss den Wasserpflanzen gleichen, die so lange ausdauern¹³, bis der Teich austrocknet¹⁴. Wer wissentlich¹⁵ seinem Feinde Böses zufügt¹⁶, handelt¹⁷ wider die göttlichen Gebote. Eine gute Erziehung ist das beste Erbtheil, das Aeltern ihren Kindern hinterlassen¹⁸ können. Neuen Freunden und alten Häusern ist nicht gut zu trauen. Den Reinen ist alles rein; den Unreinen¹⁹ aber und Ungläubigen²⁰ ist nichts rein; denn sowohl ihr (jejich) Gemüth als ihr Gewissen ist befleckt²¹. Gott gibt die nothwendige²² Nahrung nicht bloss den Menschen, sondern auch den Vögeln in der Luft²³, den Thieren im Walde²⁴, den Fischen im Meere²⁵ und den Würmern in der Erde²⁶.

¹účel ²hřích dědičný ³připsati ⁴tovaryška ⁵napraviti ⁶svedu, lt. VI. ⁷výčitka ⁸svedený ⁹lichometný, úlisný ¹⁰odnímati ¹¹tělesný, smyslný, ¹²vnada ¹³vytrvati ¹⁴vyschnouti ¹⁵vědomky ¹⁶učiniti ¹⁷je-

dnati ¹⁸zanechati ¹⁹poskvrněný ²⁰nevěřící ²¹poskvrněn ²²potřebný ²³v povětří ²⁴lesní ²⁵mořský ²⁶zemní.

49.
Lokal.

Der Lokal ist im Singular durchwegs dem Dativ des Sing. gleich, außer daß er gegenwärtig nur mit Präposizionen gebraucht wird, weshalb man ihn auch den Präposizional nennt. Diese Präposizionen sind: **na** auf die Frage wo, wenn? **o** auf die Frage wovon, worüber, wann, mit? **po** an, in, auf, zur, über, längs, nach, von, durch? **při** bei, gegen, an? **v ober ve** = „in dem."

Die leblosen Substantiva maskulina und neutra der starken Deklinazionen haben im Lokal auch den Ausgang -ě. Nach **h, ch, k** setzt man lieber **-u** als **-ě**.

Lidská věc chybiti¹, ale ďábelská² v chybě setrvati³. Kdo žije ve vlasti, ať žije vlasti. Veliké má v srdci ukojení⁴, kdož ani na chválu ani na hanu⁵ nedbá. Cestu ku blaženosti osvědčuje⁶ moudrosť založená⁷ na ctnosti. Kdo jest nedbalý v práci své (seiner), bratr je marnotratníkův a svůj vlastní krádce. Oko, které se otci posmívá, čteme⁸ v knize přísloví, a které šedinami (die grauen Haare) matky své pohrdá⁹, ať*) vyklinou¹⁰ krkavci¹¹ a snědí¹² je (es) orličata¹³. Hvězdy na nebi, ptactvo¹⁴ v povětří, zvěř v lese, ryby ve vodě a člověk na zemi, ano sám červ v prachu zvěstují boží moc, dobrotu a moudrosť. Upřímnému co na srdci to na jazyku. Chutnější¹⁵ chléb na svobodě¹⁶ nežli koláč v porobě¹⁷. Kdo rolníka v uctivosti nemá, nezná čtvrtou prosbu v modlitbě Páně. Na knězi, na učitelovi, na soudcovi mnoho záleží; ale ne na jejich (ihrem) kabátu¹⁸, plášti¹⁹ a kříži, nýbrž na rozumu, úmyslu a skutku. Nejvyšší vrchové na zemi jsou v Asii a v Americe. Zlý skutek trápí²⁰ člověka v žaláři²¹ i na trůnu²². Bůh dává údům těla sílu, krásu květině polní, potravu zvěři lesní a ptákům v povětří a rybám ve vodě. Přední²³ ctnosť jest držeti jazyk na uzdě. Třeštěnec²⁴ nosí na jazyku vlasť, ale moudrý v srdci. Chceš-li v pokoji žíti, musíš slepý, hluchý, němý²⁵ býti. Na váze²⁶ rozumu váží²⁷

---

*) Diese Partikel wird gesetzt, wenn man die wünschende Art ausdrücken will; im Deutschen wird sie mit mögen oder sollen übersetzt.

mínění²⁸ muže rozšafného mnohem více než chvála milionů bláznů a zločinců²⁹. Lepší vrabec³⁰ v hrsti³¹ než holub na střeše. Za zdravého života dobře činiti hleď (ſtrebe), po smrti času nebude. Tři jsou, kteří svědectví vydávají na zemi: duch, voda, krev, a ti tři jedno jsou. Pokud jsme na tomto (bieſer) světě, bez soužení³² a pokušení býti nemůžeme, protož je psáno³³ v knize Jobově: Bojování³⁴ jest život člověka na zemi. Ptáka poznáváme po peří, člověka po řeči. Když dědic pláče, v srdci se směje. Kdo přijímá³¹ osobu v soudu, nečiní dobře, takovýť i pro kus chleba opouští pravdu. Ten má krátký půst³⁶, kdo o velikonoci³⁷ dluh platiti musí. V Praze blaze, kdo má peníze. Šarlat,³⁸ hedbáví, aksamit³⁹ a tykyta⁴⁰ uhašují⁴¹ oheň v kuchyni⁴². Pořád-li z bečky⁴³ a nikdy do bečky, budeš brzy na dně⁴⁴. Křivdu i ti v nenávisti mají, kdož ji sami činí. Ohyzda⁴⁵ zlá na člověku jest lež. Jako hlína⁴⁶ v ruce hrnčíře⁴⁷, tak jsme my v ruce Hospodina. Pravá urozenost⁴⁸ zůstává při dobrém a šlechetném člověku vždycky a ustavičně v hojnosti⁴⁹ i nedostatku⁵⁰, v bohatství i chudobě, v slávě i potupě⁵¹, v štěstí i neštěstí, anobrž neopouští ho (ihn) ani po smrti.

¹fehlen ²teuflisch ³verbleiben ⁴die Beruhigung ⁵der Tadel, der Spott ⁶anzeigen ⁷gegründet ⁸lesen ⁹verachten ¹⁰aushacken ¹¹der Rabe ¹²aufessen ¹³junger Adler ¹⁴die Vögel ¹⁵schmackhaft ¹⁶die Freiheit ¹⁷die Knechtschaft ¹⁸der Rock der ¹⁹Mantel ²⁰quälen ²¹das Gefängnis ²²der Thron ²³vorzüglich ²⁴der Schwärmer ²⁵stumm ²⁶die Wage ²⁷wägen ²⁸die Meinung ²⁹der Verbrecher ³⁰der Sperling ³¹die Hand ³²die Plage, der Kummer ³³geschrieben ³⁴der Kampf ³⁵Rücksicht, Partei nehmen ³⁶die Fasten ³⁷die Ostern ³⁸der Purpur, der Scharlach ³⁹der Sammt ⁴⁰ der Taffet, der Atlas ⁴¹auslöschen ⁴²die Küche ⁴³das Faß, der Bottich ⁴⁴der Boden ⁴⁵die Schmach, der Gräuel ⁴⁶der Thon ⁴⁷der Töpfer ⁴⁸der Abel ⁴⁹der Ueberfluß ⁵⁰der Mangel die ⁵¹Schmach.

50.

Ein treuer Freund ist ein lebendiger Schatz; er ist unser Trost in der Einsamkeit¹ und unsere Zuflucht im Unglücke. Die Wahrheit hat immer Freunde, obzwar nicht immer auf der Gasse. Das Krokodil hält sich beim Tage auf dem Lande, bei der Nacht aber im Wasser auf. Das Kameel² lebt in Afrika und in Asien, besonders in Arabien. Zu Jerusalem war der Sitz der Könige der Juden⁴, zu Samaria aber der Sitz der Könige der Israeliten. Das schönste Denkmal⁵ nach Kaiser Karl zu Prag ist die steinerne⁶ Brücke und die hohen Schulen.

Das Gute lernt man am besten nach dessen (jeho) Verluste schätzen. Mancher Mensch trägt auf der Zunge Honig, im Herzen aber birgt[7] er Gift.[8] Wer schnell aburtheilt[9], bereuet[10] es (toho) gewöhnlich nach der That. Den Helden[11] erkennen wir im Kriege, den Weisen im Zorne, den Freund in der Noth. Obzwar in der Zunge keine Beine sind, so bricht sie dennoch oft die Beine. Nach dem Gewitter pflegt es heiter zu sein, nach der Helle[12] kommen wieder Wolken. Gibt es eine Freude auf der Welt, so hat sie derjenige, welcher eines reinen Herzens ist. Im Herzen eines sinnlichen Menschen kann kein Friede sein. Die Erinnerung[13] an ein gutes Werk schweigt nicht in der Todesstunde. In Christo ist vereint[14] die höchste Liebe, die höchste Majestät[15] und die höchste Weisheit. Groß ist der Mensch im Kampfe für's Vaterland. Wer am Boden sitzt, fürchtet sich nicht vor dem Falle. Es ist eine verkehrte Weisheit, nach der That klug[16] zu sein. Der Müßiggänger[17] weiß nicht, wie süß die Ruhe[18] nach der Arbeit ist. Das Wetter[19] kennt man am Wind, den Vater am Kind, den Herrn am Gesind,[20] den Vogel am Gesang, den Topf am Klang[21], den Esel am Ohr, am Wort den Thor. Besser ein Hase im Sack, als eine Taube am Dach. Ein verletztes[22] Gewissen verursacht größere Schmerzen als eine Wunde am Körper. Wenn der Gerechte auf der Erde leiden muß, wie viel mehr der Gottlose und der Sünder? Der Mensch verräth schon in der Jugend, wie er im Alter sein wird.

[1]samota [2]velbloud [3]sídlo [4]židovský [5]památník [6]kamenný [7]ukrýti [8]jed [9]odsouditi [10]pykati [11]hrdina [12]jasno [13]vzpomenutí [14]spojen [15]velebnosť [16]mudřeti [17]zaháleč, povaloveč [18]odpočinutí [19]povětrnosť [20]čeleď [21]zvuk [22]uražen.

51.
Adjektiva im Lokal.

Adjektiva possessiva haben im Lokal Sing. für alle drei Geschlechter den Auslaut -ě, im Mask. und Neutr. können sie auch u haben.

Adjektiva konkreta haben im Lokal Maskul. und Neutr. -ém, Femin -é.

Adjektiva kontrakta haben im Lokal Maskul. und Neutr. -ím, Femin. -í.

Samodruhovi, Boleslavovu synu, bylo dáno jméno Strachkvas pro strašný[1] skutek, který na knížeti Václavovi, bratru Boleslavovu, o posvícení[2] spáchán[3] byl. Po Žižkově hoře[4] u Prahy rozkládají[5] se sady[6], vinohrady[7] a pole. Na Karlově týně[8] bývaly poklady koruny české chovány[9]. Velké břemeno[10] hledá, kdo po vysoké důstojnosti[11] touží[12]. V cizím oku mrvu[13] hledáš, břevno[14] ve svém nevidíš. Bůh přebývá[15] v světle[16] nepřístupném[17]. Lépe jest na malém lůžku člověku zdravému, nežli váleti[18] se na širokém loži[19] nemocnému. Často v nepatrné[20] nádobě[21] dobrý nápoj bývá. Moudrosť otcova a milosť matčina pečuje[22] o zdárné[23] vychování dítek. Po trusu[24] holubím výborně vše roste a se daří. Po železné dráze[25] i další cesta v kratším čase se vykoná[26] než na obyčejné silnici[27]. V obecné radě mají býti osoby bezpečné[28]. I na nejlepším člověku bývá často něco ku kárání. O svatém Jakubě*) jsou dny značně[29] kratší než o svatém Janě; ještě kratší jsou o svatém Václavě. Vůbec známá píseň o svatém Václavu jest prastará[30]. O svatém Jakubovi apoštolu se píše, že byl sťat[31]; o svatém Janu Nepomuckém víme, že byl s mostu do Vltavy svržen[32]. V Kainově oběti neměl (hatte) Bůh žádného zalíbení[33], tím větší ale v oběti Abelově. Ctnosť nezáleží[34] v slovích, ale v počestném[35] jednání. V počestném úmyslu nepohnutě[36] setrvati[37] a pevně zůstati stálosť[38] jest, nesetrvati lehkovážnosť[39]. Kdo v dobrém utvrzen[40] jest a čisté má svědomí, bez starosti se klade[41] a vesel vstává[42]. Oči (die Augen) Hospodinovy spatřují[43] na velikém místě dobré lidi i zlé. Muž nepravý přeluzuje[44] přítele svého a vede ho (ihn) po čestě nedobré. Každý, kdož odstupuje a nezůstává v učení Kristově, nemá Boha.

[1]fürchterlich, entsetzlich [2]die Kirchweihe [3]verübt [4]der Berg [5]sich ausbreiten [6]die Anlagen [7]der Weingarten [8]die Umzäunung, Karlstein [9]aufbewart [10]die Bürde, die Last [11]die Würde, das Amt [12]jehnen [13]der Splitter [14]der Balken [15]wohnen [16]das Licht [17]unzugänglich [18]sich wälzen [19]das Lager, das Bett [20]unansehnlich [21]das Gefäß [22]sorgen [23]wohlgerathen [24]der Koth [25]die Bahn [26]vollbringen [27]die Straße [28]zuverlässig [29]merklich [30]uralt [31]enthauptet [32]herabgeworfen [33]das Gefallen [34]bestehen [35]ehrlich [36]unwandelbar,, unbeweglich [37]verharren [38]die Beständigkeit [39]die Leichtfertigkeit [40]befestigt [41]sich legen [42]aufstehen [43]sehen [44]verführen.

52.

Salomon schreibt im Buche der Weisheit: daß die Weisheit nicht

*) Die Namen der Heiligen bekommen bei der Zeitbestimmung im Lokal den Ausgang -ě, sonst -u oder -ovi.

eingehen werde (nevejde) in eine lasterhafte Seele, und daß sie nicht wohne in einem Körper, welcher der Sünde unterworfen ist. Besser ist ein Armer, der in seiner Einfalt[1] wandelt[2], als ein Reicher auf den Wegen der Ungerechtigkeit. Im kleinen Wasser können nur kleine Fische sein. Die beste Waare ist ein gesunder Geist in einem gesunden Körper. Im Gemeinderathe zu sitzen macht dem Eitlen Vergnügen, dem Bescheidenen aber Verdruß. Bei einem schönen Volksliede[3] erheben[4] sich die Herzen aller (všech) gefühlvollen[5] Menschen. In Karlstein können wir noch heut zu Tage viele schöne Bilder und Malereien[6] aus Karls Zeiten sehen. Der verrätherische[7] Durynk beging (dočinil se) an Zbislaw, Wlastislaw's Sohne, einen gräulichen Mord. Ein friedfertiger Mensch liegt ruhig selbst auf nackter Erde. Wer den Nächsten um Gottes willen liebt, der liebt Gott im Nächsten. Am Hofe[8] Swatopluks, des mächtigen Königs von Mähren[9], haben Cyrill und Methud die Religion Christi verbreitet (rozšiřovali). Nur der Thor spricht in seinem Herzen: Es ist kein Gott. Was ihr immer thut[10] in Wort oder That, thuet (čiňte) alles im Namen unseres (našeho) Herrn Jesu Christi. Tugend und Glück hängen[11] an einem dünnen[12] Faden. Um Johanni und Martini werden in Pilsen große Jahrmärkte[13] gehalten[14]. Vom heiligen Martin erzählt die Heiligengeschichte, daß er zu den Armen sehr mitleidig war. Vom heiligen Johann von Nepomuk wissen wir, daß er wegen des bewarten[15] Beichtsiegels[16] gemartert[17] wurde. Um Johanni ziehen[18] eine Menge Wallfahrer[19] nach Prag, um ihre (svou) Andacht[20] am Grabe dieses (tohoto) Heiligen zu verrichten (aby vykonali).

[1]sprostnosť [2]choditi [3]píseň národní [4]povznesti se, lt. VI. [5]citelný [6]malba [7]zrádný [8]dvůr [9]moravský [10]cokoli činíte [11]viseti [12]teničký [13]trh výroční [14]držeti se [15]zachovaný [16]pečeť zpovědní [17]umučen [18]choditi [19]poutník [20]pobožnosť.

35.

Alle Substantiva haben im Lokal des Plurals **-ich**; nur die Feminina der starken Deklinazion haben **-ách**, und die Feminina der Einzelnform haben **-ech**.

Den Ausgang **-ách** nehmen auch die Neutra der starken Deklinazion an, wenn vor o ein **h, ch, k** steht, und den Ausgang **-ech** fast alle Maskulina der starken Form, wenn sie nicht auf **h, ch, k** endigen.

Die Wirkung des -ich ift bekannt. Es müſſen nämlich die vorſtehenden harten Konſonanten erweicht, die Gutturalen verwandelt werden.

Kdo jest opatrný, pracuje v letě, ale blázni spí o žních[1]. Moudrý člověk nenosí své bohatství na zádech[2], nýbrž v srdci. Vlaštovky[3] a vrabci hnízdí[4] v domech, skřivánci[5] ale hnízdí v osení[6]. V lesích rostou všelijaké[7] byliny, houby[8], jahody[9], borůvky[10] a maliny[11]. Jezvec[12] bydlí v lesích a v doupatech[13], kdež ve dne si hoví[14], a v noci na lup[15] vychází. Holubi nezůstávají vždy v holubnících[16], nýbrž létají i na pole, a často na polích škodu dělají. O svátcích[17] a v neděli[18] nemá se žádná těžká práce konati. Přírodopis[19] jedná[20] buď o živočišich[21]: o ssavcích[22], ptácích, plazech[23], rybách, hmyzech[24] a červích; aneb o rostlinách[25]: o stromech, křovinách[26], zelinách[27], bylinách[28] a travách[29]; aneb konečně o nerostech[30]: o zeminách[31], o kamenech[32], o solích[33], hořevinách[34], vodách, plynech[35], o kovech a rudách[36]. Cvrčkové[37] zdržují se obyčejně v kuchyních, v pivovářích[38], v pokárnách[39], ve světnicích[40] a vůbec[41] všady, kde přílišně teplo a sucho jest. Jakož se dvéře[42] obracejí[43] na stěžejích[44] svých (ihren), tak lenivý na lůžku svém. Lakomec víc po penězích než po spasení[45] dychtí[46]. Lépe jest naději míti v Hospodinu, nežli naději skládati[47] v knížatech. Čím více se kdo v srdci svém ponižuje[48] a čím pokorněji Bohu se podrobuje[49], tím moudřejší a pokojnější bude ve všech (allen) případnostech[50]. Ten člověk bohat jest, dí Epiktet, který v žádostech chud jest. Ctnosť těžkosti[51] se neleká[52], a v protivenstvích[53] neheká[54]. Nejprv přebývali lidé v jeskyních[55], teď ale v domech a palácích[56]. Moudrosť a prozřetelnosť v rozprávkách[57] jest nad výmluvnosť[58]. Po snažnostech[59] poznáno bývá pachole, budou-li čistí a praví skutkové jeho (seine). Sláva[60] budiž Bohu na vysostech[61] a na zemi pokoj lidu dobré vůle.

[1] die Aernte [2] der Rücken [3] die Schwalbe [4] niſten [5] die Lerche [6] die Saat [7] allerlei [8] der Schwamm [9] die Erdbeere [10] die Schwarzbeere [11] die Himbeere [12] der Dachs [13] die Höhle [14] ſich pflegen [15] der Raub [16] der Taubenſchlag [17] der Feiertag [18] der Sonntag [19] die Naturgeſchichte [20] handeln [21] das Thier [22] das Säugethier [23] das Reptil [24] das Inſekt [25] das Gewächs [26] der Strauch [27] das Kraut [28] die Pflanze [29] das Gras [30] das Mineral [31] die Erde [32] der Stein [33] das Salz [34] brennbares Mineral [35] das Gas [36] das Erz [37] die Grille [38] das

Bräuhaus ³⁹der Backofen ⁴⁰das Zimmer ⁴¹überhaupt ⁴²die Thür ⁴³sich drehen ⁴⁴die Angel ⁴⁵die Seligkeit ⁴⁶streben ⁴⁷setzen ⁴⁸sich erniedrigen ⁴⁹unterwerfen ⁵⁰der Vorfall ⁵¹die Schwierigkeit ⁵²erschrecken ⁵³die Widerwärtigkeit ⁵⁴klagen ⁵⁵die Höhle ⁵⁶der Palast ⁵⁷die Rede ⁵⁸die Beredsamkeit ⁵⁹die Bemühung ⁶⁰der Preis, die Ehre ⁶¹die Höhe.

54.

Die Flechten¹ und Moose² wachsen auf trockenen Orten, auf Felsen³, Bäumen, Dächern und empfangen⁴ ihre Nahrung aus der Luft. Wer den ganzen Tag den Freuden und Vergnügungen nachgeht⁵, kennt weder den Werth der Zeit, noch die Würde des menschlichen Lebens. Das Seegras⁶ wächst im Meere⁷, in Sümpfen⁸ und auf Felsen. Die Schnecke⁹ trägt ihr Haus am Rücken. Ein weiser Bauer verbietet strenge seinen Knechten, Mägden und Hirtenjungen¹⁰, die Ochsen, Kühe, Kälber¹¹, Schafe und Schweine¹² auf den Wiesen, Feldern und Hutweiden¹³ anderer Bauern und Nachbarn zu weiden¹⁴, denn es ist eine große Sünde jemanden (někomu) an seinem (jeho) Eigenthume¹⁵, an seinen Feldern, Wiesen, Wäldern, Teichen und Hutweiden zu schaden. Manche Leute haben immer Gott im Munde, aber wenig im Herzen; die andern tragen ihre Andacht¹⁶ nur in Büchern, einige wieder in Bildern. Die Ruhe des Gewissens gewährt¹⁷ dem Körper und der Seele in Widerwärtigkeiten das größte Vergnügen. Drei sind, die Zeugnis geben im Himmel: der Vater, das Wort und der heilige Geist, und diese Drei sind Eins. Im Munde der Narren ist ihr Herz, und im Herzen der Weisen ist ihr Mund. Glücklich derjenige, der den Herrn fürchtet und auf dessen (jeho) Wegen wandelt¹⁸. Besser ist auf den Herrn als auf einen Menschen vertrauen¹⁹; besser ist auf den Herrn als auf Fürsten sich zu verlassen²⁰. Glücklich ist der Reiche, welcher ohne Makel²¹ befunden²² wird, dem Golde nicht nachgeht, und seine Hoffnung auf Geld und Schätze nicht setzt. Ein guter Herr und ein guter Hirt sind einander (sobě) in ihren Eigenschaften²³ gleich.

¹lišejník ²mech ³skála ⁴dostati, lt. VII. ⁵jíti po, lt. IV. ⁶mořský ⁷moře ⁸bahniště ⁹hlemejžď ¹⁰pasák ¹¹tele ¹²prase ¹³pastviště ¹⁴pásti ¹⁵jmění ¹⁶pobožnost ¹⁷poskytnouti, lt. VIII. ¹⁸choditi ¹⁹důvěřovati ²⁰spoléhati se ²¹pokorná ²²nalezen ²³povaha.

55.

Im Plural ist der Lokal aller possessiven und konkreten Adjektiven **-ých**, der kontrakten **-ích**.

Dobře smýšlejí[1], jižto v dobách šťastných neštěstí se obávají[2]. Také v zlatolesklých[3] palácích zůstává otroctví. Po neznámých věcech nedychtíme. Jmél bílý[4] jest rostlina příživná[5], rostoucí[6] na stromech jehličnatých[7], lupenatých[8], nejhojněji[9] na dubech a na sosnách. V dobrých sklepích[10] bývá v letě studeněji než v zimě. Železo samorodé[11] prý u velkých kusích ve vzduchu se tvoří[12]. O českých bratřích se vypravuje[13], že si zvlášť na dobrých školách dávali (ließen) záležeti[14]. Ve městech při splavných[15] řekách aneb při moři ležících[16] panuje daleko větší živosť[17], než v městech ostatních[18]. Po lidských žlabech[19] kalná[20] voda teče[21]. V Karlových Varech může se čísti pověstná[22] báseň Bohuslava z Lobkovic na vary[23] skoro ve všech (allen) jazycích evropských. V národních písních jeví se nejlépe duch národa. Ve východních zemích dělají Turci čápům[24] na svých domech hnízda. Perly drobné a perly bohaté[25] rostou ve skořepinách[26], korály na mořských stromcích[27]. Kdo sám dobrý jest, i o jiných dobře smýšlí; kdo ale rád na hříších jiného hledá[28], jest bezpochyby[29] sám hříšník, soudí[30] totiž ze sebe (von fich) na jiné. U velkých věcech ne tak hlava jako více pevný[31] ušlechtilý[32] ráz[33] a čilosť[34] ducha působí. Kdo chodí upřímně, zachován[35] bude; ale kdo po převrácených cestách kráčí, padne (wird fallen) pojednou. Kdo doufá v knížatech aneb v synech lidských, staví naději na písek, kdo ale doufá v Hospodina, blahoslavený[36] bude. Historie vždy hojněji vypravuje o krutých[37] bojích, násilných[38] podmanitelích[39] a potlačitelích[40], plenitelích[41] a zboubcích[42] nežli o mírných zaměstnáních[43], domácích ctnostech, vzdělavatelích[44] rolí a polí, milovnících tichých umění a řemesel[45], obchodu[46], kupectví[47], učitelích lidu a rozšiřovatelích[48] nauk[49].

[1]denken [2]sich fürchten [3]goldglänzend [4]die Mistel [5]der Schmarotzer [6]wachsend [7]Nadel [8]Laub= [9]häufig [10]der Keller [11]gediegen [12]sich bilden, entstehen [13]erzählen [14]angelegen sein [15]schiffbar [16]liegend [17]das Leben [18]übrig [19]die Rinne [20]trüb [21]fließen [22]berühmt [23]der Sprudel [24]der Storch [25]groß [26]die Muschel [27]das Bäumchen [28]nagen [29]der Zweifel [30]r chten, urtheilen, schließen [31]fest [32]edel [33]der Charakter [34]die Frische [35]erhalten [36]selig [37]grausam [38]gewaltthätig [39]der Grob rer [40]der Unterdrücker [41]der Plünderer [42]der Verwüster [43]die Beschäftigung [44]der Bebauer [45]das Gewerbe [46]der Handel, [47]die Kaufmannschaft, der Wandel [48]der Verbreiter [49]die Wissenschaft.

56.

Oft finden sich in gemeinen Dorfhütten[1] glücklichere Leute, als in den prächtigen Palästen der Städte. In Karlsbad und in den übrigen Bädern[2] Böhmens kommen jährlich[3] sehr viele Leute zusammen[4]. Das Rohr[5], das Schilf[6] und die Binsen[7] kommen[8] in sumpfigen[9] Orten häufig vor. Beim Studieren[10] richtet[11] man in einer (jedné) Morgenstunde mehr aus, als in drei (ve třech) Nachmittagsstunden[12]. Die Spatzen sind sehr faule Vögel, sie nisten am liebsten in fremden Nestern, besonders in Schwalbennestern. Ein Armer, welcher in seiner Einfalt wandelt, ist besser als ein Reicher auf bösen[13] Wegen. Aeneas Sylvius sagt von den Böhmen, daſs sie kühn[14], tapfer[15], muthig[16], in Gefahren unerschrocken[17], in Kriegsangelegenheiten[18] erfahren[19], in ihren Versprechungen[20] und Zusagen[21] beharrlich[22], zur Gottesfurcht geneigt[23] sind. Wer nur nach sinnlichen Freuden haschet, kennt nicht die Annehmlichkeit der geistigen Freuden. Das Lob der Guten wohnt in ihrem (jejich) Gewissen und nicht in den Mäulern[24] der Leute[25]. Die Störche bauen am liebsten ihre Nester auf den höchsten Häusern, auf Kirchen, auch auf alten zerstörten[26] Burgen[27] und auf Dächern. Gar viele Leute streben mit aller Kraft (vší silou) nach groſsen Reichthümern, nach hohen Würden und nach sinnlichen Vergnügungen, indem sie glauben, daſs (že by) sie ohne diese (těch) Dinge nicht glücklich sein könnten (nemohli). Das Lob eines Schülers besteht in guten Sitten und im lebendigen Fleiſse. Suche nicht (nehledej) immer in dem Munde[28] der Menschen volle Wahrheit, sondern in ihren (jejich) Werken. Mancher hat es erst in fremden Ländern erfahren (zkusil), daſs es überall gut ist, aber zu Hause am besten. Wer gerne von seinen guten Eigenschaften und groſsen Kenntnissen[29] spricht, ist entweder ein Lügner oder ein eitler Praler[30]. Der Mensch sollte (neměl by) den Muth[31] in keinerlei[32] Widerwärtigkeiten und keinerlei Drangsalen[33] verlieren; denn gleichwie[34] nach dem Regen Sonnenschein[35] zu kommen pflegt, so kommt auch nach Bedrängnissen[36] Freude.

[1]chatrč vesní [2]lázně [3]ročně [4]sejíti se, It. VI. [5]tříti [6]síti [7]rokytí [8]roditi se, přicházeti [9]bařinatý [10]studování [11]vyříditi, učiniti [12]odpolední [13]nepravý [14]smělý [15]udatný [16]statečný [17]nestrašlivý [18]věc válečná [19]zběhlý [20]slib [21]přípověď [22]zdrželivý [23]nakloněn [24]huba [25]lidský [26]zbořený [27]hrad [28]ústa N. pl. [29]vědomost [30]chlubil [31]mysl [32]žádný [33]otrapa [34]jakož [35]slunce [36]nátisk

57.
Instrumental.

Der Instrumental wird überhaupt:

1. zur Bezeichnung derjenigen Verhältnisse und Umstände gebraucht, die man im Deutschen oft nur mit den Präpositionen: von, mit, durch ausdrückt. Er erhält auch von den verschiedenen Verhältnissen und Umständen, zu deren Bezeichnung er dient, seinen Namen. Und zwar bezeichnet er:

a) das Verhältnis des Werkzeuges, womit und des Mittels, wodurch etwas gethan wird. Der pure Instrumental; z. B. sekyrou sekati.

b) Das Verhältnis und den Umstand der Ursache und des Grundes, warum und weshalb etwas geschieht. Instr. causae; z. B. strachem se třásti.

c) Das Verhältnis und den Umstand der Art und Weise, wie oder wornach etwas geschieht. Instr. modi; z. B. hlasem křičeti, honem jíti.

d) Das Verhältnis und den Umstand der Zeit, wann etwas geschieht, Instr. temporis; z. B. dnem i nocí pracovati, ranním jitrem vstávati.

e) Das Verhältnis und den Umstand des Ortes, wenn eine Richtung, oder ein Raum, oder ein Ort, durch den eine Bewegung geschieht, angegeben wird. Instr. loci; z. B. oknem vyhoditi, stranou jíti, dveřmi uteci.

2. Wird das Prädikat mit der Kopula **státi se**, werden immer, mit der Kopula **býti** häufig, in den Instrumental gesetzt. Dies geschieht namentlich in allen denjenigen Fällen, wenn die genannte Kopula nicht einen ruhigen Zustand, sondern eine Art von Bewegung anzeigt, und mit dem Verb. státi se, učiniti se verwechselt oder erklärt werden kann.

3. Ueberhaupt setzt man das Prädikat oder den, das Objekt ergänzenden Akkusativ immer in den Instrumental, wenn an dem Subjekte oder an dem Objekte dasjenige verwirklicht werden soll, oder verwirklicht wurde, was das Prädikat oder die Ergänzung des Objektes aussagt: z. B. zdá se nemocným; učinil se králem, učí se myslivcem, jmenuje se velikým.

4. Steht der Instrumental nach den Präpositionen: **mezi** unter „dem," **nad** über „dem," **pod** unter „dem," **před** vor „dem," **s** mit „wem," **za** hinter „wem," nach „dem".

Substantiva maskulina und neutra der starken und schwachen Deklinazion
     haben im Instrumental des Sing. -em,
Substantiva kontrakta   "   "   "   "   -im,
Feminina der starken Deklinazion haben im Instrum. d. Singul. -ou,
Feminina der schwachen Deklinazion und der Einzeldeklinazion
     haben im Instrumental des Singulars -i.

Učení Kristovo duchem lásky dýše[1]. Člověk často trním[2] a bodláčím protloukati[3] se musí. Často chvilkou[4] promarníme[5], čeho (was) nelze rokem nahradit[6]. Kapkou[7] medu více much chytíš, nežli džberem[8] octa[9]. Závistivý[10] štěstím svého bližního mře. Kdo dluh dluhem platí, ten klín[11] klínem, jak říkají, vyráží[12]. Barva bílá jest znakem[13] spravedlnosti a nevinnosti, barva modrá znakem důvěry a věrnosti, a barva červená znakem radosti a lásky. Lépe jest těžiti[14] moudrostí, než těžiti stříbrem; neboť moudrost dražší jest, než drahé kamení, a všecky nejžádostivější[15] věci nevyrovnají[16] se jí (ihr). Střídmost ve štěstí jest velká cnosť, rovně jako pevná mysl v neštěstí, avšak tato mnohem jest záslužnější[17] a hrdinství[18] důkazem[19]. Které břemeno jest člověku nejtěžší? Když sobě (sich) sám břemenem se stane[20]. Lepší jest chudý zdravý a silný, než bohatý mdlý[21] a zbičovaný[22] zlostí. Zajisté lépe jest uměním jiné předčiti[23] než bohatstvím. Duši nemocné jest lékem řeč. Buď trpěliv v protivenství, neb hlavou zeď neprorazíš[24]. Nezdárné[25] dítě souží rodiče hořem. Ohavností[26] jest Hospodinu závaží[27] dvojí[28], a váha falešná[29] jest zlá věc. Zvěř jest tělem i obličejem[30] k zemi pochýlena[31]; ale člověk přímo[32] k nebi hledí. Syn zdárný obveseluje otce; ale syn bláznivý zármutkem jest matce. Varuj se (hüte dich) hříchu, za hříchem pokuta[33] v patách[34] běží. Kteří se s odtahem[35] k polepšení[36] života strojí[37], nikdy nemívají dneška[38] než vždy zejtřek[39]. Kdo za pluhem kleje[40], zlé semeno seje. Údolí úzké[41] oužlabím[42] se jmenuje, a však širší údolí dolinou[43] se nazývá[44]. Stromoví[45] na jaře[46] listím[47] a kvítím se odívá[48]. Co kopřivou má a chce býti, to hned na počátku bude žíhati[49]. Styďte (schämet euch) se před otcem a matkou za nečistotu a před vladařem a pánem za lež; před knížetem a soudcem za provinění[50]; před obcí a lidem za nepravosť[51]; před tovaryšem a přítelem za nespravedlnosť. Před Bohem stojí vše odkryto[52]. Milejší cnost s chudobou nežli hřích s ozdobou. Lepší jest maličko se spravedlností, nežli mnozí užitkové s nepravostí. Přístavy[53] a kotvy[54] jsou nadějí a útočištěm plavců[55]. Že někdy vídáme mládence moudré a starce blázny, důvod jest, že věkem ani zkušením moudrost nepřipadá[56]. Vídáme, jak se bezbožní slávou a bohatstvím osypají[57], však pravého blaha nepožívají. Lépe jest vládnouti moudrostí nežli vládnouti zlatem. Malá nedbalosť bývá příčinou veliké neřesti[58]. Kdo má k obědu[59] marnosť, dostane[60] k večeři[61] potupy, nebo pých⁶² s nadbytkem⁶³ snídá⁶⁴, obědvá s chudobou a večeří s hanbou. Zůstávati každého času v stejné míře jest znamením velikosti ducha a spolu prostředkem k vezdejší⁶⁵ blaženosti. Lépe jest pozvánu býti na zelí⁶⁶ s láskou, nežli na krmné⁶⁷ tele s nenávistí. Jako pokora ohavností jest pyšnému, tak jest ohavností bohatému chudý. Za prostopášností a rozmařilostí⁶⁸ stojí chudoba a nemoc. Za štěstím často neštěstí běží, za rozkoší trpkost⁶⁹.

¹athmen ²der Dorn ³sich durchschlagen ⁴die Weile ⁵vergeuden ⁶ersetzen ⁷der Tropfen ⁸der Kübel ⁹der Essig ¹⁰neidisch ¹¹der Keil ¹²heraustreiben ¹³das Zeichen ¹⁴wuchern ¹⁵wünschenswert ¹⁶gleichkommen ¹⁷verdienstlich ¹⁸der Heldenmuth ¹⁹der Beweis ²⁰werden ²¹matt, schwach, ²²gegeißelt ²³übertreffen ²⁴durchschlagen ²⁵ungerathen ²⁶der Gräuel ²⁷das Gewicht ²⁸zweifach ²⁹falsch ³⁰das Angesicht ³¹geneigt ³²gerade ³³die Strafe ³⁴die Ferse ³⁵der Aufschub ³⁶die Besserung ³⁷bereiten ³⁸heute ³⁹der Morgen ⁴⁰fluchen ⁴¹eng ⁴²die Schlucht ⁴³die Niederung ⁴⁴nennen, heißen ⁴⁵die Bäume ⁴⁶das Frühjahr ⁴⁷die Blätter ⁴⁸sich bekleiden ⁴⁹brennen ⁵⁰das Verbrechen ⁵¹das Laster ⁵²offen ⁵³der Hafen ⁵⁴der Anker ⁵⁵der Seemann ⁵⁶kommen ⁵⁷sich umgeben ⁵⁸der Schaden, die Trübsal ⁵⁹das Mittagmahl ⁶⁰bekommen ⁶¹das Abendmahl ⁶²der Uebermuth ⁶³der Ueberfluß ⁶⁴frühstücken ⁶⁵zeitlich, täglich ⁶⁶das Kraut ⁶⁷gemästet ⁶⁸die Weichlichkeit ⁶⁹die Bitterkeit.

58.

Besser ist ein Stück trockenen Brodes mit Zufriedenheit, als ein Haus voll Ueberfluß mit Zwietracht. Der Weise ist mit Wenigem zufrieden. Glatte Worte eines Lasterhaften sind Gift für unerfahrene Jünglinge. Der Holzhauer¹ schneidet² das Holz mit der Säge³, und spaltet⁴ es mit dem Beil⁵ und dem Keil. Der Taugenichts⁶ hilft sich oft mit der Lüge, da er es mit der Wahrheit nicht thun kann. Durch Einigkeit wachsen kleine Sachen, durch Uneinigkeit und Zwietracht gehen große zu Grunde. Tugend geht nie verloren⁷, weder durch Unglück am Meere, noch durch Feuerbrand⁸. Niemand soll durch fremden Schaden reich⁹ werden. Durch Fahrlässigkeit¹⁰ gehen selbst die besten Dinge zu Grunde. Nichts ist so selten¹¹ unter dem Himmel als wahre Freundschaft. Wer sich von der Hoffnung nährt, der wird des Hungers sterben (umře). Ein Trunkenbold¹² ist der Mörder seines eigenen Lebens. Die Lüge macht den Menschen zum Satan. Der Gerechte erbarmt¹³ sich (nad) seines Viches¹⁴; aber das Herz des Gottlosen ist unbarmherzig. Durch Dienstfertigkeit¹⁵ erwirbt¹⁶ sich der Mensch Freunde. Doppelt¹⁷ sündigt, der sich mit der Sünde brüstet¹⁸. Das Haus Gottes ist ein Bethaus, und wir machen es oft zu einer Mördergrube[19]. Niemand vermag[20] seine Tugend zu erproben[21], außer er kommt[22] mit einem Feinde irgend[23] einer Tugend zusammen. Wer kann mit Zuverlässigkeit[24] wissen, wie lange er leben wird? Mancher muß sich elend durchs Leben durchbringen. Gebet mit Fasten und Almosen[25] ist viel besser als Schätze von Gold anhäufen[26]; denn Almosen rettet vom Tode, reiniget[27] die Sünde, und macht, daß man Barmherzigkeit und das ewige Leben findet[28]. Was nützt es demjenigen (tomu) Erbe großer Schätze zu sein, der sie (jich) nicht weise nützen kann. Gott ist reich an Gnade (Instr.). Bei jeder Sache ist Vorsicht nothwendig; denn durch Unvorsichtigkeit kommen[29] wir um das (o to), was wir haben. Wer mit seinem Reichthum pralt, bedenkt[30] nicht, daß hinter der Pralerei[31] der Bettlerstab[32] stehe. Wer mit der Sünde spielt[33], spielt[34] ein Spiel um Leben und Tod.

[1]drvoštěp [2]řezati [3]pila [4]štípati [5]sekyra [6]ničemník [7]ztratiti se [8]požár [9]bohatnouti [10]nedbalost [11]řídký [12]ožralec [13]smilovati se [14]dobytek [15]úslužnost [16]dobývati si [17]dvakrát [18]honositi se [19]peleš lotrovská [20]nemohu [21]zkusiti [22]potkati se [23]některý [24]jistota [25]almužna [26]schovávati [27]očistiti, It. VIII. [28]nalezti [29]přijíti, It. VI. [30]pomysliti [31]chlouba [32]hůl žebrácká [33]zahrávati [34]hráti.

59.

1. Substantiva maskulina und neutra der starken Deklinazion haben im Instrum. des Plurals **-y**.

Substantiva maskulina und neutra der schwachen Deklinazion haben im Instrum. des Plurals **-i**.

Alle andern Substantiva bilden den Instrumental von Nom. Sing., indem man die Silbe -mi ansetzt; ryba-mi; země-mi; kosť-mi psaní-mi.

Zlosyn ostny svědomí svého svírán[1] jest. Člověk jest nadán[2] rozumem a pěti[3*]) smysly, totiž: zrakem, sl uchem, čichem[4], chutí

---

*) Die Grundzahlen von fünf angefangen bis hundert (sto) nehmen im Genitiv, Dativ, Lokal und Instrumental den Auslaut -i und treten in die Reihe der Adjektiva; im Nominativ, Akkusativ und Vokativ sind sie, wie bereits bekannt, Substantiva neutra.

a hmatem. Povětří naplněno jest ptáky a hmyzem. Vče,a raní⁵ žihadlem, raci klepety⁶. Hlad se nedá slovy utišiti⁷. Země jest porostlá květinami, travou, stromy a křovinami⁸. Evropčané převyšují všecky obyvatele země mocí, vědami⁹, uměním a vzdělaností¹⁰. Některá zvířata jsou porostlá vlnou, některá chlupy¹¹, některá peřím, některá šupinami¹², některá ostny a štětinami¹³, člověk ale musí se krýti oděvem. Zahrady ozdobeny bývají loubím¹⁴, besídkami¹⁵, vodotrysky¹⁶, sochami¹⁷. Nejužší průchod¹⁸ horami přesmykem¹⁹ se zove. Křídlatí²⁰ tvorové létají, vodní živočichové plovají, onino křídlama²¹ a peřím, tito perutím (plýtvama)²²; čtvernozí²³ běhají²⁴, zeměplazové²⁵ lezou. Ryby vodu ústy vpuštěnou²⁶ žábrami²⁷ vypouštějí²⁸. Trn v noze a myš v stoze²⁹, moucha v jíše³⁰, mol³¹ v kožiše, vlk mezi ovcemi, pes mezi kočkami, kozel³² v zahradě a nepřítel v radě, můž tomu (baš) každý rozuměti, že ty věci bez škody nemohou býti. Voda větry³³ a mysl vášněmi se hýbe³⁴; tato náruživostmi, ona blátem³⁵ se rmoutí³⁶. Počne-li srdce slovy hráti, zachce i povinnostmi. Na každém místě jest poloviční³⁷ nebe, kde lidé lidmi jsou a sebe (jich) vespolek milují. Každý sobě (jich) přeje, aby dobré jmeno mezi lidmi měl. Kteří jsou Kristovi, tíť tělesnosť³⁸ svou křižují³⁹ s hříchy a žádostmi. Ohyzdná jest věc i před Bohem i před lidmi, když kdo sám tomu (bem) činí křivdu, jehož (ben) má hraniti⁴⁰ křivdě. Moudrosť toliko dobrým přisluší⁴¹, kteříž ne řečmi, ale skutky moudrosť provodí⁴²; neb ona ve věcech a ne v řečích záleží. Bližního svého máme milovati ne slovy toliko, nybrž i skutky a v pravdě. V nenávisti jest před Bohem i lidmi pýcha a mrzká⁴³ všeliká⁴⁴ nepravosť národu. Ne tak starostí šedivějí⁴⁵ vlasy, jako starostmi. Ženský⁴⁶ to obyčej slzami bídě pomáhati.

¹geplagt, geängstigt ²begabt ³fünf ⁴der (Geruch) ⁵verwunden ⁶die Scheere ⁷stillen ⁸das (Gesträuch) ⁹die Wissenschaft ¹⁰die Bildung ¹¹die Haare ¹²die Schuppen ¹³die Borste ¹⁴die Laube ¹⁵das Lusthaus ¹⁶der Springbrunnen ¹⁷die Säule, Statue ¹⁸der Durchgang ¹⁹der Engpaß ²⁰beflügelt ²¹der Flügel ²²die Floßfeder, die Finne ²³vierfüßig ²⁴laufen ²⁵das Reptil ²⁶eingelassen ²⁷die Rieme, die Kiefer ²⁸anslassen ²⁹der Schober ³⁰der Brei ³¹die Schabe ³²der Bock ³³der Wind ³⁴bewegen ³⁵der Koth ³⁶trüben ³⁷halb ³⁸die Sinnlichkeit ³⁹kreuzigen ⁴⁰schützen, vertheidigen ⁴¹zukommen ⁴²üben, thun ⁴³gräulich, der Gräuel ⁴⁴alles, jedes ⁴⁵grau werden ⁴⁶Weiber=.

60.

Durch die Muskeln¹ geschieht² die Bewegung des thierischen³

Körpers. Was man mit Worten verspricht, das soll man auch mit Werken erfüllen. Durch's Feuer wird das Gold gereinigt[4], der Mensch aber durch Widerwärtigkeiten, Drangsale[5] und Unglücksfälle[6]. Mit Geld können wir uns (si) zwar viele Dinge kaufen, nur nicht die verlorene Ehre. Die slavischen Völker sind mit den Indern[7], Persern[8], Medern[9], Griechen, Lateinern und Deutschen verwandt. Wer mit Versuchungen spielt, ist dem Falle sehr nahe, ja er sündigt schon. Die Slaven befassen[10] sich schon seit[11] den ältesten Zeiten mit dem Ackerbau[12], Handel und Handwerken. Den Feind mußt du durch Gefälligkeit[13] und Wohlthaten zu gewinnen[14] suchen[15]. Durch Thaten und nicht durch Worte bezeiget[16] der Edle seine Weisheit. Ein geschäftiges[17] Leben bewaret[18] vor Sünden. Der Stolze findet keine Gnade weder vor Gott noch vor den Menschen. Wer gute Werke thut aus Furcht vor Strafen, der ist ein Sklave; wer aus Hoffnung auf künftige Belohnung, der ist ein Wucherer. Am lieblichsten und süßesten unter allen (všemi) Vögeln singt die Nachtigall. Vor Jahren glaubten die Menschen, daß sich Gewitter mit Glockengeläute[19] vertreiben lassen. Alte Leute sollen sich schmücken (ozdobujte se) mit Tugenden und nicht mit Rosen und Eitelkeit. Wer hinter den Schulen zu sein pflegt und nicht in den Schulen, wird wenig lernen. Man darf nicht mit Gabeln, Nadeln[20], Messern und andern (jiným) Metallen in den Zähnen stochern[21] oder auf zu harte Sachen beißen.

[1]sval [2]díti se [3]zvířecí [4]čistiti se [5]otrapa, soužení [6]neštěstí [7]Ind [8]Peršan [9]Méd [10]zabývati se [11]od [12]orba [13]přívětivost, úslužnost [14]získati [15]hleděti, snažiti se [16]ukazovati [17]činný [18]chrániti [19]zvonění [20]jehla [21]párati se.

61.

Adjektiva konkreta und possessiva haben im Instrumental des Singulars maskul. und neutr. -ým, fem. -ou.

Adjektiva kontrakta maskulina und neutra -ím, fem. -í.

U člověka lenivého bývá nouze častým hostem. Kdo neumí býti dobrým mužem, dobrým otcem, dobrým sousedem, dobrým přítelem, ten nikdy nebude dobrým občanem. Kdo se řídí moudrou radou, nikdy nechybí. Nejchytřejším zvířetem jest prý liška[1]. Licoměrný[2] šibal[3] povrchní[4] nábožností[5] nezbednosť[6] svou zakrývá[7]. Jazykem českým tak lahodně[8] všecko může povědíno[9] býti, jako řeckým. Chceme-li zdrávi býti, musíme se denně čerstvou vodou mýti. Dobré děti rády se spravují napomenutím otcovým a matčiným.

Blázni a pošetilci nebývají moudří, než svou škodou. Snáze pronikne sova[10] svým mdlým okem kruh[11] sluneční ve blesku[12] jeho, než my rozumem svým blesk božské jasnosti[13]. Kdož pohrdá bližním svým, hřeší, ale kdož se smilovává nad chudým, blahoslaven bude. S člověkem nekonečným[14] jednati nelze. Dobří nižádným ziskem se k podvodu nedají zavésti, nešlechetní často malým. Za bohatým chodí polizači[15] a pochlebníci. Lepšíť jest málo s bázní Hospodinovou, nežli pokladové mnozí s nepokojem. Jedním zubem[16] chléb jísti, když jest potřeba. Lépe za svým krajícem[17] než za cizím pecnem[18]. Pavel, dřív ouhlavní[19] nepřítel křesťanů, stal se (wurde) posléz horlivým[20] vyznavačem[21] Kristovým. Kdo se bohatstvím chlubiti chceš, chlub se (brüste dich) aspoň bohatstvím nejdůkladnějším[22] a nejvzácnějším[23] — bohatstvím hlavy; to jediné jest, kteréž nám (uns) žádnou náhodou odňato[24] býti nemůže, ano vše ostatní tisícerým[25] spůsobem[26] zmizeti může. Mezi udatným[27] a lenivým čili nejapným[28] ten jest rozdíl[29]: onen povinnosti povolání[30] pečlivě[31] koná, tento nedbale; onen pilně[32], tento lenivě; onen snažně[33], tento slabě; onen starostlivě[34], tento běžně[35]; onen tiše, tento výtržně[36]; slovem onen čilý[37] jest všudy, tento dřímavý[38] a malátný[39]. Syn moudrý obveseluje otce, ale člověk bláznivý pohrdá matkou svou. Pomluva[40] vraždu koná jediným slovem, jediným pokynutím[41] hlavy, jediným pokrčením[42] ramen, jediným pohledem[43] a usmáním[44]. Lepší jest trpělivý, nežli muž silný; a kdož panuje nad myslí svou, jest lepší, než kdo dobývá[45] měst. Lépe jest bydleti v koutě[46] na střeše, nežli s člověkem svárlivým[47] v domě společném[48]. Kdo pohrdá bližním svým, tenť nemá rozum; ale muž moudrý raději mlčí.

[1]der Fuchs [2]gleißnerisch, scheinheilig [3]der Schalk, der Betrüger [4]äußere [5]die Frömmigkeit [6]die Ausgelassenheit [7]verdecken [8]anmuthig [9]gesagt [10]die Eule [11]der Kreis [12]der Glanz [13]das Licht, der Glanz, die Helle [14]endlos [15]der Speichellecker, Schmarotzer [16]der Zahn [17]der Ranft [18]der Leib [19]der Tod [20]eifrig [21]der Bekenner [22]gründlich [23]kostbar [24]weg genommen [25]tausenderlei [26]verschwinden [27]mannhaft [28]unthätig [29]der Unterschied [30]der Beruf [31]sorgfältig [32]fleißig [33]eifrig [34]emsig [35]obenhin [36]frech, trotzig [37]rüstig [38]schläfrig [39]verdrossen [40]die Nachrede [41]das Nicken [42]das Zucken [43]der Blick [44]das Lächeln [45]erobern [46]der Winkel [47]zänkisch [48]gemeinschaftlich.

62.

Sei annehmlich[1] und holdselig[2] vom[3] Gesichte, artig[4] und höflich von Gebärden[5] und Sitten[6] freundlich und wahrhaftig[7] von Worten, brünstig[8] und aufrichtig vom Herzen. Die Geduld trägt die Unfälle[9] und das Unrecht mit demüthiger Ergebung[10]. Es ist besser vor Gott in einem alltäglichen[11] Kleide zu erscheinen[12], als mit einem alltäglichen Herzen. Mit freundlicher Rede[13] erreichst[14] du mehr als mit dem Schwerte. Der Mond scheint[15] nicht mit eigenem, sondern mit einem von der Sonne entlehnten[16] Lichte. Besser ist geringe[17] Weisheit mit großer Tugend, als große Weisheit ohne Tugend. Gott bewahre (chraniž) jeden vor einem verarmten[18] Reichen, und vor einem reich gewordenen[19] Bettler. Glücklich der Mensch, der durch fremde Erfahrung klug wird. Kein Mensch kann sich selbst (sobě) ein gerechter Richter sein. Es ist leicht den irdischen Trost zu verachten, wenn der göttliche da ist. Mit dem Heiligen wirst du heilig, mit dem Auserwählten[20] wirst du auserwählt werden. Die Schmeichler haben mit ihrem eigenen Verstand einen steten Krieg. Prag war von (Instr.) Libuša, Kroks Tochter, gegründet[21]. Der Diener wird dein Herr, wenn du mit ihm (s ním) Kurzweil[22] treibst[23]. Das allergeheimste liegt offen vor Gottes Auge; er sieht Gedanken, forschet[24] Nieren[25], prüfet[26] Herzen. Wir handeln den Geboten der Liebe entgegen, wenn wir mit unserem Nächsten in Zwietracht leben. Die größten Verschwender sind, welche die Zeit mit langem Schlafe[27] vergeuden. Böses mit Bösem zahlt ab[28] der Menschen Verdorbenheit[29], Gutes mit Gutem erwiedert[30] gemeine Gerechtigkeit, Böses mit Gutem entgilt[31] christliche Vollkommenheit. Wer mit lügenhafter Zunge Schätze sucht, ist ein eitler und feiger[32] Mensch und wird in die Schlinge[33] des Todes fallen[34]. Wie auf Zinsen[35] leihet dem Herrn, wer sich seines Nächsten erbarmet. Auf einerlei Art werden wir alle geboren[36]; auf tausenderlei sterben wir. Wer sich mit einem Mächtigeren hadert[37] und mit einem Feinde berathet, rennt freiwillig in sein Verderben.

[1]příjemný [2]milý [3]ve [4]vlídný [5]povaha [6]spůsob [7]pravdomluvný [8]vroucí [9]pohroma [10]oddanosť [11]všední [12]přijíti [13]řeč [14]získati [15]svítiti [16]půjčený [17]malý, skrovný [18]zchudlý [19]obohatěný [20]vyvolený [21]založen [22]kratochvíle [23]provoditi, It. VI. [24]skoumati [25]ledví, [26]zpytovati [27]spaní [28]platiti, It. VI., VIII. [29]zkaženost [30]nahraditi, It. VIII. [31]odměniti, It. VIII. [32]nesmyslný [33]osidlo [34]upadnouti [35]úrok [36]roditi se [37]hádati se.

63.

Adjektiva mit dem bestimmten Ausgange und Adjektiva possessiva haben im Instrum. des Plurals -ými für alle Geschlechter.

Objektiva kontrakta haben im Instrum. des Plurals -imi für alle Geschlechter.

Draví ptáci jsou opatřeni[1] pevnými, ostrými drápy[2] aneb pářaty[3] a ostrým zrakem i čichem. Česká země se honosí mnohými výbornými městy a místy lázenskými[4], jako: Karlovými Vary, Teplicí, Marianskými a Františkovými lázněmi. Významnější[5] slova v knihách bývají drobnějšími[6] a hrubšími[7] písmeny[8] tištěna[9]. Jeleni živí se listím, travou a poupaty stromovými, a zdržují se ve velkých stádech po lesích. Jelenímí chlupy se vycpávají[10] sedadla[11]. Jezvec přebývá o samotě v nejhustších[12] evropských lesích, v doupatech, jež (die) si sám se svými křivými[13] nohami vyhrabuje[14], a vnitř[15] travou a listím vycpává. Hejsek[16] ustavičnými kvasy[17] jmění i zdraví svého pozbývá. Mladí s mladými, staří se starými, učení s učenými, bohatí s bohatými rádi tovaryšství[18], obecenství[19] a schůzky[20] mívají. Mezi slepými šilhavý[21] králem býti může. Želva[22] vrchem i spodem[23] přetvrdými škořepinami co štítem pokryta jest. Italie má zemi a půdu[24] ourodnou[25], plodnou[26], mastnou, květnatou[27], téměř bych řekl (ich möchte sagen), voňavou[28], divotvornou[29], tím (mit dem) nejjasnějším blankytem[30] nebeským osvěcovanou[31], líbeznými[32] větříky provívanou[33], vysokými vrchy a hlubokými doliuami ozdobenou, na ty nejvzácnější kovy, mramory a jiná kamení přebohatou, obilí a ovoce všeho druhu přinášející[34], pastvami i rolemi oplývající[35], pro rolnictví[36] a dobytkářství[37], lovectví[38], včelařství[39], sady, zahrady a vinice[40] výborně spůsobenou[41]. Živočichové pod rovníkem[42], t. pod horkým pásmem skvějí[43] se živějšími barvami nežli pod ostatními pásmy. Pán stojí poddanými a poddaní pánem.

[1]versehen [2]die Kralle [3]der Griff, die Klaue [4]Bade= [5]bedeutungs=voll [6]klein, fein [7]groß, grob [8]der Buchstabe [9]gedruckt [10]auspolstern [11]der Sitz, der Sessel [12]dicht [13]krumm [14]graben [15]im Innern [16]der Wüstling, der Schwelger [17]der Schmaus [18]die Gesellschaft [19]die Gemeinschaft [20]die Zusammenkunft [21]schielend [22]die Schildkröte [23]von unten [24]der Boden [25]fruchtbar [26]tragbar, produktiv [27]blumenreich [28]wohlriechend [29]wunderthätig [30]das Blau [31]beleuchtet [32]lieblich [33]durchweht [34]tragend [35]überflüssend [36]der Ackerbau [37]die Viehzucht [38]die Jagd [39]die Bienenzucht [40]der Weinberg [41]geeignet [42]der Aequator [43]glänzen.

64.

Die heilige Ludmila blieb (zůstala) nach dem Tode[1] ihres Gemahls ič zu ihrem Absterben[2] in Neuschheit, Gott eifrig dienend (sloužíc) und ihre Sinnlichkeit mit Fasten, Gebeten, Nachtwachen[3] und andern Werken quälend (trudíc). Mit den Vorderzähnen[4] beißen[5] wir die Speisen ab, mit den Backenzähnen[6] zermalmen[7] wir dieselben (je). Besser ist's allein zu sein, als mit Bösen Umgang zu haben[8]. Wahre und treue Freundschaft kennt keinen Unfall[9]; sie wankt nicht[10], sie verändert sich nicht[11], sie ist fest und begründet[12]; und diese kann nicht sein außer[13] unter guten Menschen. Mit den Trauernden[14] sollen wir trauern[15], mit den Fröhlichen uns freuen. Der Umgang[16] mit bösen Menschen ist nicht nur gefährlich, sondern auch verderblich[17]. Wahre Bescheidenheit[18] ist ein dichtbelaubter[19] Baum, der unter seinen Blättern die Früchte verbirgt, die er trägt. Wollen wir im Alter von der Jugend geachtet sein, so müßen wir selbst mit den grauen Haaren[20] der Greise Mitleid[21] haben. Mit guten und sanften Worten läßt sich viel mehr ausrichten, als mit stolzer Rede und rauhen Sitten. Ein verborgenes Glück geht [22] den Tugendhaften nach. Mit guten Thaten lebt es sich gut. Es ist besser mit den Demüthigen gedemüthigt[23] zu sein, als Beute[24] mit den Hoffärtigen zu theilen[25]. Wer sich mit Weisen und Gottesfürchtigen berathet, kann mit vollem Vertrauen auf Gottes Segen hoffen[26].

[1]skonání [2]smrt [3]bdění noční [4]zub přední [5]ukousnouti, It. VIII. [6]zub třenový [7]rozdrobiti, It. VIII. rozetříti, It. VII. [8]obcuji, spolek mám [9]pád [10]hýbati se [11]měniti se [12]utvrzen [13]leda [14]smutný [15]truchliti [16]obcování [17]škodný, záhubný [18]skromnosť [19]hustolistý [20]šediny [21]outrpnost [22]jíti za [23]pokoření [24]kořist [25]děliti [26]nadíti se (Genit.).

65.
Vokativ.

1. Starke Deklinationen.

a) Substantiva maskulina belebte und leblose haben im Vokativ des Sing. -e oder -u.

Die auf h, ch, k auslautenden haben lieber -u; wollte man -e setzen, so müßte h in ž, ch in š, und k in č verwandelt werden.

Die auf r auslautenden Belebten haben lieber -e, wobei das r in ř erweicht wird; die leblosen auf r und die belebten auf er und or erweichen das r nicht.

Bůh hat im Vokativ nur Bože, syn nur synu, člověk nur člověče, Jan nur Jene.

b) Subſtantiva feminina haben im Vokativ des Sing. -o und
c) Subſtantiva neutra haben den Vokativ gleich dem Nominativ.

2. Schwache Deklinazionen.

a) Subſtantiva mask. belebte und leblose haben im Vokativ d. Sing. -i.
Die auf -ec verwandeln das ec in če.
Die auf -ce auslautenden haben den Vokativ gleich dem Nominativ.
b) Subſtantiva feminina und c) Subſtantiva neutra haben den Vokativ gleich dem Nominativ.

3. Vereinzelte weibliche Deklinazion.

Subſtantiva feminina der vereinzelten Deklinazion haben im Vokativ des Sing. -i.

4. Kontrakte Deklinazion.

Subſtantiva kontrakta haben den Vokativ gleich dem Nominativ.

Aus der Vergleichung dieser Deklinazionen unter einander ergibt sich Folgendes:

1. Subſtantiva nach holub und dub haben im Vokativ d. Sing. -e und -u.
2. Subſtantiva nach muž, meč und kosť haben -i.
3. Subſtantiva feminina nach země, ferner Subſtantiva kontrakta, Subſtantiva neutra und endlich die maskulina der schwachen Deklinazion auf ce haben den Vokativ gleich dem Nominativ.

Abweichend sind die mask. auf ec und r; und ferner Bůh, syn, člověk, Jan.

Im Plural ist der Vokativ durchwegs dem Nominativ gleich. Auch alle Adjektiva haben den Vokativ in beiden Zahlen gleich dem Nominativ.

Pane Bože, Otče náš, ty otevíráš[1] ruku svou a naplňuješ[2] všeliký živočich požehnáním. Ne ten, kdo mi říká: „Pane, pane!" praví Spasitel, „vejde do království Božího: ale kdo plní vůli Otce mého, jenž jest v nebesích." Lenochu, nebojíš se hříchu, že pořád zahálíš! Jak jsi pomíjitelná[3] a marná, ó kráso! Ptáku, krásné jest peří tvé, ale hlas tvůj protivný jest! Ó skromnosti, jak milování hodné činíš mladíky! Ó naděje, jak příjemná jsi věc nešťastným! Mysli, jak jsi drahý klenot[4] bohům i lidem vzácný! Dube, jak dlouho budeš ještě svá ramena[5] k nebesům vypínati[6]! Petře, nemůžeš mlčeti, ješto slyšíš, že otec mluví! Vojtěchu, proč tak dlouho ležíš, nevidíš, že bratr již vstává? Běda vám (euch), pokrytci, kteřížto modlitbou dlouhou se modlíce (betend) zžíráte[7] domy vdov[8] a sirotků⁹! Dobrotivý Bože, jak nepochopitelní¹⁰ jsou soudové tvoji a nevystížitelné¹¹ cesty tvoje! Synu můj, buď Boha vždy pamětliv! Ženo, proč pláčeš, koho (wen) hledáš? Člověče, pomni (gedenke), že popel jsi a popelem budeš! Všemohoucí peníze, vaše moc není ve vás, ale v očích (Augen) lidských! Hoši, buďte skromní a mravní a každý vás rád bude míti! Ubozí¹² sirotkové, kdo se o vás (für euch) starati bude? Dobrotivá matičko! proč odcházíš? proč syna svého opouštíš¹³? Kde jest, ó smrti, vítězství tvé? Kde jest, ó smrti, osten tvůj? Ó sladká radosti, že nemůžeš býti bez žalosti! Anděle Boží, strážce¹⁴ můj, budiž mým opatrovníkem po všecky (alle) dny života mého! Ó vy krásní dnové mladosti mé, kam jste se poděli (gekommen)!

¹öffnen ²erfüllen ³vergänglich ⁴das Kleinod ⁵der Arm ⁶strecken ⁷aufzehren ⁸die Witwe ⁹die Waise ¹⁰unbegreiflich ¹¹unerforschlich ¹²arm ¹³verlassen ¹⁴der Beschützer, Schutz.

66.

O Mensch, vergiß nicht (nezapomínej), daß du ein sterbliches Geschöpf bist! Wer, o Herr, ist im Stande die Wunderthaten¹ deiner Macht, Weisheit und Güte zu begreifen²! O Thor, wie kannst du hoffen lange zu leben, da du hier keinen einzigen Tag gewiß hast. Was ist, o Herr, der Mensch, daß du seiner (na něho) gedenkest³! Sohn, willst du ein glückliches Leben führen, vergiß nicht das vierte⁴ Gebot Gottes! O Tod, wie bitter ist dein Andenken⁵ für den Menschen (Tat.), der im Glücke sitzt! Jüngling, du weichst⁶ von deinem Glücke, wenn du von der Tugend weichst! Ihr Söhne und Töchter, ihr seid eueren Vätern und Müttern Liebe und Ehrerbietung⁷ schuldig⁸; denn wer Vater und Mutter nicht ehrt, sündigt wider das vierte Gebot. Heiliger Geist! du erfüllst⁹ uns (nás) mit deiner siebenfachen Gnade¹⁰. Meine lieben Brüder, seid standhaft¹¹ und unerschütterlich¹² im Guten. Mein Auge, o allmächtiger Schöpfer! sieht, wohin es blickt¹³, die Wunder deiner Werke¹⁴. Allmächtiger ewiger Gott, wer kann zählen die unendlichen¹⁵ Werke deiner Macht und Güte! An deiner Brust (prsou), du gute Mutter Natur¹⁶, nährt¹⁷ sich alle Kreatur¹⁸! O ihr guten Lehrer, ihr Führer und Bildner¹⁹ meiner Jugend, welche Mühe²⁰ habt ihr mit mir (se mnou)! Heilige Maria, Mutter Gottes, bitte für uns (pros za nás) Sünder jetzt und in der Stunde unseres Absterbens!

¹divy ²pochopím ³vzpomenouti. It. VII. ⁴čtvrtý ⁵památka ⁶odstoupiti ⁷uctivost ⁸povinen ⁹naplniti. It. VIII. ¹⁰sedmerý ¹¹pe-

vný, stálý ¹²vytrvalý, nepohnutelný ¹³pohlednu ¹⁴skutek ¹⁵neskonalý ¹⁶příroda ¹⁷živiti se ¹⁸tvor, stvoření ¹⁹stvořitel ²⁰práce.

67.
Imperativ (gebietende Art).

Der Imperativ wird vom Präsens und zwar von der dritten Person der Vielzahl gebildet, indem man den auslautenden Vokal oder Dipthong wegläßt und an dessen Statt -i anhängt. Dieses -i verschmilzt mit dem vorhergehenden Konsonanten, macht ihn, wo er hart ist, weich, und bedingt die Verwandlung des h in z, k in c. Nur falls man den Imperativ ohne das -i nicht aussprechen könnte, muß es bleiben; z. B. kleknou, Imperativ klekni. Noch muß bemerkt werden, daß gegenwärtig das -n der dritten Person der Vielzahl in der VII. Konjugazion im Imperativ in -e übergehe; es wird demnach der Imperativ aus volají — volej, aus dají — dej sein, und nicht volaj und daj, wie es sonst üblich war.

Demnach geschehen alle Konjugazionen durch folgende Operazion:

I.	II.	III.	IV.
Aus nesou wird nes	pijí — pij	hnou — hni	honí — hoň
V.	VI.	VII.	VIII.
Aus hledí wird hleď	shánějí — sháněj	volají — volej	milují — miluj

Die Abwandlung des Imperativs richtet sich in allen Personen nach dem Imperativ vom Hilfsverbum býti. Nur diejenigen Verba, die der Aussprache wegen das -i im Imperativ im Singular beibehalten müssen, verwandeln dasselbe im Plural in -ě.

Imperativ.

Singular, Einzahl.

	I.	II.	III.	IV.
1.	—	—	—	—
2.	nes	pij	hn-i	hoň
3.	nes	pij	hn-i	hoň

Plural, Mehrzahl.

1.	nes-me	pij-me	hně-me	hoň-me
2.	nes-te	pij-te	hně-te	hoň-te
3.	nes-te	pij-te	hně-te	hoň-te

	Singular, Einzahl.		
V.	VI.	VII.	VIII.
1. —	—	—	—
2. hleď	sháněj	volej	miluj
3. hleď	sháněj	volej	miluj.
	Plural, Mehrzahl.		
1. hleď-me	sháněj-me	volej-me	miluj-me
2. hleď-te	sháněj-te	volej-te	miluj-te
3. hleď-te	sháněj-te	volej-te	miluj-te.

1. **Anmerkung.** Den Imperativ der II. Konjugazion pij pflegt man auch in pí, píme píte, zusammenzuziehen.: chci hat chtěj; jím hat jez und stojím hat stůj.

2. **Anmerkung.** Die gedehnten Stammvokale der IV. Konjugazion werden im Imperativ geschärft; z. B. soudí Imp. suď. Nur blázním behält den Stammvokal lang.

3. **Anmerkung.** Zufolge der städtischen, der deutschen Sprachweise nachgebildeten Höflichkeitssprache, wird statt der 2. Person des Plurals zum Imperativ die 3. Person des Plurals vom Präsens gebraucht, was wenn auch in der Konversazion, doch nie in der Schrift zulässig ist.

Im Imperativ darf nicht die Dauer der Handlung übersehen werden, denn es ist wohl wesentlich verschieden, ob ich sage: gib diesem Menschen einen guten Rath — also nur für den vorliegenden Fall, oder: sei ihm ein Rathgeber, so oft er eines Rathes bedürftig ist. Demnach muß der Imperativ von einem mehrmomentigen Verbum gesetzt werden, — wenn man denselben mit dem Adverbium „immer" oder mit dem Satze „beschäftige dich damit" oder auf eine ähnliche Art erklären kann; wo dies nicht möglich ist, steht immer ein einmomentiges Verbum. Ist der Imperativ ein negativer, so steht in der Regel ein mehrmomentiges Verbum.

Jez, co sytí[1]; pij, co žízeň[2] hasí[3]; nos, co tělo kryje, a nebudeš míti vydání[4] větší příjmu[5]*). Potřebuje-li kdo rady, poraď; pakli potěšení, potěš; pakli pomoci, přispěj[6] na pomoc; jestliže přímluvy[7], skloň[8] se; nemocné navštěvuj[9]; tak u všech (bei allen) zasloužíš[10] lásky a přízně. Zpívej, co umíš; jez, co máš; mluv

---

*) Wenn nach dem Komparativ das „než" ausgelassen wird, so setzt man den zur Vergleichung angewandten Gegenstand in den Genitiv.

co víš; dělej, cos povinen, pak obstojíš[11]. Člověče, pomni[12] na poslední věci a na věky nezhřešíš (fut.)! Jdi lenochu k mravenci a zpytuj cesty jeho (iņre) a uč se moudrosti! Nečiňte násilí[13] chudému, protože chud jest, aniž potírejte[14] nuzného na soudu! Mlč, když moudří mluví, a mluv, když tázán[15] jsi! Cti otce svého i matku svou, neboť jsou největší dobrodincové tvoji na zemi. Blahoslavený, který se nad nuzným a nad chudým smilovává! Hospodine, zachovejž ho (iņn) a obživiž[16] ho, a blahoslaveného učiň ho na zemi a nedávej ho v moc nepřátel jeho (feiner). Česky*) mysli, česky mluv a piš, kdo se Čechem býti nestydíš. Chvalte[17] Hospodina všickni národové, chvalte ho všickni lidé! Važ si času, chyť[18] se práce, zahálky se střez[19] co jedu. Nevaďme**)[20] se, ustupujme[21] pokud možná, uvažujme[22], že bez ústupnosti žádné není svornosti! Přemysli[23] dobře, začni rychle, konej[24] pilně! Buďtež poddáni Bohu, odpírejte[25] pak ďáblu i utečeť[26] od vás. Umyjte[27] ruce hříšníci a očistte srdce, a květte a plačte; smích váš raději v žalosť se obrať a radosť v zármutek! Synáčkové moji, nemilujmež slovem ani jazykem toliko, ale skutkem a pravdou! Neutrhujmež jeden druhému, bratří! Kdo utrhá bratru, aneb kdo soudí bratra svého, utrhá zákonu a soudí zákon. Sláva budiž Hospodinu na výsosti! Nevyjevuj[28] každému člověku srdce svého; ale s moudrým a bohabojným pojednávej[29] věc svou! Varujme[30] se hříchu, za hříchem pokuta v patách běží. Lámej lačnému chleb svůj, a nuzné i pocestné[31] uveď do domu svého; když uzříš nahého, přioděj[32] ho (iņn) a tělem svým nepohrdej! Anděle Boží, strážce můj, rač vždycky být ochrance můj, mne (mich) vždycky řiď a napravuj, ke všemu (allem) dobrému mne vzbuzuj, ctnostem svatým mne vyučuj, ať jsem tak živ, jak chce Bůh můj!

[1]fättigen [2]der Durst [3]löschen [4]die Ausgabe [5]die Einnahme [6]kommen [7]die Fürsprache [8]herablassen [9]benuchen [10]verdienen, erlangen [11]bestehen [12]gedenken [13]die Gewalt [14]unterdrücken [15]gefragt [16]ernähren [17]loben, preisen [18]ergreifen [19]sich in Acht nehmen [20]zanken, hadern [21]nachgeben [22]bedenken [23]überlegen [24]vollbringen, verrichten [25]widerstehen [26]davonlaufen [27]abwaschen [28]offenbaren [29]verhandeln [30]sich hüten [31]der Reisende, der Fremde [32]bekleiden.

*) Adjektiva auf -ský werden zu Adverbien, wenn man das Dehnungszeichen auf dem auslautenden Vokale ý wegläßt.
**) Die erste Person des Imperativs ist eine wünschende Art (Optativ) und wird im Deutschen häufig mit: „wollen, sollen, mögen, lassen" übersetzt.

68.

Mein Sohn, pflege[1] im Alter den Vater und betrübe[2] ihn in seinem (jeho) Leben nicht! Ihr Kinder gehorchet euren (svých) Aeltern im Herrn; denn das ist gerecht. Freuet euch mit den Fröhlichen und weinet mit den Weinenden! Erwirb[3] dir Weisheit, denn sie ist besser als Gold; verschaff[4] dir Klugheit[5], denn sie ist besser als Silber. Achten[6] wir die Freiheit, selbst goldene Fesseln[7] bleiben Fesseln. Fürchte, mein Sohn, den Herrn und den König, und menge[8] dich nicht unter die Verleumder[9]! Eurem Beleidiger[10] gehet auf dem halben[11] Weg entgegen[12], und wenn er die andere Hälfte nicht machen will, machet den ganzen Weg! Vater unser, der du bist im Himmel, geheiliget[13] werde dein Name! Zu uns komme[14] dein Reich, dein Wille geschehe[15] wie im Himmel also auch auf Erden! Unser tägliches[16] Brot gib uns (nám) heut, und vergib[17] uns unsere Schulden, als auch wir vergeben unseren (svým) Schuldigern[18], und führe uns (nás) nicht in Versuchung[20], sondern erlöse[21] uns von allem (všeho) Uebel[22]. Sei niemals völlig[23] müßig[24], entweder lies oder schreib, bete oder betrachte[25] oder arbeite zum (pro) gemeinsamen[26] Besten[27]! Schmeichle[28] den Reichen nicht und vor dem Großen erscheine[29] nicht gern! Vertrauet nicht zu sehr[30] auf eueren Verstand, sondern höret auch die Meinung Anderer an! Alle eure Sorgen werfet[31] auf Gott, denn er sorgt für euch (o vás). Was du heute, was du jetzt thun kannst, verschiebe[32] nicht auf Morgen, thue es gleich! Verzäune[33] deine Ohren (uši) mit Dörnern; höre nicht, was eine böse Zunge redet, und mache[34] Thüren und Schlösser[35] vor deinen Mund! Wer Almosen gibt[36], vertheile[37] es mit Redlichkeit[38]! Wer der Leidenden[39] sich annimmt[40]; thue es mit Fröhlichkeit. Die Liebe sei ungeheuchelt[41]! Hasset[42] das Böse und haltet[43] am Guten fest. Vor dem Gebete bereite[44] deine Seele, und sei nicht wie ein Mensch, der Gott versucht[45]! Sage nicht alles, was du weißt, wisse jedoch immer, was du sagst! Streben wir nicht bloß gut zu scheinen, sondern auch gut zu sein. Gott ist mein Hort[47] und auf sein Wort soll*) meine Seele trauen. Den Ruhm soll der Weise verachten, aber nicht die Ehre.

---

*) Das deutsche „sollen, miti," hat eine doppelte Bestimmung; entweder heißt es so viel als: man sagt, oder es bedeutet eine Verpflichtung. Im ersten Falle wird es im Böhmischen mit pry oder praví se, že, im zweiten am zierlichsten mit dem Imp. oder mit miti gegeben.

¹ošetřovati ²zarmoutiti ³nabyti ⁴zjednati si ⁵opatrnosť ⁶vážiti si ⁷pouto ⁸přiměšovati se ⁹utrhač ¹⁰ublížitel ¹¹polovic ¹²naproti ¹³posvětiti se ¹⁴přijíti ¹⁵býti ¹⁶vezdejší ¹⁷odpustiti ¹⁸vinník ¹⁹uvesti ²⁰pokušení ²¹zbaviti ²²zlý ²³zúplna ²⁴zahaleti ²⁵rozjímati ²⁶obecný ²⁷dobro ²⁸pochlebovati ²⁹choditi ³⁰příliš ³¹uvrhu ³²odkládati ³³oplesti ³⁴udělati ³⁵zámek ³⁶udělovati ³⁷rozdávati ³⁸upřímnosť ³⁹trpící ⁴⁰slitovati ⁴¹bez pokrytství ⁴²nenáviděti ⁴³držeti ⁴⁴připraviti ⁴⁵pokoušeti ⁴⁶hleděti ⁴⁷záštita.

69.
Perfektum (vergangene Zeit).

Das Perfekt ist wie im Deutschen eine zusammengesetzte Zeit, es besteht aus dem Mittelworte der vergangenen Zeit und dem Hilfsverbum **jsem**, z. B. bloudil jsem ich habe geirrt. Das Mittelwort, das nach on, ona, ono sich richtet, wird vom Infinitiv gebildet, indem man die Endsilbe -ti in -l verwandelt. Bei der I. und II. Konjugazion wird überdies in der Regel der lange Stammvokal, und bei der III. das -ou vor dem -ti nach bekannten Regeln gekürzt. Es wird also aus dem Infinitiv der

I.	II.	III.	IV.
nésti	píti	hnouti	honiti

das Partizip

Sing. Plur.	Sing. Plur.	Sing. Plur.	Sing. Plur.
nesl, nesli (y)	pil, pili (y)	bnul, hnuli (y)	honil, honili (y)
—a —y	—a —y	—a —y	—a —y
—o —a	—o —a	—o —a	—o —a;

aus dem Infinitiv der

V.	VI.	VII.	VIII.
hleděti	sháněti	volati	milovati

das Partizip

Sing. Plur.	Sing. Plur.	Sing. Plur.	Sing. Plur.
hleděl, hleděli (y)	sháněl, sháněli (y)	volal, volali (y)	miloval,—i (y)
—a —y	—a —y	—a —y	—o —a
—o —a	—o —a	—o —a	—o —a

Wird zu diesen Partizipien das Präsens des Hilfsverbum býti, also **jsem** u. s. f. hinzugesetzt, so erhält man, wie gesagt, das Perfekt; setzt man dagegen zu demselben das Perfekt **byl jsem**, so erhält man das Plusquamperfekt oder die vergangene Zeit, die jedoch im Böhmischen, namentlich in der Volkssprache, nur selten gebraucht wird. Wenn irgendwo, so muß besonders hier auf die Dauer der Handlung genau geachtet werden. Ich verweise beßhalb hier auf die Lehre von der Dauer der Handlung, mit der Bemerkung, daſs diejenige Handlung, bei der man sich vorstellen kann: sie sei so eben in der Entwicklung, ich beschäftige mich so eben mit ihr; oder sie war in der Entwicklung, ich habe mich mit ihr eine längere Zeit beschäftigt oder befasst; oder endlich sie werde sich durch eine Reihe von Zeitmomenten entwickeln, ich werde mich mit ihr beschäftigen, unbedingt durch ein mehrmomentiges Verbum gegeben werden müsse; wo diese Vorstellung nicht möglich ist, steht immer ein einmomentiges Verbum. Im Deutschen stehen im ersten Falle häufig die Verba: suchen, sich bemühen, im Begriffe sein, beginnen u. s. f.; z. B. já opisoval úlohy a všecky jsem je opsal, wörtlich: Ich schrieb die Aufgaben ab, d. h. ich war mit dem Abschreiben derselben beschäftigt, ich habe sie alle abgeschrieben; on volal všecky, ale bratra nezavolal, er rief alle (war mit dem Rufen beschäftigt), allein den Bruder hat er nicht gerufen; ona odnášela dříví, ale všecko neodnesla, sie war beschäftigt mit dem Holztragen, allein alles hat sie nicht weggetragen; das Wasser suchte sich einen Ausgang durchzubrechen, und brach endlich durch, voda prorývala se, až se i proryla u. s. f.

Staří psávali na deskách[1] voskových[2] mosazným[3] rylcem[4], jehožto (beſſen) špičatým[5] koncem vyrývala[6] se písmena, ploským[7] ale koncem zase zatírala[8] se; potom písmena psali teninkou[9] třtinou[10]. Kdo jen jedno neb drnhé písmeno špatně vyryl, nepotřeboval všecko zatírati, než zatřel jen to, co nedobře napsal. Staré přísloví české o lakomství říká, že lakomec moudrosti a bázně Boží nemá, pravdy mu se nedostává[11], upřímnost před lidmi zakopal[12] a spravedlnosti oči (die Augen) vyloupal[13]; víru do pytle zašil[14], naději udusil a lásku vysušil; kostel mu daleko, pán Bůh příliš vysoko; modlitba ho (ihn) mrzí[15], chudými pohrzí[16]. Bohužel[17], že i nyní přemnozí lidé jsou, jimž (benen) se moudrosti a bázně Boží nedostává; kteří i nyní upřímnosť před lidmi zakopávají, spravedlnosti oči vylupují, víru do pytle zašívají, naději udušují a lásku vysušují. Mnohý marnotratný[18] dědic tak dlouho dědictví své utrácel[19] a mařil[20], a tak dlouho jedl, pil a hrál, až všecken statek svůj neužitečně a zbytečně[21] utratil, promařil, projedl, propil, prohrál. Sázavský opat[22] Božetěch za časů krále Vratislava maloval[23] krásné obrazy, i řezal podobizny[24] ze dřeva a dlabal[25] z kamene, ano i stavitelství[26] rozuměl dobře. Ze všeho (aſſem), co vymaloval, vyřezal a vydlabal aneb vystavěl, nezachovalo se nám (uns), pokud víme, nic. V patnáctém[28] a v šestnáctém[29] věku[30] národní[31] jazyk náš se líbě ozýval[32] jak v sprosté chatrči[33], tak v nádherném paláci po vlastech našich (unſern); a však v sedmnáctém[34] věku v mnohém palácu a v mnohé chatrči naposled snad se ozval. Kdo přemohl[35] mocí, přemohl nepřítele jen odpolu[36]. Jakkoli[37] Římané po dlouhý čas Germany přemáhali, dokonale jich (ſie) nikdy nepřemohli. Ne ten, kdo se mnoho učil, nýbrž kdo mnoho ví, učený jest. Nouze a bída naučila Dalibora na housle[38] housti. Kdo času chybil[39], všecko ztratil. V tom (barin) naši předkové velice chybovali, že málo svorni[40] byli. Sláva starého Říma, ač se poznenáhlu[41] ztrácela a mijela[42], úplně přece neztratila se a nepominula. Ne ten, kdo počal, ale kdo setrvá[43], odměnu míti bude. Staří Čechové počínali nový rok vánoci[44], my ale prvním lednem[45] jej (es) počínáme. Víc se lidí v bečce[46] nežli v řece utopilo[47]. Ne všickni utopili se, kteří se topili, aniž hned všickni umřeli, kteří umírali. Staří žili prostě; nyní kolik lahůdek, tolik záhub. Pozdě s džbánkem[48] pro vodu, když se ucho utrhlo[49]. Mnozí padli ostrostí[50] meče, ale ne tak mnozí, jako skrze jazyk svůj zahynuli. Ucho, jež slyší, a oko, jež vidí, obé to učinil Hospodin. Není ten chud, kdo nikdy ničehož (etwas) neměl, ale ten, kdo něco měl a toho pozbyl. Dobře v čas jiskru uhasiti[52], ale pozdě zavříti klec, když ptáci vyletěli a dělati závory[53], když koně vyvedli.

[1]die Tafel [2]Wachs [3]von Meſſing [4]der Griffel [5]ſpitzig [6]graben [7]flach [8]verwiſchen [9]fein [10]das Rohr [11]mangeln [12]vergraben [13]ausſtechen [14]vernähen, einnähen [15]verbrießen .[16]verachten [17]leider! [18]verſchwenderiſch [19]vergeuden [20]verſchwenden [21]unnütz [22]der Abt [23]mahlen [24]die Figur [25]meißeln [26]die Baukunſt [27]ſich erhalten [28]fünfzehnte [29]ſechszehnte [30]das Zeitalter, das Jahrhundert [31]vaterländiſch [32]ertönen [33]die Hütte [34]ſiebenzehnte [35]überwinden [36]halb [37]obzwar [38]die Geige [39]verfehlen [40]einig [41]allmählich [42]verſchwinden [43]ausharren [44]Weihnachten [45]Jänner [46]das Faß, die Tonne [47]erſaufen [48]der Krug [49]abreißen [50]die Schärfe [51]verlieren [52]löſchen [53]der Riegel.

Husité dobývali[1] města Plzně po deset[2] měsíců, přece ji (es) nedobyli, neboť Plzňané odráželi[3] útoky[4] jejich (ihre) zmužile[5], a každý šťastně odrazili. Onino stříleli na město kamenné kule[6] z děl[7], a jednou střelili do chrámu Páně právě[8], když se lidé k službám Božím scházeli, a tenkráte u velkém počtu[9] se byli sešli. Koule vrazila¹⁰ na zeď a pukala¹¹, a když pukla, padaly kusy na zem; ale žádný nepadl na lid, tak že nikdo nebyl poraněn. Měšťané házeli do husitského tábora¹² kamení a rozličná břevna¹³ prakem¹⁴, a jednou prý tam hodili pečeného¹⁵ vepře¹⁶, aby Husité myslili, že obležení¹⁷ posud hojnosť¹⁸ masa mají, jako před obležením¹⁹ mívali, jakkoli jim všecka potrava²⁰ docházela²¹, ano na mnoze²² tak došla, že každý sotva čtvrtinu²³ toho (beſſen) denně dostal, co prvé byl dostával. Z nedostatku povstal mor, jímž (woran) mnoho lidí mřelo. Na podzim jich umíralo každodenně až po (ʒu) dvacíti²⁴, a jednoho (eines) dne umřelo dokonce²⁵ pět a dvacet osob. Měšťané čínívali časté výpady²⁶, zaháněli²⁷ Husity, honili je daleko. Když je zahnali, vraceli se s kořistí do města. Jednou se vrátili s ukořistěným²⁸ velbloudem, přivedli jej do města a vodili jej u velké slávě po městě. Lidé se sbíhali na náměstí²⁹ a běhali radostně po ulicích. Mladí, staří běželi, aby viděli (um ʒu ſehen) neobyčejné zvíře, a když přiběhše (angekommen) je spatřili, divili se obludě³⁰, jakéž nikdy ještě neviděli.

¹ʒu erobern, ſich bemühen ²ʒehn ³abſchlagen ⁴der Angriff ⁵mannshaft ⁶die Kugel ⁷die Kanone ⁸gerade ⁹die Anʒahl ¹⁰anſchlagen ¹¹berſten ¹²das Lager ¹³der Balken ¹⁴die Schleuder ¹⁵gebraten ¹⁶das Schwein ¹⁷der Belagerte ¹⁸der Ueberfluß ¹⁹die Belagerung ²⁰das Lebensmittel ²¹ʒu Ende gehen ²²gar oft ²³der vierte Theil ²⁴ʒwanʒig ²⁵vollends, ſogar ²⁶der Ausfall ²⁷vertreiben ²⁸erbeutet ²⁹der Ring ³⁰die Beſtie.

Otcové Basilejští¹ se skládali², sbírali³ peníze a posýlali⁴ je Plzňanům ku pomoci. Jednou složili velmi štědře, sebrali kolik tisíc dukátů a poslali je po jednom (einem) měšťanu, který z Plzně do říše⁵ jezdil, a právě tenkráte do Basileje přijel. Těmi (mit dieſem) penězi vypláceli⁶ Plzeňští své žoldnéře⁷ a vyplativše jim (und nachdem ſie ihnen ausgeʒahlt hatten) dvouměsíční⁸ žold, kupovali špíži⁹. Nejprvé koupili osm¹⁰ set korců¹¹ žita a uplatili¹² Přibíka z Klenové, aby jim nakoupenou¹³ zásobu¹⁴ do města dodal¹⁵. Přibík se dal*) pohnouti¹⁶, svážel¹⁷ obilí z rozličných míst, vozil je (es) k Plzni a když poslední část¹⁸ vezl, stíhali ho Husité, ale nedostihli¹⁹, chytali povoz²⁰, ale nechytili ho, tak že obilí šťastně do města

*) dal ließ iſt faktitiv, nechal ließ iſt neutrum; alſo dal dělati er ordnete an, befahl ʒu machen, ʒ. B. einen Rock; nechal dělati ließ ʒu, duldete, daſs gemacht werde.

dovezl. Tak přestáli Plzeňští největší bídu, a když nouze přestala, přestával i mor, a nastala naděje nastávajících²¹ lepších časů. Husité zatím vybíjeli²² a vypalovali²³ okolní vsi, zajímali²⁴ obyvatele a usmrcovali²⁵ je. Tak vybili a vypálili také městečko Touškov (Tuschlau), zajali tamnějšího²⁶ faráře²⁷ a ukrutně ho usmrtili. Takových a jiných zločinů²⁸ často se dopouštěli, ano nebylo téměř dne, kde by se nebyli ničehož nedopustili (nicht etwas begangen hätten). Někdy se také stávalo, že Husité náruživostmi²⁹ zaslepeni³⁰ vespolek se uráželi a tupili. Jedenkráte urazil jakýsi Tvaroh samého vůdce Prokopa tak těžce, že tento tábor opustil, jakkoli ho všickni prosili, aby jich neopouštěl (dass er sie nicht verlassen möchte). Zatím přicházela doba rozhodná³¹ bojů³² husitských, a když přišla, odtáhli³³ Husité od Plzně, a tak město osvobozeno³⁴ jest.

¹von Basel ²zusammenlegen ³sammeln ⁴schicken ⁵das Reich ⁶bezahlen ⁷der Söldner ⁸zweimonatlich ⁹der Proviant ¹⁰acht ¹¹der Strich ¹²bestechen ¹³angekauft ¹⁴der Vorrath ¹⁵liefern ¹⁶bewegen ¹⁷zusammenführen ¹⁸die Partie, die Lieferung ¹⁹nicht erreichen ²⁰die Fuhre ²¹fünftig, kommend ²²plündern ²³niederbrennen ²⁴gefangennehmen ²⁵tödten, morden, ²⁶dortig ²⁷der Pfarrer ²⁸der Frevel ²⁹die Leidenschaft ³⁰verblendet ³¹entscheidend ³²der Kampf ³³abziehen ³⁴befreit.

70.

Die fromme Fürstin¹ Ludmila erzog² ihren Enkel³ den heiligen Wenceslaw von Jugend auf, und die Geschichte weiss't nach, dass sie ihn (jej) sehr gut erzogen habe. Wer versprochen hat, soll auch seine Versprechnisse halten und erfüllen. Manche Schüler versprachen gar oft ihren Lehrern, dass sie in' den Studien fleissig sein werden; allein kaum dass die Schulen begonnen haben, vergassen sie allmählig, was sie oft versprochen hatten. Wir begraben⁴ die entseelten⁵ Körper, die Alten pflegten sie zu verbrennen⁶. Im Mittelalter⁷ pflegte man auch die Ketzer und Hexen⁹ zu verbrennen, und im Jahre 1414*) verbrannte¹⁰ man auch die beiden (oba) Irrlehrer¹¹ aus Böhmen, Hus und Hieronymus. Die alten Slaven, abgleich sie Heiden¹² waren, glaubten doch an einen höchsten Gott, den Schöpfer der Welt, den sie unter verschiedenen Namen zu verehren pflegten. Die dankbaren Böhmen beehrten¹³ den Kaiser Karl den IV. mit dem Ehrennamen¹⁴ eines Vaters des Va-

---

*) Auf die Frage wann? wenn eine Zeit angegeben wird, gebraucht der Böhme immer Ordnungszahlen und setzt sie am liebsten in den Genitiv oder in den Lokal mit der Präposizion ve, mitunter auch in den Akkusativ

terlandes. Die alten Deutschen zeichneten¹⁵ sich aus durch einen großen und starken Körper, blonde¹⁶ Haare, blaue Augen und eine große Stärke und Tapferkeit. Am meisten hatten sie sich in der Schlacht¹⁷ im Teutoburger Walde ausgezeichnet, wo sie die römischen Heere vernichtet haben¹⁸. Der Kläger ist verpflichtet¹⁹, was er angegeben hat²⁰ zu beweisen²¹ und durchzuführen²². Die Alten gaben an und suchten zu beweisen, dass sich die Sonne um die Erde drehe²³; allein Kopernik bewies (suchte zu beweisen), dass dies unmöglich sei, bis er sogar bewiesen hat, dass die Sonne stehe, die Erde aber sich drehe. Tag und Nacht entstehen²⁵, wenn sich die Erde einmal um ihre (svou) Achse²⁶ herumgedreht hat. Die verschiedenen Untersuchungen²⁷ der Seeleute²⁸ haben bewiesen, dass das Meer eine ungleiche²⁹ Tiefe³⁰ habe. Was geschah, kann nicht ungeschehen³¹ werden. In den alten Zeiten pflegte zu geschehen, dass die Menschen nicht selten³² für Zauberei³³ und Hexerei³⁴ hielten, was wir für eine natürliche³⁵ Sache halten. Ich bin jung gewesen, und bin alt geworden³⁶, spricht David, und habe nie den Gerechten verlassen gesehen, noch seine Kinder Brot betteln³⁷. Erzähle nicht immer, was du gesehen oder gehört hast; denn ein Plauderer³⁸ ist, wer alles, was er sah und hörte, ohne Grund³⁹ wieder erzählt.

¹kněžna ²vychovati It. VII. ³vnuk ⁴pochovati, It. VII. ⁵bezdušný ⁶páliti ⁷středověk ⁸kacíř ⁹čarodějnice ¹⁰spáliti ¹¹bludař ¹²pohan ¹³poctíti ¹⁴čestný — jmeno ¹⁵vyznamenati se It. VII. ¹⁶rusý, plavý ¹⁷bitva ¹⁸zničiti ¹⁹povinnován ²⁰udati ²¹ukázati ²²provesti ²³otočiti se It. VI. ²⁴věc — nemožný ²⁵povstati ²⁶osa ²⁷vyšetřování ²⁸plavec mořský, ²⁹nestejný ³⁰hloubka ³¹odeslati ³²nezřídka ³³kouzla*) ³⁴čáry ³⁵přirozený ³⁶starati se ³⁷žebrati ³⁸tlachal ³⁹příčina.

Einst sagte ein Weiser¹: So oft ich unter Menschen war, bin ich schlechter heimgekehrt². Die Wahrheit dieser (této) Erfahrung³ haben sicher auch andere, wenn sie von Unterhaltungen⁴ heimkehrten, an sich (na sobě) bestätigt⁵ gefunden⁶. Kein Auge hat es gesehen, kein Ohr gehört, und in keines Menschen Herz ist es gekommen⁷, was Gott be-

---

*) Wie in der deutschen Sprache also gibt es auch in der böhmischen mehrere Substantiva, die nur im Plural oder lieber im Plural als im Singular gebraucht werden. Sie sind im Auslaute leicht erkennbar, da sie alle entweder auf -y, -é und -a sich endigen. Die auf -y sind meist weiblich; die männlichen sind größtentheils auch im Singular gebräuchlich, daher leicht erkennbar, wie z. B. vousy der Bart und vous ein Barthaar; mravy die Sitten und mrav die Sitte. Die auf -e sind ausnahmslos weiblich, die auf -a sächlich.

nen (těm) berei̇tet⁸ hat, die ihn lieben. Wir haben oft gehört, daß die Sünde nicht ungestraft⁹ bleibe¹⁰, auch haben wir oft gesehen, daß nicht selten der Sünde die Strafe auf dem Fuße¹¹ nachfolge¹², allein wir haben selten darauf (na to) geachtet¹³! Gott hat die Menschen so sehr geliebt, daß er seinen eingeborenen¹⁴ Sohn für sie (za ně) in den Tod hingegeben hat¹⁵. Viele, die mehr ausgaben¹⁶, als sie einnahmen¹⁷, kamen allmählich in Schulden, und endlich sind sie sogar auf den Bettelstab¹⁸ gekommen. Das Weinen¹⁹ hilft nichts, wenn der Tod gekommen ist. Der Tod kömmt in aller (vší) Stille²⁰, und ehe sich der Mensch versieht²¹, ist der letzte Tag seines Lebens gekommen. Es ist ein sehr lehrreiches²² Wort der heiligen Schrift: Wer einen treuen Freund gefunden hat, hat einen großen Schatz gefunden. Unter den Heiden befanden sich auch Menschen, die den Mond und die Sonne, ja sogar Schlangen und Pflanzen²³ als Götter verehrten. Gott hat den Menschen zur Unsterblichkeit²⁴ geschaffen²⁵, aber durch des Teufels Neid ist der Tod in die Welt gekommen. Gott hat niemanden (nikomu) befohlen, gottlos zu handeln, er hat auch niemanden erlaubt²⁶ zu sündigen; allein Gutes zu thun, und seine (jeho) Gebote zu halten, hat er oft befohlen. Glücklich ist derjenige, der hat sündigen können, und doch nicht sündigte, der hat Böses thun können und es nicht that. Die ihr zu sündigen gewohnt waret, sündiget nicht mehr, und die ihr oft Böses thatet, lasset²⁷ ab vom Bösen und wendet euch (se) mit vollem Herzen zu Gott. Die Erfahrung lehrt, daß viele vom Bösen abließen, wenn Drangsale auf sie (na ně) losstürmten²⁸; allein im Glück vergaßen sie Gutes zu thun. Die Geschichte erzählt, was geschehen ist, und wo, wie und warum es geschehen ist. Wer der Gewohnheit nicht widerstand²⁹, da sie erstarkte³⁰, der widersteht ihr schwer, wenn sie stark geworden ist. Böhmen war in uralten³¹ Zeiten ein großer See. Das Wasser suchte sich einen Ausgang durchzubrechen³². Als es endlich durchgebrochen war und abzufallen³³ begann, trat³⁴ allmählich das feste Land hervor; und nachdem das Wasser ganz abgefallen war, trat endlich die jetzige Gestalt³⁵ des Landes hervor. Wer sich ohne Noth entschuldigt³⁶, klagt sich selbst an; wer sich gut entschuldigt hat, ist deshalb nicht schon unschuldig. Gott vertheilt³⁷ seine Gnaden nach seinem Wohlgefallen³⁸ und hat mehr, als er vertheilt hat.

¹mudrc ²navrátiti se ³zkušenost ⁴vyražení, kratochvíle ⁵ztvrzen ⁶shledati ⁷vstoupiti ⁸připraviti ⁹bez trestu ¹⁰zůstati ¹¹v zápětí

¹²jíti ¹³dbáti ¹⁴jednorozený ¹⁵vydati ¹⁶vydati, It. VII. ¹⁷přijmouti It. VII. ¹⁸mizina, žebrota, ¹⁹pláč ²⁰tichost ²¹nadíti se ²²naučný ²³bylina ²⁴nesmrtelnosť ²⁵stvořiti ²⁶povoliti ²⁷upustiti ²⁸valiti se, ²⁹odepru, It. VII. ³⁰vzmoci se, It. VII. ³¹prastarý ³²proryti, It. VII. ³³opadnouti, It. VII. ³⁴vystoupiti, It. VIII. ³⁵podoba ³⁶vymluviti se, It. VII. ³⁷rozdati, It. VII. ³⁸dobrý — vůle.

71.
Futurum (Künftige Zeit).

Das Futurum benennt eine Handlung, die erſt werden ſoll, alſo eine künftige Handlung. Iſt dieſe mehrmomentig, ſo verſteht es ſich von ſelbſt, daſs das Futurum von mehrmomentigen Verbis genommen werden müſſe. — Dieſes wird wie im Deutſchen gebildet; man ſetzt an den Infinitiv des Hauptverbums budu, budeš u. ſ. w. an; es heißt alſo: ich werde ſchreiben; d. h. ich werde mich mit dem Schreiben beſchäftigen budu psáti; du wirſt leſen budeš čísti; er wird rechnen bude počítati u. ſ. f.

Nur folgende mehrmomentige Verba bilden das Futurum ohne budu und nehmen dafür die Vorſilbe po an, als: nesu ich trage, rostu ich wachſe, ženu ich treibe, lezu ich krieche, teku ich fließe, vedu ich führe, leite, vezu ich führe, fahre, květu ich blühe, jedu ich fahre, letím ich fliege, Futur. porostu, poženu u. ſ. w.; jdu ich gehe hat půjdu. Unrichtig wäre alſo zu ſagen: budu nésti, budu růsti u. ſ. f.

Soll eine dauerloſe oder momentane Handlung in der künftige Zeit ausgedrückt werden, ſo nimmt man dazu ein einmomentiges Verbum, und zwar nach Bedarf entweder ein vereinzelndes oder ein beendigendes, deren Präſensform, wie bekannt, ein reines Futurum iſt. Im Deutſchen werden die einmomentigen Futura meiſt mit dem Präſens gegeben.

Jak budeš síti, tak budeš žíti. Bez rady nic nečiň a po účinku¹ nebudeš pykati. Kdo svého nehledí², nebude svého nic míti. Cokoli na jiném hyzdíš³, i ve své mošně⁴ najdeš, budeš-li hledati. Vezmi z cizího štipec⁵, a tvé budou bráti přehršlemi⁶. Blahoslaveni pokojní, neb oni synové Boží slouti budou. Šest dní budeš pracovati a dělati všecka díla svá; sedmého pak dne sobota⁷ Hospodina Boha tvého jest. Blahoslavení čistého srdce, nebo oni Boha viděti budou. Kupuješ-li, čeho nepotřebuješ, budeš prodávati, co potřebuješ. Poznej krásu ctnosti a milovati ji budeš. Kdo šetří⁸ větru, neseje, a kdo vždy jen hledí na oblaky, nikdy nebude žíti. Jak my s lidmi nakládali⁹, tak oni s námi (mit uns) nakládati budou.

¹die That ²waren ³tabeln ⁴die Mosche ⁵die Peise ⁶beide Hände voll ⁷der Sabbat ⁸aufmerksam ⁹verfahren, behandeln.

Nebe i země pominou¹, ale slova Kristova nepominou. Kdo jak činí, tak odplatu vezme². Úsilím³ a prací i nebe koupíš. Hněvivému vyhovíš⁴, pakli libě odpovíš. Hovíš-li žádostem svým, brzy podmaní⁵ tě (dich). Každý hřích přestane, samo lakomství toliko mladne a roste. Co spěšně zrá, spěšně dozrá. Anděl strážný provází člověka na všech (allen) stezkách⁶ jeho (seinen), on ho (ihn) až k trůnu nebeského soudce doprovodí. Smrt napřed tělo v popel obrátí⁷, krásu v škaredosť⁸ promění⁹, sílu mdlobou¹⁰ odmění¹¹, zboží všecko obloupí¹² a mnohokráte¹³ těm (denen) rozdá, jižto jsou nepřátelé tvoji byli, a naposledy věčné zapomenutí na tebe přivede a kdo jest, jenž nevidí, že smrt denně tělo v popel obracuje, krásu v škaredosť proměňuje, zboží pozemské jiným, než my jsme myslili, rozdává, a slavné muže v zapomenutí uvádí? Jeden dobrý skutek více moudrosti na člověku ukáže, než tisíc krásných slov bez skutku; neboť dobrý skutek ukazuje, jaký člověk jest, ale pěkná slova ukazují, jaký býti chce. Bohatému pomněti náleží, že zchudnouti může, a mrhač chudne, aniž to pozoruje¹⁴. Častá krůpěj i kámen vydlabe¹⁵. Kdo stojíš, hleď ať nepadneš. Ten již padá, kdo s hříchem hraje. Kdo se v málé pronevěřil¹⁶, pronevěří se i v mnoze. Bohatství i v den pomsty Boží neprospěje; ale spravedlnosť vysvobodí od smrti. Almužna od všelikého hříchu i od smrti věčné osvobozuje, a nedopustí duši jíti do temností¹⁷. Lakomý nenasytí se penězi, a kdo miluje bohatství, nevezme užitku z něho (davon). Duše sytá pohrdá i plástem¹⁸ strdí¹⁹, ale duše lačná také hořké²⁰ za sladké přijme. V obchodu-li o pravdu dbáš, více vyděláš²¹. Bázeň Páně obveselí srdce a dá veselí i radosť a dlouhosť dnů.

¹vergehen ²nehmen ³die Anstrengung ⁴genügen ⁵unterwerfen ⁶der Steg ⁷verwandeln ⁸die Häßlichkeit ⁹verändern ¹⁰die Mattigkeit, die Schwäche ¹¹belohnen ¹²berauben ¹³oft ¹⁴bemerken ¹⁵aushöhlen ¹⁶untreu werden ¹⁷die Finsterniß ¹⁸die Honigwabe ¹⁹der Honigseim ²⁰das Bittere ²¹gewinnen.

Jestliže povážíš, že někdy moli¹ tvůj oděv, a červi² tvou kůži hlodati budou, zajde³ ti všecka pýcha. Kdo považuje sobě a rozjímá poslední věci lidské, nezhřeší. Čemu (woran) přivykneš⁴ ve mladosti, to budeš činiti ve stáří. Kdo ctnosti přivyká, bude se hříchu báti. Z každého slova prázdného⁵, kteréž mluviti budou lidé, vydají počet v den soudný. Kdo uvažuje, že bude v den soudný počet vydávati, bude ctnostem přivykati. Budeš-li jinde orati, musíš vlastní obmeškati⁶. Budeš-li s každou prací váhati⁷, nic nedokonáš⁸. Nebudete-li, praví Kristus, jako maličtí, nevejdete do království nebeského. Když umře člověk, dědíti bude hany a žížaly⁹ a červy. Až budeme umírati, poznáme marnosť vší (aſſer) pozemské slávy. Nebudeš-li pilně držeti se bázně Páně, rychle dům tvůj podvrátí¹⁰ se. Podržíš-li¹¹ dobrovolně¹², co jsi nalezl, a nevrátíš-li, komu (wem) patří, zloděj jsi a nešlechetník. Bůh dopouští¹³, ale neopouští; on také tebe (bich) neopustí, budeš-li čisto u myslí o milost jej vzývati. Kdo hněv svůj podmaňuje, statečnosť dokazuje; koho (wen) ale hněv podmaní, jest člověk choulostivý¹⁴ a slabý. Komu (wem) Bůh pomáhá, ten vše přemáhá; pevně-li v něj (auf ihn) důvěříš, bude zajisté také tobě (bir) pomáhati a v největší opuštěnosti¹⁵ ti (bir) pomůže. Budeš-li dmýchati¹⁶ na jiskru, jako oheň roznítí se¹⁷, pakli na ni plineš¹⁸, uhasne¹⁹, a obé to z úst tvých pochází.

¹die Motte, die Schabe ²der Wurm ³vergehen ⁴gewöhnen ⁵leer ⁶vernachlässigen ⁷zaudern, zögern ⁸vollenden, beendigen ⁹das Ungeziefer ¹⁰umstürzen ¹¹behalten ¹²freiwillig ¹³zulassen ¹⁴feig ¹⁵die Verlassenheit ¹⁶blasen ¹⁷entzünden ¹⁸spucken ¹⁹erlöschen.

72.

Wer in der Jugend nichts lernt, wird im Alter nichts kennen. Wie du dir gebettet hast¹, so wirst du schlafen. Wer in der Jugend müßig geht², wird müßen im Alter arbeiten oder betteln. Gott wird am jüngsten³ Tage alle Menschen richten, die lebendigen and die todten. Wer in der Jugend schwelgt⁴, wird im Alter darben⁵. Wer den Armen gibt, wird nicht Noth leiden: wer aber auf den Bittenden⁶ nicht achtet⁷, der wird Mangel haben. Wie du gesäet hast, so wirst du auch ärnten. Hast du einmal einen Menschen sterben gesehen, so denke, daß auch du denselben (tou) Weg (Instr.) gehen wirst. Wer Gastmähler⁸ liebt, wird Mangel leiden; wer den Wein und das Wohlleben⁹ liebt wird, nicht reich werden¹⁰. Sorget euch nicht ängstlich¹¹, und saget nicht: was werden wir essen, was werden wir trinken, womit (čím) werden wir uns bekleiden¹²; denn euer Vater weiß, daß ihr alles dessen (všeho toho) bedürfet¹³.

¹ustlati ²zaháleti ³poslední ⁴hýrati ⁵nuzeti ⁶prosící ⁷všímati

dbáti ⁸hod ⁹dobrý—živobytí ¹⁰zbohatnouti ¹¹ouzkostně ¹²odíti se lt. VII. ¹³potřebovati.

Wer von der Tugend weicht¹, weicht von seinem Glücke. Auch du, Jüngling, wirst von deinem Glücke weichen, wenn du von der Tugend weichen wirst. Leicht wird man einen Stock² finden, wenn man den Hund schlagen will. Wer andere verachtet, wird selbst in Verachtung³ fallen. Der heutige Tag weiß nicht, was der morgige⁴ bringen wird. Ein Schüler, der ohne Bücher lernt, wird nicht viel erlernen. Wenn du den dünnen Stab nicht biegst⁵, den dicken⁶ wirst du nicht biegen. Gott hat Zähne gegeben, er wird auch Brot geben. Keiner weiß, wo er seine Knochen⁷ niederlegen wird⁸. Der morgige Tag ist unsicher, und wir wissen nicht, ob wir den morgigen Tag erleben werden⁹. Dem Gerichte Gottes wird niemand entgehen¹⁰. Ein liebevolles Wort findet ein liebevolles Ohr. Die Lüge hat kurze Füße, weit wird sie nicht kommen. Es wird eine Zeit kommen, wo der Winter fragen wird¹¹, was du im Sommer gethan. Umsonst suchst du den gestrigen Tag, der wird nicht mehr zurückkehren. Die Krankheit kommt schnell, aber die Gesundheit kehrt langsam zurück. Mit dem Stillschweigen¹² kömmt man am weitesten. Unser Körper wird einstens in Staub zerfallen¹³; denn alles Irdische zerfällt, nur die Seele wird ewig dauern. Wo ein Blinder den andern führt, fallen beide in die Grube. Wie wird der befehlen¹⁴, wer seinen Leidenschaften zu befehlen nicht versteht?

¹ustoupiti ²hůl ³pohrdání ⁴zejtřejší ⁵ohnouti ⁶tlustý ⁷hnát, kost ⁸složiti ⁹dočkati se ¹⁰ujíti ¹¹zeptati se ¹²mlčení ¹³rozpadnouti ¹⁴rozkazovati.

Gott wird uns (nám) vergeben, wofern¹ wir nicht mehr sündigen werden. Du wirst dich versündigen² an Gottes Gerechtigkeit, wofern du nicht deinen Feinden verzeihen wirst. O, wie trostreich³ ist die Lehre, daß Gott den Sündern ihre Sünden verzeiht. Gott ist gütig und barmherzig, er wird uns zu Hilfe kommen, wenn wir ihn zur Zeit der Noth um Hilfe bitten werden. Werden wir dem Nächsten in seiner Verlassenheit beistehen⁴, so können wir hoffen, daß auch er uns nicht verlassen wird, wenn wir Hilfe brauchen werden. Wie du gesäet haben wirst, so wirst du auch ärnten, und was du gesäet haben wirst, das wirst du auch ärnten. Wer sparsam⁵ säen wird, der wird auch sparsam ärnten. Christus ist in den Himmel aufgefahren⁶ und wird von dort⁷ wieder kommen, und wird richten die Lebenden und die Todten. Arbeitet, so lang es Tag ist; denn es wird eine Zeit kommen, wo ihr nichts mehr werdet arbeiten können. Der Tod kommt langsam, er kommt aber gewiß. Ein jeder, welcher sein Haus, seinen Bruder oder Schwester, Vater oder Mutter, Weib, Kinder oder Acker wegen meines Namens verlassen wird, wird es hundertfältig[8] bekommen[9] und das ewige Leben besitzen. Verlasset ihr die Armen, wenn sie zu euch (k vám) um Hilfe rufen, so werdet auch ihr zu Gott rufen und Gott wird euch nicht erhören. Wenn wir mit Christo dulden werden, werden wir auch mit Christo herrschen; wenn wir ihn verläugnen[10] werden, wird auch er uns verläugnen. Wir werden wahre Schüler Christi sein, wenn wir uns selbst verläugnen werden. Wirst du den Herrn, deinen Gott, suchen, so wirst du ihn finden: wenn du ihn nur vom ganzen Herzen suchen wirst. Der Herr wird sehen[11] auf das Gebet der Demüthigen, und wird nicht verschmähen[12] ihr Flehen[13]. Wenn wir in unserer Trübsal[14] zu dem Herrn rufen[15] und unsrem Gott schreien[16] werden; so wird er hören von seinem Tempel unsere Stimme und unser Geschrei[17] wird kommen zu seinen Ohren. Wer den Raben Speise bereitet, wenn sie schreien, der wird auch den Armen seine Speise bereiten, wenn er zu ihm (k němu) rufen wird.

[1] ač [2]prohřešiti se [3]potěšitelný [4]pomohu [5]skoupě [6]vstoupit [7]odsud [8]stonásobně [9]vzíti [10]zapříti [11]popatřiti [12]nezhrdati [13]prosba [14]soužení [15]vzývati [16]volati [17]křik.

73.
Passive (leidende) Bedeutung.

Die Zeiten der passiven Bedeutung werden in der böhmischen Sprache auf zweifache Art ausgedrückt:

a) Wie im Deutschen, indem man an das Mittelwort der leidenden Bedeutung die benöthigte Zeit und Art vom Hilfsverbum býti setzt. Der Gebrauch dieses Partizips ist bereits bekannt; es erübrigt nur noch über dessen Bildung zu sprechen. Das Partizip passivum wird am bequemsten vom Partizip perfekti aktivi gebildet und zwar auf folgende Art: Man verwandelt bei der I., IV., V., VI. Konjugazion den Ausgang des aktiven Partizips, der unmittelbar auf die Wurzelsilbe folgt, in -en, bei der VII. und VIII. aber in -án; bei der II. und III. geht -l in -t über.

I.	IV.	V.	VI.
Part. prf. act. nesl	hon-il	hled-ěl	shán-ěl
part. passiv. nes-en	hon-ěn	hled-ěn	shán-ěn
VII.	VIII.	II.	III.
Part. prf. act. vol-al	milov-al	Part. prf. act. pi-l	hnu-l*)
part. passiv. vol-án	milov-án	part. passiv. pi-t	hnu-t.

Die Wirkung des -ě in der Silbe -ěn auf den vorhergehenden Konsonanten ist bekannt; es müßen nämlich die wandelbaren Konsonanten verwandelt werden, wodurch k in č, h in ž, t in c, d in z, s in š, z in ž, st in št übergeht, die erweichbaren aber erweicht werden; auf diese Art wird aus: vlekl schleppen, postihl erreichen, zamkl zusperren, ustřihl abschneiden, mlátil dreschen, hladil glätten, nosil tragen, pustil lassen — vlečen, postižen, zamlčen, ustřižen, mlácen, hlazen, nošen, puštěn, etc. In der V. Konjugazion pflegt derlei Umwandlung der Konsonanten nicht zu geschehen. Daß auch hier auf die Dauer der Handlung die nothwendige Rücksicht genommen werden muß, versteht sich von selbst.

Die Umstellung des aktiven Satzes in einen passiven geschieht übrigens wie im Deutschen, nur muß das Subjekt des aktiven Satzes im passiven mit „od" in den Genitiv, oder auch in den Instrumental ohne alle Präpozizion gesetzt werden.

Utíká a není honěn. Vymlouvá se a ještě není vinen. Maní[1] a náhodou lidské věci kolotány[2] nejsou. Hrnec bývá poznán z klepání[3], blázen z blekotání[4]. Hrou i nejlepší člověk v chudobu a hanbu uváděn[5] bývá. Čím (womit) srdce nadchnuto[6], tím (damit) ústa jsou naplněna. Všeliký hřích a rouhání[7] bude lidem odpuštěno, ale rouhání proti Duchu svatému nebude odpuštěno. Všeliký strom, kterýž nenese ovoce dobrého, vyťat[8] bude, a na oheň uvržen[9] bude. Kdo snadno věří, lehko sklamán[10] bývá. Mluv málo a mluv rozumně, chceš-li za člověka rozumného pokládán[11] býti. Lidé marní a lehkovážní[12] jako nádoby prázdné nejsnadněji za uši uchva-

---

*) Fast alle Verba der III. Konjugazion bilden das Partizip perf. akt. und paff. auch nach der I. Konjugazion. Dies geschieht, indem man den Infinitiv-Ausgang nouti wegläßt und an die Wurzel die Partizipialauslaute setzt. So hat dostihnu Partizip akt. dostihnul und dostihl; dotknu, dotknul und dotkl und Part. paff. dostihnut und dostižen; dotknut und dotčen. Nur diejenigen Verba der III. Konjugazion, die nach Weglassung des Inf.-Ausgangs nouti eine offene Silbe oder nur zwei Wurzelkonsonanten behalten, lassen die zweifache Partizipialbildung nicht leicht zu: z. B. hy-nouti.

ceni vedeni[13] bývají. Zkušený a moudrý starec od každého ctěn a vážen bývá. Mnohý člověk býval ctěn a vážen, pokud štěstí mu (ihm) přálo; sotva ale štěstí od něho (von ihm) se odvrátilo, opouštějí ho bývalí ctitelé[14]. My víme, že přísně od Boha souzeni budeme, a přece málo na to dbáme. V den soudný nebudeme tázáni, co a mnoho-li jsme čtli, nýbrž co a jak jsme činili. Dokud mlád jsi, nemíchej[15] se v řeči starců, leda byl-li jsi tázán. Čím větší a dokonalejší vědomosti máš, tím přísněji souzen budeš. Rozum lidský jest mdlý a může oklamán[16] býti. Kdo jedenkráte byl oklamán, má se podruhé na pozoru[17]. Když hřímá[18], bývá země otřásána[19] a zkypřena[20]. Komu (wem) s hůry[21] není dáno, v lékárně[22] nekoupí. Praha nebyla za jeden rok vystavěna[23]. Proti mysli jest od nepřítele podrobenu[24] býti. Kteří mnoho vědí, chtějí rádi viděni býti a moudrými slouti. Proč hledáš pokoje, ješto k práci stvořen jsi? Kdo almužnu dá, půjčí[25] Pánu, a kdo Pánu půjčí, tomu (dem) bude stokrát vynahraženo[26]. Kdo zacpává[27] ucho své ku křiku chudého, i on sám křičeti[28] bude a nebude vyslyšán[29]. Štědrá ruka na zkázu[30] přichází a lakomá shnilostí[31] bývá zkažena[32]. Bázeň Boží zapuzuje[33] hřích, nebo kdo jest bez bázně, nebude moci ospravedlněn[34] býti. Tomu (dem), kdož se bojí Pána, dobře se díti[35] bude v nejposlednější čas, a v den skonání[36] požehnán bude. Odpusť bližnímu svému, kterýž tobě (dir) škodí, a když se modliti budeš, hříchové tvoji rozvázáni[37] budou.

[1]ungefähr [2]bewegen, herumtreiben [3]das Klopfen [4]das Geschwätz [5]führen, bringen [6]begeistern [7]die Lästerung [8]heraushauen [9]werfen [10]hintergehen, betriegen [11]gehalten für etwas [12]leichtsinnig [13]ergreifen [14]der Verehrer [15]sich einmischen [16]betriegen [17]in Acht [18]donnern [19]erschüttern [20]lockern [21]oben [22]die Apotheke [23]bauen [24]unterwerfen [25]borgen [26]entgelten [27]verstopfen [28]schreien [29]erhören [30]der Schaden, das Verderben [31]die Fäulnis [32]verderben [33]vertreiben [34]rechtfertigen [35]gehen [36]das Absterben [37]lösen.

74.

Selig sind die Trauernden[1], denn sie werden getröstet[2] werden. Liebe Gott und die Menschen und du wirst von ihnen (od nich) geliebt werden. Das Gold wird durchs Feuer geprüft, der Freund aber wird im Unglücke erkannt. Wohl[3] dem (tomu), der durch fremdes Unglück belehrt[4] wird. Erhebe dich nicht wegen der Größe und Schönheit des Leibes, welche durch eine kleine Krankheit verwüstet⁵ und entstellt⁶ wird. Wie oft sehen wir, daß durch eine kleine Krankheit die Schönheit des Körpers verwüstet und entstellt wurde, und dennoch gibt es Menschen, die sich mehr um die Schönheit des Körpers als um die Schönheit der Seele kümmern. Bist du beleidigt worden, so beleidige nicht wieder; bist du aber wegen irgend einer Unvollkommenheit getadelt worden, so nimm es mit Dank an. Wer verachtet⁷ zu werden fürchtet, sucht sich oft mit Entschuldigung zu schirmen⁸. Das Zeugnis der Menschen triegt oft, aber das Urtheil Gottes ist wahr, wird bestehen⁹ und wird nicht umgestoßen¹⁰ werden. Gott kann nicht betrogen werden. Die Ungerechten werden gestraft werden und der Same der Gottlosen wird zu Grunde gehen. Wir verdienen nichts anderes als gegeißelt¹¹ und gestraft zu werden, weil wir Gott oft und schwer beleidigt¹² haben. Wer absichtlich¹³ eine schlechte That begangen hat¹⁴, wird mit Recht bestraft werden. Besser ist es von einem Weisen gestraft als durch Schmeichelei der Thoren betrogen zu werden. Die Metalle werden aus den Erzgruben¹⁵ ausgegraben¹⁶, woraus (z nichž), weil sie sowohl zerfließen¹⁷ als wieder gerinnen¹⁸, mancherlei Sachen gegossen¹⁹ werden. Wer mit der Welt sündiget, wird mit der Welt bestraft werden. Den Menschen ist bestimmt²⁰ zu sterben, dann folgt²¹ das Gericht. Der Weg der Sünder ist mit Steinen gepflastert²²; am Ende führt er in die Hölle²³, Finsternis²⁴ und Qual²⁵. Bittet, so wird euch (vám) gegeben werden; suchet, so werdet ihr finden; klopfet²⁶ an, so wird euch aufgethan²⁷ werden. Wir sind erlöset²⁸ nicht mit vergänglichem²⁹ Gold und Silber, sondern mit dem kostbaren³⁰ Blute unseres Herrn. Selig sind, die nach der Gerechtigkeit dürsten³¹, denn sie werden gesättiget werden.

¹lkající ²potěšiti ³blaze ⁴ponaučiti ⁵porušiti ⁶zohaviti ⁷opovrhnouti ⁸hájiti ⁹trvati ¹⁰podvrátiti ¹¹bičovati ¹²uraziti ¹³úmyslně ¹⁴dokončiti se ¹⁵dol ¹⁶dobyti ¹⁷rozpustiti ¹⁸ssedati se ¹⁹líti ²⁰určiti ²¹následovati ²²dlážditi ²³peklo ²⁴tma ²⁵muka (plur.) ²⁶klepati ²⁷otevříti ²⁸vykoupiti ²⁹porušitelný ³⁰předrahý ³¹žízniti.

75.

b) Zweitens werden die Zeiten der passiven Bedeutung ausgedrückt durch ein aktives Verbum mit dem zurückführenden Fürworte se; übrigens verfährt man wie oben unter a) angegeben wurde. Diese Form der leidenden Bedeutung wird viel häufiger angewendet als die früher besprochene, besonders wenn in der deutschen Sprache „man" als Subjekt ist. Nur wenn durch Anwendung dieser Leidensform eine Zweideutigkeit entstünde, muß sie vermieden werden. Diese Zweideutigkeit kann jedoch nur dann stattfinden, wenn am Subjekte nicht erkannt werden könnte, ob dasselbe ein aktives oder passives ist; z. B. myje se. Hier könnte es eben so gut heißen: er wäscht sich, als er wird gewaschen.

Soudce dary, mládež zlými příklady se porušuje. Kámen, který se často s místa hýbá, nerad mechem obrostá. Co se vždy jí, to se přejí'. Nejlépe se zná dobré po ztrátě. Totě veliká moudrosť, nedati se každým větrem slov pohnouti. Snadno bráti, dokud se dává. Obruč² hrubá pomalu se ohýbati musí. Ne vše pravda, co se pěkně mluví. Člověk se po řeči, bylina po vůni pozná. Ctnost se žádným se nerodí, než teprv v životě nabývá³ se ode všech (von allen), kdo chce dobře živ býti. Často se chvilkou promarní, čeho (was) nelze rokem nahraditi. Kde se pravda nemluví, tam mnoho klamu. Slova přirovnávají se k větru, skutky k podstatě⁴. Národu se činí křivda, když za neschopný⁵ k vzdělanosti a osvětě⁶ se pokládá. Obilí po žněch laciněji se kupuje, než kdy jindy. Mezi dvojím⁷ zlým vždy se má menší vyvoliti. Svěřená⁸ věc vrátiti se má, ne zapírati⁹, ne zatajovati. Dobré se pomní dlouho, zlé ještě déle. Nejdražší jest, co se prosbou kupuje.

[1]satt bekommen, übersättigen [2]der Reif [3]erwerben [4]das Wesen [5]unfähig [6]die Aufklärung [7]zweierlei [8]anvertraut [9]verläugnen.

76.

Durch die Sünden wird die Ruhe der Seele gestört[1]. Durch Müßiggang wird kein Ruhm erlangt[2]. Nicht der geboren wird, sondern der stirbt, ist frei. Wie ein Schiff[3] ohne Steuerruder[4] von den Wellen[5] hin- und hergetrieben[6] wird, so wird ein nachlässiger[7] und unbeständiger[8] Mensch auf verschiedene Weise versucht. Man weiß, was aus einer Arbeit wird[9], die mit Unlust[10] verrichtet[11] wird. Wo der Hauswirt selbst nicht nachsieht[12], dort wird schlecht gearbeitet. Wenn wir richtig über Dinge urtheilen, so sagt man, wir haben Verstand. Der Tag soll vor dem Abende nicht gelobt werden. Je reicher die Aernte, je schneller muß man schneiden[13]. In den böhmischen Bergwerken hat man am tiefsten in Kuttenberg[14] gegraben. Das Tausendguldenkraut[15] wird als Hausarznei gebraucht[16]. Nach dem Geruche erkennt man das Gewürz. Zweier[17] Dinge Verlust ist schwer zu ersetzen[18]: verlorene Zeit und verlorene Ehre. Große Thaten werden nicht durch die Kräfte des Körpers, sondern durch Geisteskräfte vollbracht[19]. Gibt man der Natur das Nothwendige, so wird sie erquicket[20] und gestärkt; Ueberfluß aber drückt[21] und schwächt sie (ji). Warum suchest du Ruhe, da du zur Arbeit geboren bist? Einem jeden Vogel ist lieb das Nest, in welchem er ausgebrütet[22] wurde.

[1]rušiti [2]dosáhnouti [3]loď [4]veslo [5]vlna [6]zmítati [7]nedbalý [8]nestálý [9]pojíti [10]nechuť [11]konati [12]dohlížeti [13]žíti, žnu [14]Kutná Hora [15]zeměžluč [16]užívati [17]dvou [18]nahraditi [19]konati [20]občerstviti [21]potlačiti [22]vylíhnouti.

77.

Konjunktiv (verbindende Art).

Der Konjunktiv wird bei allen Verbis, das Hilfsverbum býti mit eingeschlossen, auf gleiche Art gebildet, und zwar mittels des Verbums bych, dessen Konjugazion nachfolgende ist:

Singular: 1. bych   Plural: 1. bychom oder bychme oder bysme,
         2. bys od bysi*)   2. byste,
         3. by   3. by.

Wird dieses Verbum mit dem Mittelworte Perf. akt. eines mehrmomentigen Verbs verbunden, so entsteht der Konjunktiv gegenwärtiger Zeit; z. B. bych nesl.

Wird er mit dem Mittelworte perfek. akt. eines einmomentigen Verbs verbunden, so entsteht der Konjunktiv künftiger Zeit; z. B. odnesl bych.

Wird zu dem Konjunktiv präj. oder futur. noch ein byl gesetzt, so wird der Konjunktiv ein vergangener und zwar ein mehrmomentiger oder ein einmomentiger, z. B. bych byl nesl, bych byl odnesl.

Das Verb bych, bys u. s. w. wird häufig mit den Partikeln a und kdy verbunden; und dann heißt abych etc. damit ich, auf daß ich, daß ich; und kdybych wenn ich u. s. w.

Marná chvála světská tomu chce, aby každý sám sobě (sich) raději nežli jinému poctivosti[1] přál. Tři věci jsou potřebné, bychom

---

*) Häufig auch wie in der dritten Person beider Zahlen, das nur zu sehr abgeschliffene by.

se dobrými lidmi osvědčili: dobré činiti, pravdu mluviti a své slovo držeti. Lépe jest, aby děti plakaly než otcové. Nenarodil se ten, co by se líbil všem (allen). Kdybychom lépe znali přírodu, zajisté by naše vychování bylo podstatnější[2] a naše živobytí příjemnější. Každý řetěz tlačí, byť články[3] jeho i zlaté byly. Kdyby nebylo „kdyby," nebylo by chyby. Kdyby lidé řeč kupovali, ne tak mnoho by mluvili, řeči by sobě vážili. Lež by jak chtěl líčil[4], nebude pravdou. Když chceš jinému dobře činiti, abys sám nouzi netrpěl, máš na to pozor dáti. Neznámým nelahoď[5], aby, že vábíš[6] a oukladů strojíš, nemyslili. Každého živocha Bůh obmyslil[7], čím (wovon) a jak by živ byl. Není člověka na světě, jenž by svých křehkostí[8] neměl. Byť by se skryl v tajném místě, Bůh tě přece vidí jistě. Kdybys okusil[9], co je nouze, uvěřil bys nuznému. Pracuj, ne abys vrabce[10] vydělal a ztratil hus. Aby všem ústa zavázal[11], musel by mnoho plátna míti. Kuře nehrabe, aby uějakého zrnéčka[12] nenašlo. Nebylo viděno, ani slyšeno, ani čteno, aby v těle, kteréž rozkošmi posedlé[13] jest, zdravá mysl byla. Nesnadno, kdo se obírá[14] smolou, by se jí (mit ihm) neslepil[15]. Nesmíte myslit, že by lhostejné[16] bylo, co lidé o vás (über euch) myslí a mluví. Sníh osení přikrývá, aby od mrazu[17] aneb od ledu[18], když mrzne, nezmrzlo. Bych věděl všecky věci, kteréž na světě jsou, lásky pak kdybych neměl, což by mně (mir) prospělo před Bohem, kterýž mne (mich) podle skutku souditi bude. V přírodě lidské ten budiž řád zachován, aby tělo vůle, vůle rozumu, rozum ale Boha poslušen byl. Chceš-li hřešiti, vyhlídni[19] si k tomu (baju) místa, kde by tě (dich) Bůh neviděl. Při zrození[20] svém plakals, a okolostojící[21] se radovali; žij tak, abys při smrti smáti se mohl, a přítomní aby plakati musili. Lakomci nikdy dost není, byť měl i všeho světa jmění. Kdo marně utrácí čas, větší škodu sobě činí, nežli by peníze utrácel, neb peněz nabyti může, ale času nikdy. Žádná moc na zemi tak velice vzrůsti nemůže, aby naposledy v čase od Boha uloženém[22] pádu vzíti a zase pominouti neměla. Ani věk, ani zkušení nedávají moudrosti, neb kdyby to dvé[23] činilo moudrým, sami staří lidé byli by moudří. Kdož miluje syna svého, často jej mrská, aby se radoval v posledním čase svém a nežebral u dveří bližních.

[1]die Ehre, Hochachtung [2]reell [3]das Glied [4]schminken [5]schmeicheln [6]locken [7]bedenken, versehen [8]die Schwäche, die Gebrechlichkeit [9]verkosten

¹⁰der Sperling ¹¹verbinden ¹²das Körnchen ¹³einnehmen ¹⁴sich beschäftigen ¹⁵zusammenkleben ¹⁶gleichgiltig ¹⁷der Frost ¹⁸das Eis
¹⁹aussehen, auswählen ²⁰die Geburt ²¹umstehend ²²bestimmt ²³die
Zwei, das Paar.

78.

Mancher wollte arbeiten, und er kann nicht; und mancher könnte und er will nicht. Wäre kein Hehler¹, so wäre kein Stehler². Oft fürchtet sich der Mensch vor künftigen Dingen mehr, als wenn sie gegenwärtig wären. Kinder erzählen, was sie thun, die Alten, was sie gethan, die Thoren, was sie thun möchten, und die Weisen, was zu thun sei. Gerechter wäre es, wenn du dich selbst anklagen³ und deinen Nächsten entschuldigen würdest. Handle immer so, dass man nicht sage, dass du viel und schön redest, allein wenig thuest. Dazu ist der Mensch, dass er arbeite. Lebe nicht, um zu essen, sondern iss, um zu leben. Der Geizhals hat nie genug, wenn er auch das Vermögen der ganzen Welt besäße. Was nützt⁴ es dem Menschen, wenn er auch die ganze Welt gewänne⁵, an seiner Seele aber Schaden leiden würde? Keiner ist so mächtig, dass er die Hilfe anderer nicht brauchen würde. Wer immer redet, was er will, wird balb hören müssen, was er nicht gern hören möchte. Wenn der Jüngling müßte, der Alte könnte, der Faule wollte, so gäbe es nichts Gutes in der Welt, das nicht geschehen⁶ würde. Wenn alles Gold der Erde dein Eigenthum wäre; wenn du in den prachtvollsten Palästen wohntest; wenn dir (ti) ein tausendjähriges Leben gesichert⁷ wäre, und du hättest die Liebe nicht, so würde kein Weiser dich (té) um dein Geld und um dein Alter beneiden⁸. Dem (tomu), der die Wahrheit spricht, glaubt man, wenn er auch Unwahrheit spräche. Sage niemand, dass ihm die Kräfte fehlen, um dem Vaterlande und dem Volke nützlich zu sein; auch der Schwächste vermag mit lebendigem Eifer⁹ viel, wenn er nur festen Willen und ein gutes Herz hat. Wachet und betet, damit ihr nicht in Versuchung fallet. Wer meint, er stehe, der sehe zu, dass er nicht falle. Christus wird noch einmal wiederkommen, um über alle Menschen, über gute und böse Gericht zu halten. Gott will nicht den Tod des Sünders, sondern dass er sich bekehre¹⁰ und lebe. Unsere größte Sorge sei, dass unser Gewissen nicht gegen uns (nám) zeuge.

¹skrývač ²krádce ³žalovati na ⁴prospěti ⁵získati ⁶státi se ⁷pojistiti ⁸záviděti ⁹horlivost ¹⁰obrátiti.

79.

Auf ähnliche Art wird der Konjunktiv passiver Bedeutung gebraucht.
Kdyby se moudrosti učením docházelo¹, musila by zajisté
v knihách býti. Nečiň, čeho sám nežádáš, aby tobě (bir) činěno bylo.
Marnotratník jest blázen, který své jmění na to (baju) obětuje, aby
do řádu žebráckého přijat byl. Není stavu tak svatého, aniž místa
tak soukromého², kde by se nenacházelo pokušení aneb protivenství. Nic není tak zlého, aby se neobrátilo někdy v něco dobrého.
Taková potrava dětem se dávati má, aby život se mohl posilovati
a ne přecpávati³ a obtěžovati⁴. Nestyď se za otce, byť ze samých
provázků⁵ spleten⁶ byl. Nemůže býti věc tak tajná, aby vyjevena
nebyla. Správci obce potřebí jest, aby od občanů svých milován
byl. Bůh chce, aby všickni lidé spaseni byli a ku poznání⁷ pravdy
přišli. Bůh by měl ode všech (allen) lidí býti ctěn a milován. Jen
ten, kdo dobré miluje, měl by býti vážen. Žádný, když bývá pokoušín, neříkej, že by od Boha pokoušín byl, neboť Bůh žádného
nepokouší. Bratří, byl-li by i zachvácen člověk v nějakém hříchu, vy,
kteříž duchovní jste, učte takového v duchu tichosti.

¹erlangen ²abgelegen, geheim ³überfüllen ⁴beschwören ⁵das Strickchen, der Faden ⁶flechten ⁷die Erkenntnis.

80.

Gute Dinge sollten nicht aufgeschoben werden. Der Dieb nimmt
sich in Acht, daß er nicht auf der That erwischt werde; doch Gott
wird er nicht entrinnen. Nichts ist so schön, daß es vom Alter¹ nicht
aufgezehrt² würde. Die Obrigkeiten müssen darauf (na to) sehen, daß
von Allen (všech) die Gesetze beobachtet werden³. Wir gehorchen den
Gesetzen, damit die Ordnung des Staates erhalten werde⁴. Die Römer pflegten immer zwei (po dvou) Konsuln zu wählen, damit durch
den einen (jedním) die Macht des anderen in Schranken gehalten⁵
würde. Es gibt keinen Menschen, der nicht einmal betrogen worden
wäre. Christus starb für uns, damit wir von der Sünde erlöst und
mit Gott vereinigt⁶ werden. Die Armen sollten nicht verachtet, sondern bedauert⁷ werden. Wenn das Böse stets verachtet würde, würde
manche Sünde verhütet⁸ werden. Thuet immer Gutes, damit ihr
nicht zu einer Stunde abgerufen⁹ werdet, wo ihr nicht vorbereitet¹⁰
seid. Auf dem ganzen Erdboden ist nichts, was nicht zum Nutzen und

zur Bequemlichkeit¹¹ der Menschen erschaffen wäre. Mein Sohn, haft du gesündiget, sündige nicht wieder, sondern bitte, daß dir die vorigen Sünden vergeben werden. Hütet euch (se), daß ihr euere Gerechtigkeit nicht übet vor den Menschen, damit ihr von ihnen (od nich) gesehen würdet, sonst werdet ihr keine Belohnung haben bei eurem Vater, der im Himmel ist.

¹vetchost ²stráviti ³zachovati, It. VII. ⁴zachovati ⁵obmeziti ⁶spojiti ⁷litovati ⁸zabrániti (Dat.) ⁹zavolati ¹⁰připraviti ¹¹pohodlí.

81.
Pronomina (Fürwörter, náměstky oder zájmena) *).

1. Die Pronomina possessiva můj tvůj, svůj richten sich in allen Endungen, die Nominative ausgenommen, nach den attributiven Adjektiven, wo sie auch behandelt wurden. Eben so gehen týž, táž, též derselbe u. s. f. (nur daß das emfatische ž oder že immer beigesetzt bleibt) und das selten gebrauchte ký, ká, ké welcher u. s. f.

2. Die Personalpronomina: já, ty, on, ona, ono kennen wir bereits im Nominativ des Singulars und Plurals, daher hier nur die übrigen Endungen angeführt werden:

já hat im Akkusativ und Genitiv des Singulars mne oder mě**)
ty „ „ „ „ „ „ tebe „ tě
das Reciprokum hat im „ „ „ sebe „ se.

---

*) Die Fürwörter werden für andere Wörter gesetzt. Durch die mannigfaltige Art und Weise, wie dies geschieht, entstehen auch verschiedene Arten von Fürwörtern, als:
1. Persönliche (personalia, osobní):
 já, ty, on und das reziproke sebe oder se.
2. Zueignende (possessiva, přivlastňovací):
 můj, tvůj, jeho mein, dein, sein;
 náš, váš unser, euer.
3. Anzeigende (indicativa, ukazovací):
 ten, ta, to dieser u. s. f.;
 onen, ona, ono jener u. s. f.;
 týž, táž, též, derselbe u. s. f.
 sám, sama, samo, selbst u. s. f.
4. Beziehende (relativa, vztažné):
 který, která, které, welcher u. s. f.;
 ký, ká, ké, welcher, was für einer u. s. f.;
 jenž, jež, jež, welcher u. s. f.;
 kdo wer, co was;
 čí wessen.
Fragende (interogativa, tázací):
5. jaký, jaká, jaké? welcher, was für ein? qualis?
**) kterak, kteraká, kteraké? welcher? qualis?

Die längeren Pronomina mne, tebe, sebe, müssen stehen²am Anfange des Satzes,

Já jsem první a poslední a mimo mne není Boha, dí Hospodin. Ty se mě bojíš? Čiň dobře a boj se Boha, mne se báti nepotřebuješ. Kdo dává do sebe, nemůže dáti na sebe. Milá mládeži, ty jsi květoucí[1] naděje vlasti, na tebe ona se těší. Kdo nechce sebe zapírati, stane se brzy otrokem svých vášní. Jsi-li moudrý, hleď před sebe a za sebe. Mluvný[2] nepřítel bezpečnějšího tebe činí, než mlčenlivý. Nepij a nejez, leč tě žízeň a hlad pobízí[3]. Co tě nepálí, nehas. Každý hleď, aby prvé sebe samého poznal. Chovej se tak, aby tě moudří chválili, chválí-li tě ale blázen, tedy se styď. Kdo chce býti mým učeníkem, dí Kristus, zapřiž sebe sám, vezmi kříž svůj a následuj mne. Nejprv sebe naprav, potom jiného. Jestliže kříž rád neseš, ponese tebe a přivede tě ke konci žádanému[4]. Nech ať tě chválí jiný a ne ústa tvá: cizí a ne rtové tvoji.

[1]blühend [2]gesprächig [3]nöthigen [4]erwünscht.

Ich esse und trinke nie, außer wenn mich Hunger und Durst treiben. Ich will mich stets so betragen, damit mich auch die Weisen loben könnten. Wirst du gut und edel sein, so wird Gott Freude an (z) dir haben. Was mich nicht brennt, das lösche ich nicht. Der Neidische quält sich selbst. Was gut ist, lobt sich selbst. Liebe deinen Nächsten wie dich selbst. Ein jeder sorgt nur für sich, Gott aber für alle (všecky). Treibe[1] kein Gespött[2] mit dem Unglück deines Nächsten, bald genug kann die Reihe auch an dich kommen. Wenn ihr mich liebet, haltet meine Gebote, spricht der Herr. Nimm dich in Acht vor dem Menschen, der dich in's Angesicht lobt; denn selten ist wahr, was er sagt; gar oft ist es entweder eine leere Schmeichelei oder eine böswillige Heuchelei. Sohn, wandle stets den Weg der Tugend, auf daß deine Aeltern Freude an (z) dir haben. Lernet alle von mir, spricht der Herr, denn ich bin sanftmüthig und bemüthig vom Herzen. Wer Vater und Mutter mehr liebt als mich, ist meiner nicht wert, sagt Christus der Herr.

[1]dělati si [2]posměch.

82.

Im Akkusativ und Genitiv des Plurals hat já: nás.
" " " " " " " ty: vás.
Das Reziprokum: sebe oder se.

---

nach einem Vorworte, im Gegensatze und endlich des Nachdrucks wegen, sonst werden die kürzeren oder enklitischen mě, tě, se gesetzt. Diese Regel gilt in allen Endungen.

Bůh se nás dotýká[1] časnou[2] bídou, aby nás buď v dobrém utvrdil[3], buď od zlého odvrátil. Milujte učitele své, neboť oni jako rodičové vaši starají se o vás. Budete-li opatrní, tak snadno vás nikdo neošidí[4]. Každý z vás buď rychlý ku poslouchání, ale zdlouhavý[5] ke mluvě. Uvrhněte všelikou péči na Boha, nebo on má péči o vás. Jeden každý z nás sám za sebe počet vydávati bude Bohu. Bídy a strasti od nás odňaty[6] nebudou, pokud živi budeme. Nebudete-li sami sebe zapírati, stanete se brzy otroky svých vášní. Mějte se rádi, vždyť vás jedna vlasť zrodila. Napravte nejprv sebe, než jiných napravovati počnete. Buďtež poddáni Bohu, odpírejte[7] ďáblu a uteče od vás.

[1]berühren, [2]heimsuchen [3]zeitlich [4]kräftigen [5]betriegen [6]langsam [7]odníti, wegnehmen [8]widerstehen.

Habet ein gutes Gewissen und Gott wird euch wohl beschirmen. Wer euch nicht kennt, würde euch kaufen. Verlasset[1] euch nicht auf euch selbst, sondern bauet alle euere Hoffnung auf Gott. Wer euch aufnimmt, spricht der Herr, der nimmt mich auf. Gott verlanget von uns Menschen nichts, als Liebe. Der Tod entbindet[2] uns von allen irdischen Qualen. Unsere Meinung[3] und unser Sinn trügen uns oft. Liebet euch unter einander, wie ich euch geliebet habe, spricht der Herr; denn daran wird man euch erkennen, daß ihr meine Schüler seid, wenn ihr euch wechselseitig lieben werdet, wie ich euch geliebet habe.

[1]vzpoléhati se [2]zbaviti [3]domnění.

83.

Im Dativ des Singulars hat já: mně oder mi.

„ „ „ „ „ ty: tobě „ ti.

Das Reziprokum: sobě „ si.

Der Lokal hat nur die längere Form mně, tobě, sobě.

Co ti může kdo slovy neb křivdami uškoditi? Víceť sám sobě škodí než tobě. Neníť tobě třeba za jiné odpovídati, ale sám za sebe počet vydáš. Dnes mně, zejtra tobě. Nedbám na měsíc, když mi slunce svítí. Přítel učiní-li tobě něco zlého, hleď to opraviti se vší (mit allem) snažností[1]. Jistě přítelem tvým není, kdo ti pochlebuje. Nedávej se do věcí, ku kterým ti síla schází. Co nemilo tobě, jinému nečiň. Každý sobě štěstí kuje[2]. Pravdu sobě mluvme, dobří spolu buďme. Sobé se učíš, sobě též uměti budeš. Kdo jazyk svůj střeží³, mnoho si mrzutostí⁴ uspoří⁵. Kdo sám sobě zlý, komu (wem) dobrý? Bídní to lidé, kteří jen sami sobě živi jsou. Jak člověk neskonalého⁶ Boha obraz v sobě nosí, z činů poznati se může. Kdo mi dobře přeje, vím, třeba mi to do očí neříkal. I o mně Bůh dobře ví, i o mne on pečuje. Kdo bez přestání⁷ o sobě mluví, jest buď tlučhuba⁸, buď marný chlubil⁹. Neříkej k chudému, co jest mi po tobě, neb nevíš, kdy chudého pomoci potřebovati budeš. Jde-li o tobě dobrá pověst, buď pilen, ať skutečně jsi, co se o tobě vypravuje. Bude-li věc tvá vždy spravedliva, budou zajisté poctiví při tobě státi. Kdo si nedáš na sobě záležeti, nediv se, upadneš-li v pohrdání u jiných.

¹der Fleiß, die Emsigkeit ²schmieden ³bewachen ⁴der Verdruß ⁵ersparen ⁶unendlich ⁷das Aufhören ⁸der Maulbrescher ⁹der Praler.

Gieße nicht Galle¹ in den Honig, wenn er dir süß schmecken² soll. Wer den Willen meines Vaters, der im Himmel ist, thut, der ist mir Bruder, Schwester und Mutter, sagt Christus der Herr. Wie du mir, so ich dir. Wer sich selbst genügt³, ist reich. Da du dir selbst nicht wohlwillst, wie kannst du mir wohlwollen? Wer sich selbst gefällt, gefällt selten andern. Arbeite und Gott wird dich segnen. Traue dem Schmeichler nicht mehr als dir selbst. Wirst du (fem.) weise sein, dir allein wirst du weise sein. Der Lügner glaubt sich selbst. Es ist fürwahr eine große und seltene Sache, sich selbst Wahrheit zu sagen. Halte dich an Gott; Gott kann dir auch dann noch helfen, wenn dir kein Mensch mehr helfen kann. Der Glaube, hat er keine Werke, ist todt in sich selbst. Gönne und es wird dir gegönnt werden; gib und es wird dir gegeben werden. Was ihr dem Geringsten⁴ aus den Meinigen gethan, das habt ihr mir gethan, spricht der Herr. Wenn niemand etwas böses von dir weiß, so denke nicht, daß du schon deshalb vollkommen bist, denn auch Gutes soll man von dir wissen. Gibst du Acht auf das, was du innerlich in dir bist, dann wirst du dich nicht kümmern um das, was die Leute von dir reden. Wer sein Geld immer bei (při) sich führt, ist entweder ein Geizhals, oder ein mistrauischer⁵ Mensch. Auf dir wird es beruhen, lieber Jüngling! ob du in den Wissenschaften fortschreiten wirst⁶ oder nicht. Mit⁷ dir und der Unschuld wird es aus⁸, wenn du in schlechte Gesellschaften geräthest.

¹žluč ²chutnati ³potlačiti ⁴malý ⁵nedůvěřivý ⁶pokročiti ⁷po ⁸veta.

84.

Já ħat im Dativ des Plurals nám, im Lokal des Plurals (v) nás.
Ty „ „ „ „ „ vám, „ „ „ „ (v) vás.
Das Reziprokum ħat im Dativ des Plurals sobě ober si, unb
im Lokal des Plurals (v) sobě.

Ptáci na léto k nám přilétají[1] a zase odlétají[2]. Ten se nám hnusí[3], kdo víc než slušno mluví. Často týž lék, jenž nám prospěti může, může nám i škoditi. Amen, Amen, pravím vám, dí Kristus, kdo žije ve mně, má život věčný. Jakou měrou měříme[4], takou bude i nám měřeno. Nermutte se, jestli se vám vše po vůli nedaří, nebo od Boha pochází veškeren zdar[5]. Vy nemůžete sami sobě raditi; jak nám raditi můžete? Ještě vám brky[6] nedorostly[7] a již chcete lítati. Musíte míti k sobě důvěru, chcete-li něco velkého dovésti. Ne nám Hospodine, ne nám, ale jmenu svému dej slávu! Díme-li, že hříchu nemáme, sami se svádíme[8], a pravdy v nás není. V nás od přirození dva (zwei) živlové[9] bojují, ctnosť a hřích. Buďte mládenci ctnostni a přičinlivi, ať se vlasť ve vás nesklamá[10]. O vás jde pověsť, že o nás dobře nesmýšlíte! Ve vás, mládenci, dřímají[11] krásné vlohy[12]; nezanedbávejte jich (sie). My o sobě nic neučinili, než vše s radou tvou, proč nás medle káráš? Proč pořád ten hněv v sobě dusíte[13]? podejte si ruce (Hände) a odpusťte si, a bude i vám odpuštěno. Podíváme-li se na sebe, snadno poznáme, že v nás živ jest svět a marná žádost, lidem se líbiti. Kteří o sobě mnoho myslí, zapomínají, že lidé o nás jinak soudívají, než my o sobě soudíme. Nebude-li při nás žádná vina shledána, doufejme, že Bůh při nás bude. Po vás je veta[14], neb neslyšeli jste dobré rady.

[1]herbeifliegen ²wegfliegen ³anwidern ⁴messen ⁵das Gedeihen ⁶der Federkiel, die Schwinge ⁷heranwachsen ⁸betriegen ⁹das Element ¹⁰täuschen ¹¹schlummern ¹²die Anlage ¹³brücken ¹⁴ist aus, ist geschehen.

Die Wahrheit soll uns stets heilig sein. Oft wollen wir andern rathen und können wir uns selbst nicht rathen. Der Mensch widert uns an, der nur von sich und von seinen Verdiensten spricht. Wenn es auch schlecht geht in diesem (tomto) Leben, so denket, dass es noch ein anderes Leben gibt, wo sich alles ausgleichen² wird. Gott erweiset³ uns täglich unzählige Wohlthaten. Das Gewissen ist eine innere Stimme, die uns deutlich⁴ sagt, was Recht und Unrecht ist. Nicht alles, was uns angenehm ist, ist uns auch nützlich. Oft nützt uns das Leben sehr, indem es zum Guten führt. Wir verachten mit Recht diejenigen, welche uns schmeicheln. Ohne Gottes Willen kann euch kein Haar gekrümmt[5] werden. Kinder, fliehet böse Gesellschaften, denn sie rauben[6] die Unschuld und stürzen[7] euch ins Verderben. Es wird euch nichts schaden, wenn Leute von euch Böses reden, wenn ihr nur nicht böse seid. Wie ihr von anderen denket, so werden auch andere von euch denken. Wollen wir einen guten Ruf nach uns zurücklassen, so müßen wir stets edel handeln. Kinder machet euern Aeltern keinen unnützen Kummer, auf euch ruht der größte Theil ihrer (jejich) Hoffnungen. Wenn ihr Acht gebet auf das, was ihr innerlich in euch seid, dann brauchet euch nicht zu kümmern, was die Leute von euch reden. Von uns hängt es ab, ob wir zufrieden sind oder nicht.

[1]uměti [2]vyrovnati [3]prokázati, It. VIII. [4]zřetelně [5]ohnouti [6]odníti, It. VII. [7]uvrhu, It. VIII.

85.

Já hat im Instrumental des Singulars mnou, im Plural námi. Ty „ „ „ „ „ tebou, „ „ vámi. Das Reziprokum hat im Instr. des Sing. und Plurals sebou.

Když Pán Bůh se mnou, kdo proti mně? Kdekoli jsem, Bůh všudy se mnou. Kdekoli jsi, všudy vůkol tebe jest vzduch, před tebou, za tebou, nad tebou, nestojíš-li na zemi pevně. Lichometník vůčí[1] s tebou dobře, a krom očí štípá[2] co had. Milosrdenství[3] Boží s sebou pohrávati[4] nedá. Kdožkoli sám sebou vládnouti neumí, jiných k moudrosti nepřivede. Kdo není se mnou, jest proti mně, dí Hospodin. Chce-li kdo za mnou přijíti, praví Spasitel, zapři sebe sám. Nejvyšší a nejprospěšnější učení jest; sebe samého dobře poznati a sebou samým opomítati[5]. Zle bude s námi, nebude-li milosrdenství Boží větší než naši hříchové. Bratři, máte-li co proti nám, mluvte, ať se domluvíme[6] a není žádného nepřátelství mezi námi a vámi. Před vámi leží krásná budoucnosť, mládenci, pakli nepromarníte[7] mladosti své. Chcete-li něco velikého a důležitého[8] podniknouti[9], nebeřte radu jediné s sebou, nýbrž raďte se s jinými moudrými a zvláště s Bohem. Přede vším společnou mezi sebou lásku ustavičnou mějte; nebo láska přikrývá množství hříchů.

[1]ins Gesicht [2]beißen, zwicken [3]die Barmherzigkeit [4]spielen [5]verachten [6]übereinkommen, sich vergleichen [7]vergeuden [8]wichtig, groß [9]unternehmen.

Und würde auch der Tod vor mir stehen, fürchten werde ich mich nicht, spricht der Gerechte. Ist Gott mit dir, dann kann dir kein Feind schaden. Sei demüthig und friedfertig, und Gott wird mit dir sein; sei fromm und still, und Gott wird bei¹ dir bleiben². Willst du, dass man mit dir Geduld habe, so mußt du auch mit anderen Geduld haben. Wer einen Regenbogen³ sieht, hat die Sonne hinter sich und die Regentropfen⁴ vor dem Gesichte⁵. Unter uns sehen wir die Erde, über uns den Himmel. Viel vermag, wer sich selbst gut beherrscht. Wer mit sich selbst unzufrieden ist, wie kann der mit anderen zufrieden sein. Wenn Gott mit uns ist, wer kann wider uns sein? Verzweifle⁶ nicht im Unglücke; denn Gottes Vorsehung⁷ wacht⁸ väterlich über uns. In meines Vaters Hause sind viele Wohnungen⁹, sprach Christus; ich gehe vor euch hin, euch dort eine Wohnung zu bereiten¹⁰. Oft wissen wir selbst nicht, was wir über uns vermögen¹¹, aber die Vorsehung macht es uns offenbar, wie viel wir im Guten zugenommen haben¹². Theuere Aeltern, ihr seid unsere wahren, besten Freunde; wir freuen uns über (z) euch, wir wünschen euch alles Gute, wir beten für euch, wir wollen euch unterstützen¹³, wir wünschen mit euch zu leben, von euch hören wir gern reden.

¹s ²zůstati ³duha ⁴krůpěj ⁵tvář ⁶zoufati ⁷prozřetelnost ⁸bdíti ⁹příbytek ¹⁰připraviti ¹¹mohu ¹²prospěti ¹³podporovati.

86.

Deklinazion von on, náš, váš, všecken, co mit dem zusammengesetzten: ledaco was immer, něco etwas, nic nichts.

Nominativ.

Singular, Einzahl.			
masculinum		feminimum	neutrum
belebt	unbelebt		
on	on	on-a	on-o
váš	náš	naš-e	naš-e
váš	váš	vaš-e	vaš-e
(ves)*)	(ves)	(vš-e)	(vš-e)
všecek	všecek	všeck-a	všeck-o
všechen	všechen	všech-na	všechn-o
všecken	všecken	všeckn-a	všeckn-o
			c-o
			nic

*) Die eingeklammerten Formen sind mehr oder weniger schon veraltet, aber für die Etymologie wichtig.

Plural, Mehrzahl.

masculinum belebt	masculinum unbelebt	femininum	neutrum
on-i	on-y	on-y	on-a
naš-i	naš-e	naš-e	naš-e
vaš-i	vaš-e	vaš-e	vaš-e
(vš-i)	(vš-e)	(vš-e)	(vš-e)
(všicc-i)	všeck-y	všeck-y	všeck-a
všichn-i	všechn-y	všechn-y	všechn-a
všickn-i	všeckn-y	všeckn-y	všeckn-a.

Diese Nominative sind bereits bekannt und werden auch gehörigen Orts eingeübt. Die übrigen Endungen sind:

Akkusativ.

Singular, Einzahl.

masculinum belebt	masculinum unbelebt	femininum	neutrum
j-eho*) ho		j-i	j-e
j-ej	j-ej		
naš-eho	náš	naš-i	naš-e
vaš-eho	váš	vaš-i	vaš-e
vš-eho	(ves)	(vš-i)	vš-e
	všecek**)	všeck-u	všeck-o
	všechen	všechn-u	všechn-o
	všecken	všeckn-u	všeckn-o
			c-o
			nic.

Plural, Mehrzahl.

masculinum belebt	masculinum unbelebt	femininum	neutrum
j-e	j-e	j-e	j-e
naš-e	naš-e	naš-e	naš-e
vaš-e	vaš-e	vaš-e	vaš-e
(vš-e)	(vš-e)	(vš-e)	(vš-e)
všeck-y	všeck-y	všeck-y	všeck-a
všechn-y	všechn-y	všechn-y	všechn-a
všeckn-y	všeckn-y	všeckn-y	všeckn-a

*) Dieser Kasus ist wie auch alle übrigen nicht von on, ona, ono, sondern von dem veralteten jen, ja, je.
**) Diese und die übrigen Formen von vše gehen im Nominativ, Akkusativ und Vokativ wie die Substantiva der 1. Klasse.

Nikdo naše svědomí tak dobře nezná, jako my sami. My bezdušné tělo pochováváme a nepálíme je, jako staří dělávali. Kdo nedbá o roli, nebude též ona dbáti o něj*). Kdo sám sebe nectí, nezasluhuje, aby jiní jej ctili. Křivdu i ti v nenávisti mají, kdož ji sami činí. Život a smrť, t. j. štěstí a neštěstí jest v moci jazyka; kdo jej ostříhá, bude ovoce toho (beffen) jísti. Miluješ-li syna, nešetři metly, nebo kdo metly[1] šetří, nenávidí syna, ale kdož ho miluje, za času ho tresce. Jen zlovolníci[2] tupí řeč naši a naši milou vlasť. Každý červ se kroutí[3], když ho hněteme[4]. Měsíc doprovází zemi naši na dráze její (iḩrer). Moudří lidé nehněvají se, když je lidé haní, aniž se vyvyšují, když je chválí. Dostáváš-li dobrodiní, nikdy na ně nezapomínej; prokazuješ-li nějaké, nikdy na ně nezpomínej. Karbaniti[5] znamená tolik, jako zboží své do moře házeti, a je na pobřeží[6] očekávati[7]. Kdo jest Bůh kromě Hospodina, a kdo jest Bůh kromě Boha našeho? Co jest člověk, že pomníš na něj, nebo syn člověka, že navštěvuješ[8] jej? Maličko's jej menšího učinil než anděly; slávou a ctí korunoval[9] jsi ho: a ustanovil[10] jsi jej nad dílem rukou svých. Přičiňte[11] se všemožně[12] prospívati v umění: neb umělosť[13] vaši nikdo vám odciziti[14] nemůže. Kdo shromáždí[15] zboží lichvami[16] a úrokem[17], člověku štědrému[18] k chudým shromažďuje je. Kdo nic nemá, něco si přeje, a kdo něco má, přeje si všecko. Nechť neví levice[19] tvá, co činí pravice[20] tvá. Všickni lidé všecko vědí. Kdo zákony a práva naše zná, ví také, že výborná jsou, jen kdyby jich všickni lidé šetřili[21]. Dobrá věc by byla, kdyby všickni učenci naši všecky řeči naše znali. Kdož má přikázání zná a zachovává je, teňť jest, dí Kristus, který mne miluje. Co Bůh činí, vše dobře činí. Jestliže odpustíte lidem hříchy jejich (iḩre), odpustí i vám Otec nebeský hříchy vaše. Budeš mne všeho[22] míti, budeš-li poslušen přikázání Božích. Všecek duch, všecko srdce, všecko tělo, všecek život můj živ buď tobě, ó Pane, nebs ty mne všeho vysvobodil, aby mnou vším (mic̨ ganȝ) vládl, všehos mne obživil, aby mne zase všeho sobě měl. Slýchal jsem jak živ, že lakomému, by měl všecken svět, nikdy dosti není. Vše-

---

*) ber Anlaut -j geḩt in ń über, ſo oft bie Enbung bon einer Präpoſiȝion regiert wirb.

cku pilnosť musíme přičiniti, chceme-li dokonalými se státi. Lépe jest, bys přišel o všecken statek, než o zdraví.

¹die Ruthe ²der Böswillige ³sich winden ⁴drücken ⁵übermäßig spielen ⁶das Ufer ⁷erwarten ⁸heimsuchen ⁹krönen ¹⁰bestimmen, stellen ¹¹sich bemühen ¹²möglichst ¹³das Wissen, die Kenntnis ¹⁴entfremden, wegnehmen ¹⁵sammeln ¹⁶der Wucher ¹⁷der Zins ¹⁸freigebig ¹⁹linke Hand ²⁰rechte Hand ²¹achten, wahren ²²ganz.

87.

Unsern Körper erquicket ein mäßiger¹ Schlaf und ein frühes Wachen stärket ihn. Wer einen makellosen² Freund sucht, der wird ihn nie finden. Bereuet³ jemand, daß er dich beleidigt hat, so verzeihe ihm und du wirst dir ihn sehr verbinden⁴. Wer unsere Sprache schimpft, der kennt sie nicht oder er zürnt über Gott, daß er sie gemacht. Der Eitle ist ein gebrechliches Geschöpf; eine Miene kann ihn beleidigen. Die größten Zeitverschwender sind die, welche sie mit langem Schlafen tödten⁶. Hasse den Bösen nicht, sondern trachte ihn zu bessern. Table den Unvorsichtigen, allein in Gefahr verlasse ihn nicht. Sieh nicht darauf, wer redet, sondern was er redet. Die Zeit offenbaret⁷ alles. Thue den Menschen, was du willst, daß sie dir thun sollen. Gott sollen wir über alles lieben. Die Leutseligkeit⁸ gewinnt⁹ uns aller (všech) Herzen, und macht sie uns geneigt. Geduld überwindet alles. Die Ordnungsliebe¹⁰ erleichtert¹¹ uns unsere Geschäfte¹², weil wir unsere Sachen stets an Ort und Stelle¹³ finden. Die Liebe baut Reiche, die Furcht zerstöret sie. Wenn jemand unsere schlechten Thaten sieht und unsere lasterhaften Reden hört, und er warnt uns nicht¹⁴, sobald er es vermag, der ist nicht unser Freund. Stehet nicht um das Unsrige¹⁵, und wir werden nicht um das Eurige stehen. Wenn ihr nur eure Freunde und Wohlthäter liebet und nicht auch eure Feinde, so erfüllet ihr nicht die Pflichten eines vollkommenen Christen. Lobe die Menschen nicht, so lange du sie nicht reden hörst, oder nicht handeln siehst. Die Zeit bringt alles. Christus gibt sich für uns ganz¹⁶ dahin, um den ganzen Menschen zu erlösen. Setzen wir alle unsere Hoffnung auf Gott, und Gott wird unsere Hoffnung nicht zu Schanden machen¹⁷. Der Mensch ist erhaben¹⁸ über alle Geschöpfe.

¹mírný ²bez — poskvrna ³pykati ⁴zavázati ⁵pohled ⁶mořiti ⁷otevříti ⁸vlídnosť ⁹dobyti ¹⁰pořádnost ¹¹usnadniti ¹²práce ¹³na svém místě ¹⁴varovati, vystříhati ¹⁵naše ¹⁶ves (všeho) ¹⁷sklamati ¹⁸povýšený.

88.
Genitiv.

Singular, Einjahl.			Plural, Mehrzahl.		
mascul.	femin.	neutr.	mascul.	femin.	neutr.
j-eho ho	j-í	j-eho	j-ich	j-ich	j-ich
naš-eho	naš í	naš-eho	naš-ich	naš-ich	naš-ich
vaš-eho	vaš-í	vaš-eho	vaš-ich	vaš-ich	vaš-ich.
vš-eho	vš-í	vš-eho č-eho nič-eho			

Pravopis[1] naší řeči jest mnohem snažší[2], než pravopis řeči německé. Chce-li hospodář, aby čeledín[3] dělal, což jeho jest, ať i on dělá, což jeho jest. Kdo se se smolou obírá, zmaže[4] se od ní. Rozumné dítě rádo se učí, víť ono, že to vlastní jeho prospěch. Dej každému, což jest jeho, dáť on tobě, což jest tvého. Dobře jest jiskru potlačiti[5], dříve než se z ní rozmůže[6] oheň. Kdo jinému jámu[7] kopá, sám do ní padá. Dni našeho života jsou sečteny[8], ale hodina smrti naší není nám známa. Buďte dítky vždy poslušny rodičů i učitelů svých, neboť oni hledí jedině blaha vašeho. Svět pomíjí i žádost jeho, ale kdož činí vůli Boží, zůstává na věky. Kdo za věku mladého moudrosti míti nebude, na stará kolena jí stíží nabude. Náruživosti jsou větrové, kteří loď našeho života pohybují[9]. Buď tobě milejší spravedlnosť, nežli všeho rodu[10] tvého i cizího přátelé. Vždy rozumnějším a lepším stávati se, jest koruna vší moudrosti. Chceš-li pokojně živ býti, varuj se všeho zlého. Draho sobě ceníme[11], čeho trudně[12] nabýváme. Základ vší chvály a pověsti jest spravedlnosť. Nikdo jinému nedá, čeho sám nemá. Nebudeme-li sami svých věcí pilni, nepořídíme[13] ničehož. Což platno něco chvalně začíti, čehož by nemohl dokonati. I vlasy hlav našich jsou sečteny. Letopisové[14] slavných předkův[15] našich přemnoho paměti hodného v sobě obsahují[16]. Nestůjme tvrdošíjně[17] na svém zvyku a na svých náhledech[18], dávejme sami jiným příklad ústupnosti[19] a pak očekávejme i ústupnosť od nich. Poctivosť předkův našich byla na slovo vzata[20]. Nestýskej[21] si na daně a povinnosti, nebo bez nich obec veliká, v které žijeme, státi nemůže. Mnozí z vlastenců našich nosí vlasť na jazyku, ale v srdci nic. Měkká[22] těla jsou, jichžto částky se dají snadno potřbati[23], n. př. vosk[24], máslo[25]. Nechval hodů, až z nich půjdeš. Abel obětoval Hospodinu z prvorozených[26] stáda svého a jich tuku[27]. Bůh odplatí lidem podle vlastních zásluh[28] jejich. Bez vůle Boží ani vlas s hlavy naší nesejde[29]. Oči Páně patří na ty, kteří se ho bojí a on zná všeliký skutek člověka. Chtěje lidi poznati, pozoruj činy jejich*), kdy se domnívají, že jich nikdo nevidí. Miluj vlasť svou a starej se o její blaho.

[1]die Rechtschreibung [2]leicht [3]der Dienstbote [4]beschmutzen [5]erdrücken [6]erstarken [7]die Grube [8]zählen [9]treiben [10]die Familie, das Haus [11]schätzen [12]mühsam, schwer [13]ausrichten [14]die Annalen, die Jahrbücher [15]die Ahnen [16]enthalten [17]hartnäckig [18]die Ansicht [19]die Nachgiebigkeit [20]berühmt sein [21]sich beschweren [22]weich [23]zerreißen [24]das Wachs [25]die Butter [26]erstgeboren [27]das Fett [28]das Verdienst [29]herabkommen, fallen.

89.

Gott können wir nicht sehen, wohl aber seine Werke. Wer nicht aus Gott ist, gehorcht nicht seinen Geboten. Mancher verlangt, daß alles nach seinem Kopfe gehe. Wehe dem Menschen, dessen Ohren (uši) der Wahrheit verschlossen[1] sind. Der kann leicht zufrieden und ruhig sein, dessen Gewissen rein ist. Die Enthaltsamkeit[2] ist ein Baum, seine Wurzel[3] heißt: zufrieden sein, seine Frucht: Ruhe. Die Hand des Glückes schreibt abwechselnd[4] Freude und Schmerz in das Buch unseres Lebens. Die Gestalt[5] unserer Erde ist kugelförmig[6]. Das Heil[7] unserer Seele hängt ab[8] von unserem Wandel[9] während[10] unseres Lebens. Es ist ungewiß, an welchem Orte uns der Tod erwartet, daher wollen wir ihn an jedem Orte erwarten. Gehorsam ist die wichtigste Pflicht der Kinder; wer von ihr weicht[11], der rennt in sein Verderben. Die Ehre ist wie der Schatten[12]; sie flieht[13] den (toho), der sie sucht, und begleitet den, der sie flieht. Unser Vater im Himmel weiß, was wir bedürfen, ehe wir ihn darum bitten. Gott kann dich an jedem Orte finden, daher hüte dich vor aller Sünde. Der Geiz ist die Wurzel alles Uebels. Das erste Gebot der Liebe lautet[14]: Du sollst den Herrn, deinen Gott, lieben aus deinem ganzen Herzen und aus deiner ganzen Seele, und aus deinem ganzen Gemüte[15] und aus allen deinen Kräften. Aus etwas kann wieder etwas werden, aus nichts kann aber nichts werden. Alles hat derjenige, der nichts ver-

---

*) Zu den possessiven Fürwörtern rechnet man auch die Genitive jeho sein, její ihr und den Plural jejich (jich) ihr, die dann gesetzt werden, wenn das Possessivum ein vom Subjekt verschiedener Gegenstand ist. Im Deutschen kann man derlei Genitive mit dessen, deren, derer übersetzen.

langt[16]. Niemand gibt einem anderen etwas, was er selbst nicht hat. Hoffnung und Wünsche sind die Zeichen unserer Gebrechlichkeit[17]. Ein sorgfältiger[18] Landmann pflanzet[19] oft viele Bäume, deren Frucht er niemals sehen wird. Warum sollen wir nicht diejenigen (těch) lieben, von denen wir nebst[20] Gott das Leben erhalten haben[21]. Der gewöhnliche[22] Mensch pflegt uns nach[23] unseren Kleidern und nach unserem Schmucke[24] zu beurtheilen. Der Kopf ist der vorzüglichste[25] Sitz[26] unserer Sinne. Hütet euch, daß ihr euere Gerechtigkeit nicht übet vor den Menschen, damit ihr von ihnen gesehen werdet; sonst[27] werdet ihr keine Belohnnug haben bei eurem Vater, der im Himmel ist. Der Haß unserer Feinde und die Schelsucht[28] unserer Neider[29] bringen uns oft mehr Nutzen, als das Beifallklatschen[30] unserer Freunde. Wohl der Gemeinde, deren Bewohner mehr die Schande, als die Strafe fürchten. Sei eingedenk deiner Seele und deren Heils.

[1]zavříti [2]zdrželivosť [3]kořen [4]střídavě [5]podoba [6]koulovit [7]spasení [8]záviseti [9]obcování [10]za [11]ustoupiti [12]stín [13]utíkati [14]zníti [15]mysl [16]žádati [17]křehkosť [18]starostliv [19]saditi [20]mimo [21]dostati [22]obyčejný [23]po [24]šperk [25]přední, hlavní [26]sídlo [27]jinak [28]nepřízeň [29]závistník [30]pochvala.

90.
Dativ.

Singular, Einzahl.			Plural, Mehrzahl.		
mascul.	femin.	neutr.	mascul.	femin.	neutr.
j-emu	j-í	j-emu	ji-m	j-im	j-im
		mu			
mu	naš-í	naš-emu	naš-im	naš-im	naš-im
naš-emu	vaš-í	vaš-emu	vaš-im	vaš-im	vaš-im
vaš-emu	vš-í	vš-emu			
vš-emu		č-emu			
		nič-emu			

Moudrý se zlého bojí, i varuje se zlého, blázen ale vtírá[1] se k němu a drzý jest. Bůh, jemuž život svůj děkujeme, jest všudy přítomen. Odprošuje-li[2] tě kdo, odpusť mu. Zpozdilý[3] teprv závory dělá, když mu koně vyvedli. Člověče, miluj duši svou a přej jí, aby se denně k Bohu modlitbou nesla. Ohavností[4] jsou Hospodinu rtové lživí: ale ti, již věrně činí, líbí se jemu. Duši naší se protiví, vidíme-li bližního nevinně utisknuta[5]. Všecka přikázání Boží k blahu našemu směřují[6]. Syn moudrý přijímá[7] cvičení[8] otcovo ale posměvač⁹ ctnosti neslyší, když se mu domlouvá. Dokonalí mužové nesnadno věří všemu, co se povídá. Když jsme mladí, říkáme ke všemu: to neškodí, ale když sestárneme, pak známe bolestné následky. Kdo z mládí ničemu se neučí, nebude v stáří také nic uměti. Co kde vidíš, ne všemu chtěj. Kdo čemu chce, dá se jedním (mit einem) vlasem přitáhnouti¹⁰. Práva naše to v sobě zavírají, že nemáme žádného k ničemu bezděky¹¹ nutiti. Čemu se z mládí naučíš, to se ti k stáru hodí. Děti ledečemus¹² se smějí a ledačemu¹³ věří. Ožralec k ničemu dobrému nemůž býti příjemný. Čas všemu přijde. Proti vší jedná spravedlnosti, kdo zaslouženou mzdu¹⁴ dělníkům zadržuje. Když útrpnost máme s plačícími, tím je jako občerstvíme, jim polehčíme a odtušíme¹⁵. Kdo s moudrými zachází, bude moudrý, ale přítel bláznů jim podobný učiněn bude. Jak žádáte, aby vám lidé učinili, tak i vy čiňte jim. Nesedej při nespravedlivých soudech, a sedáš-li, vší (mit allen) snahou se jim opírej, aby průchodu¹⁶ neměly. Pochlebníkův soud o tvé dobrotě dotud pěkný bude, dokud ruka tvá jim sypati bude. Slovo Boží jest svíce nohoum našim a světlo stezkám našim.

¹ſich brängen ²abbitten ³thöricht ⁴der Gräuel ⁵unterdrücken ⁶ziehen ⁷annehmen ⁸die Unterweiſung ⁹der Spötter ¹⁰ziehen ¹¹wider Willen ¹²was immer — ¹³die Kleinigkeit ¹⁴der Lieblohn ¹⁵beruhigen ¹⁶die Geltung, die Kraft.

91.

Iſt jemand glücklich, ſo gönne es ihm; iſt er unglücklich, ſo bedauere ihn. Sohn, liebe deine Mutter, die dich geboren hat und beleidige ſie nicht, noch laſſe zu, daſs ſie jemand beleidige. Wer ſich ſelbſt Schande macht, iſt nicht wert, daſs ihm andere Ehre erweiſen. Wenn jemand von euch Weisheit bedarf, der verlange ſie von Gott und ſie wird ihm gegeben werden. Die Tugend iſt nach Gott das erſte, ſie iſt der Weg zu ihm. Reiche gerne dem Irrenden⁷ die Hand, und zeige ihm willig² den Pfad³. Unſerer Seele ſchadet nichts ſo ſehr als die Sünde. Die Geduld ſchließt alle Thüren auf und hilft wider alles Uebel. Wir leſen nirgends, daſs ein Freund dem andern zu etwas Böſem gerathen hätte. Beſſer iſt's: „ich weiß nicht!" zu ſagen, als zu plaudern⁴, was wir nicht verſtehen. Woran ſich jemand gewöhnt hat, das kommt ihm nicht ſchwer an. Wer gelegene⁵ Zeit zu etwas hat, der warte auf keine andere. Dieſelbe Sache, die den Menſchen ein Vergnügen macht, bringt ihnen oft einen peinlichen Schmerz⁶. Die Meinigen laſſen ſich

Euch und den Eurigen empfehlen⁷. Die Aeltern, denen wir unzählige Wohlthaten zu danken haben, verdienen von uns Hochachtung und Liebe. Kinder spielet nicht mit Katzen⁸ und Hunden, es ist ihnen nicht zu trauen. Gott wird unsere und eure Unternehmungen⁹ segnen, wenn wir ihn darum (za to) mit reinem Herzen bitten werden. Es ist nicht immer gut und schön, was unsern Sinnen schmeichelt¹⁰.

¹bludný ²ochotný ³stezka ⁴žvatlati ⁵příležitý, příhodný ⁶trapný ⁷poroučeti ⁸kočka ⁹podniknutí ¹⁰lahoditi.

92.
Lokal.

Singular, Einzahl.			Plural, Mehrzahl.		
mascul.	femin.	neutr.	mascul.	femin.	neutr.
[v] n-ém	[v] n-í	[v] n-ém	[v] nich	[v] n-ich	[v] nich
[v] naš-em	[v] naš-í	[v] naš-em	[v] naš-ich	[v] naš-ich	[v] naš-ich
[v] vaš-em	[v] vaš-í	[v] vaš-em	[v] vaš-ich	[v] vaš-ich	[v] vaš-ich
[v] vš-em	[v] vš-í	[v] vš-em			
		[v] č-em			
		[v] něč-em			

Chceš-li tajnou věc aneb pravdu vyzvěděti¹, blázen a opilý člověk umějí o ní pověděti. Kdo miluje nebezpečenství, zahyne v něm. Země, na níž přebýváme, také oběžnicí jest. První povinnosť naše jest milovati pravdu a v ní se důvěrovati. Pokud v naší vlasti víra a poctivosť a upřímnosť panovati bude potud bude šťastna. Ne po našem chtění², ale po Božím dopuštění³. Při smrti naší skončují se všecka vezdejší trápení⁴. Trudno⁵ oheň hasiti, dokud tráva při něm trvá. Co jsi navařil⁶, to jísti budeš: t. j. v čem jsi pochybil, za to odbývati⁷ budeš. Při čem kdo mní, že dobře stojí, toho (davor) nechať se nejvíce bojí. Časové se mění⁸, a my měníme se v nich. Jak velké hodiny ukazují, tak malé po nich se spravují. Mnoho takových je bylin, ježto (nic) jisté své krajiny a jistá svá místa mají, v nichž i bujněji⁹ rostou. Pamatuj na Stvořitele svého a na přikázání jeho ve dnech mladosti své, prvé než na tebe přijde čas trápení a přiblíží se léta, o nichž díš: „Nelíbí se mi!" Neposlouchejte všech (alle) vrtochů¹⁰, které se v hlavách vašich rodí¹¹. Nebe i země, i všecky věci, kteréž na nich jsou, svědčí, že Bůh učinil je. Zákony časem jsou podobny pavučinám¹², chudí v nich snadno váznou¹³, ale bohatí a mocní je prorážejí¹⁴. Jestli při vší přičinlivosti a při všem namahání práce tvá se ti nedaří, neustávej, nýbrž pevnou důvěrou v Boha se ohraď, a Bůh svým časem tobě požehná. Zapuďte všecku hořkou závisť, a hleďte,ať nejsou žádní svárové v srdcích vašich.

¹erfahren ²das Wollen ³die Zulassung ⁴die Qual ⁵schwer ⁶kochen ⁷büßen ⁸sich ändern ⁹üppig ¹⁰die Grille ¹¹zeugen, entstehen ¹²das Spinnengewebe ¹³stecken bleiben ¹⁴durchreißen ¹⁵entfernen.

93.

In unserer heiligen Religion findet jedermann Trost und Belehrung für alle Lagen¹ seines Lebens. Wenn jemand die Welt liebt, so ist die Liebe des Vaters nicht in ihm. Schön ist die böhmische Sprache, übe² dich nur in ihr, und du wirst ihre Schönheit bald inne³ werden. Gott ist die Liebe und wer in der Liebe bleibt, der bleibt in Gott und Gott in ihm. Wer die Gefahr liebt, wird in ihr umkommen⁴. An jeder Vollkommenheit bleibt in diesem (v tomto) Leben gewisse Unvollkommenheit und an aller Klarheit⁵ in unsern Gedanken ist eine gewisse Dunkelheit⁶. Wer in nichts geprüft ist, weiß nicht, wie er selbst ist. Worin du gesündigt hast, darin mußt du büßen. — Sollen unsere Verdienste für uns sprechen, so müssen wir von ihnen schweigen. Der Bescheidene steht nicht um Aemter⁷ und Würden, auch hascht⁸ er nicht nach denselben. Viele Leute wissen von unsern Angelegenheiten⁹ bei weitem mehr, als wir selbst. In den heißen Erdstrichen¹⁰ wachsen ganz andere Pflanzen als in unsern Gegenden. Die Kämpfe und Zwistigkeiten¹¹ unter uns entstehen¹² aus unsern bösen Lüften, die in unsern Gliedern kämpfen. Wollet ihr, daß Friede in euern Herzen sei, so dürfet ihr dieselben mit keiner Sünde beflecken¹³. Die Rechtschaffenheit¹⁴ hat eine so große Gewalt, daß wir sie nicht blos an unsern Freunden, sondern selbst an unsern Feinden schätzen.

¹postavení ²cvičiti se ³poznati ⁴zahynouti ⁵jasnota ⁶temnost ⁷řád ⁸lapati, sháněti se ⁹záležitost ¹⁰pásmo ¹¹svár ¹²povstati ¹³skvrniti ¹⁴rozšafnost.

94.
Instrumental.

Singular, Einzahl.			Plural, Mehrzahl.		
mascul.	femin.	neutr.	mascul.	femin.	neutr.
j-ím	j-í	j-ím	j-imi	j-imi	j-imi
naš-ím	naš-í	naš-ím	naš-imi	naš-imi	naš-imi
vaš-ím	vaš-í	vaš-ím	vaš-imi	vaš-imi	vaš-imi
vš-ím	vš-í	vš-ím			
		č-ím			
		něč-ím			

Máš-li čeledína věrného, budiž tobě jako duše tvá, a jak s bratrem tak s ním nakládej¹. Stydlivosť a skromnosť jsou nerozlučné² družky ženského pohlaví; odejde-li jedna, druhá za ní pospíchá³. Neštěstí na jevo dává, kdo naším jest přítelem. Bůh zůstává, i když tresce, dobrotivým otcem naším. Rtuť⁴ není mokrá, neb buď že ji na něco vyleješ, aneb něco do ní pohroužíš⁵, aneb jí něco pokropíš⁶, nic nenamokne⁷. Se vší uctivostí předcházej⁸ učitele své, nebo to je slušné. S čím kdo zachází, s tím také schází⁹. Čím hrneček¹⁰ navře¹¹, tím střípek¹² zapáchá¹³. Bez přátelství život ničím není. Kdo na mále dosti má, bohatší jest nežli ten, který vším oplývá¹⁴ a nespokojen jest. Chceš-li blahoslaven býti, všecko musíš dáti za všecko, aniž sobě samému něčím býti smíš. Nedělej se tím, čím nejsi. Dokud máš, hleď se s potřebnými¹⁵ sdělovati, nebo po své smrti nebudeš moci vládnouti ničím. Běda člověku, který nevázaným žádostem hoví a jimi se dá spravovati. S naším uměním a s našími hodinkami stejně to vyhlíží¹⁶; každý věří svým a začasté žádné dobře nejdou. Mezi našimi a vašimi náhledy o vznikání¹⁷ země jest velký rozdíl. Ať nejsou, bratří, mezi našimi a vašimi pacholky¹⁸ žádní svárové, pilně hleďme. Lidé jsme, nic jiného než křehcí lidé, jakkoli nás mnozí za angely mají a jimi nás jmenují. Všecky lidi milovati přisluší, ale s nimi se příliš přáteliti, není dobře. Ve světě se vede ne naším rozumem, ale Božím soudem.

¹umgehen ²unzertrennlich ³eilen ⁴das Quecksilber ⁵eintauchen, versenken ⁶bespritzen ⁷feucht, naß werden ⁸zuvorkommen ⁹zu Grunde gehen ¹⁰das Töpfchen ¹¹Geruch bekommen ¹²die Scherbe ¹³riechen ¹⁴Ueberfluß haben ¹⁵bürftig ¹⁶aussehen ¹⁷das Entstehen, die Bildung ¹⁸der Knecht.

93.

Nicht der ist euer Freund (Inst.), der euch schmeichelt, sondern der euch die Wahrheit sagt. Habe Mitleid mit dem Armen und verhärte¹ dein Herz nicht über² ihn, wenn er Schutz bei dir sucht; noch verschließe deine Hand vor ihm, wenn er dich um Unterstützung³ bittet, wissend,⁴ daß auch du vor Gott ein Bettler bist. Wer mit seiner Ehre Scherz⁵ treibt⁶, wird auch mit unserer Ehre scherzen⁷, und sie, sobald er kann, dem Gespötte⁸ preisgeben⁹. Beschäftige¹⁰ dich immer mit etwas Nützlichem. Das lerne vor allem, wodurch du von Tag zu Tag besser wirst. Ein dummer Mensch ist mit all seinem Reich, thum wenig geachtet. Unser Glaube ist eine feste Burg; durch ihn sind wir sicher vor allen (všemi) Nachstellungen[11] unserer Feinde. Wer Gott zum Freunde hat, und mit ihm sich berathet, wird nie irre gehen. Womit wir gesündiget haben, damit werden wir auch einst entgelten[12] müßen. Kein Dürftiger, der vor eurer Thüre steht, soll unbeschenkt[13] von dannen gehen[14]. Mit unseren Ansichten[15] über gewisse Gegenstände verhält es sich wie mit unseren Kleidern, wir ändern sie sich nicht selten nach der Mode[17]. In den wärmeren Gegenden Europa's gedeihen[18] viel edlere Früchte, als in unseren kalten Ländern. Habet Mitleid mit den Schwachheiten[19] eures Nächsten, damit auch er mit euren Schwachheiten Mitleid habe.

[1]zatvrditi [2]snad [3]podpora [4]věda [5]žert [6]tropiti [7]žertovati [8]potupa [9]vydati [10]zabývati se [11]osidlo [12]splatiti [13]podařiti [14]odejíti [15]náhled [16]jest, vyhlíží [17]moda, kroj [18]dařiti se [19]slabost.

96.

Abänderung von ten, onen, jeden, kdo **sammt den zusammengesetzten** leckdo, někdo, nikdo u. s. w. **und** všickni u. s. w.

Die Nominative der Einzahl und der Vielzahl von ten, onen, jeden sind bereits bekannt, daher hier nur noch die übrigen Endungen behandelt werden. Kdo mit seinen Zusammensetzungen kann nur in der Einzahl gebraucht werden.

Akkusativ.

Singular, Einzahl.			
masculinum		femininum	neutrum
belebt	unbelebt		
t-oho	t-en	t-u	t-o
on-oho	on-en	on-u	o-no
jedn-oho	jed-en	jed-nu	jed-no
t-oho			

Plural, Mehrzahl.			
masculinum		femininum	neutrum
belebt	unbelebt		
t-y	t-y	t-y	t-a
on-y	on-y	on-y	on-a
jedn-y	jedn-y	jedn-y	jedn-a
všeckn-y	všeckn-y	všeckn-y	všeckn-a
všechn-y	všechn-y	všechn-y	všechn-a
vš-e	vš-e	vš-e	vš-e

Chceš-li koho kárati, musíš sám vší viny prost býti. Štěstí může jen toho oklamati, kdo se na ně spoléhá[1]. Stydlivosť a čistota jsou dvě nerozlučné perly, kdo onu ztratil, ztrácí i tuto. Těžko toho hlídati[2], kdo sám o sebe péče nemá. Nikoho nechtěj přílišně chváliti. Dosti brzo cítíme, co nám od jiných trpěti jest; co ale jiní od nás trpí, na to nehledíme. Dlužník jednu díru[3] zandává[4] a druhou otvírá. Kdo sám sebe povyšuje, toho Pán Bůh ponižuje. Koho Bůh miluje, toho i tresce. Desatero přikázání dal Bůh pro všecky lidi i pro všecky časy. Zřídka kdy můžeme ty za blažené považovati, jimž štěstí bohatství v hojnosti[5] udělilo. Bůh zná všecka i ta nejtajnější myšlení naše. Všeliký muž moudrý má sám sebe v moci své i vše věci své. Jako lev vždycky číhá[6] na zvěř, tak hříchové na ty, kteří páší nepravosti. Jsouť dvojí lidé, jedni, kteří se pro každou maličkosť rádi hněvají, a druzí, kteří na to, co se o nich povídá, nedbají.

[1]ſich verlaſſen [2]bewachen [3]das Loch [4]zumachen [5]die Fülle [6]lauern, paſſen [7]begehen.

Wen der Herr liebt, den ſtraft er, und geißelt jeden Sohn, den er aufnimmt. Die Zeit wartet auf niemand. Wer ſich ſelbſt lobt, den wird niemand loben. Gewiſs wird das Glück niemand frei machen, ſondern die Tugend. Es iſt nicht gut, den böſe zu machen, den du morgen um Vergebung[1] bitten mußt. Gott, der alle Geheimniſſe durchbringt[2], wirſt du nicht betriegen. Gott wird uns alle ſelig machen, wenn wir treu alle ſeine Gebote beobachten werden. Die Hand des Herrn lenkt[3] alle unſere Schickſale. Liebe diejenigen, die dich haſſen[4], und vergib benen (těm), die dich beleidiget haben. Menſch, du haſt nur eine Seele, pflege[5] ſie, daſs ſie dir nicht verloren (k ztracení) gehe. Viele Menſchen bringen[6] Tage und Nächte in lauter Vergnügungen durch, und halten es für keinen Zeitverluſt; allein eine einzige Stunde dem Gebete zu widmen[7], iſt ihnen zu viel. Wir können nur diejenigen Menſchen für glücklich halten, deren Seele rein von aller Schuld iſt, und die alle ihre Handlungen nach dem Willen Gottes ordnen[8]. Wer bald dieſe bald jene Arbeit unternimmt, wird mit keiner fertig.

[1]odpuštění [2]proniknouti [3]říditi, spravovati [4]nenáviděti [5]opatrovati [6]stráviti, prožíti [7]věnovati [8]pořádati.

97.
Genitiv.

Singular, Einzahl.			Plural, Mehrzahl.		
mascul.	femin.	neutr.	mascul.	femin.	neutr.
t-oho	t-é	t-oho	t-ěch	t-ěch	t-ěch
on-oho	on-é	on-oho	on-ěch	on-ěch	on-ěch
jedn-oho	jedn-é	jedn-oho	jedn-ěch	jedn-ěch	jedn-ěch
k-oho			vš-ech	vš-ech	vš-ech
			všech-něch	všechn-ěch	všechn-ěch
			všeckn-ěch	všeckn-ěch	všeckn-ěch

Táž mysl k velikosti nepřijde, kteráž se drží světa tohoto*). Z kterého domu pilnosť se vystěhuje[1], do toho vchází žebrácký pytel. Co jsme učinili s rozmyslem, toho, že se stalo, litovati nebudem. Mámeť se onoho soudce co báti, kterýž prozírá[2] i neprůhledné[3] věci. Kdo rád ze svého udělí, tomu Pán Bůh nadělí[4]. Lidé rádi poslušni jsou toho představeného, kterýž, ač nežádá[5] nic hodnosti své nedůstojného, jich co bratří svých považuje[6]. Co tobě do toho, jestli tento jest takový neb takový, aneb zdali jiný tak neb tak činí neb mluví. Nemilujte světa ani těch věcí, kteréž na světě jsou. Těsná[7] brána jest a úzká[8] cesta, kteráž vede k životu, a málo jest těch, kteříž ji nalezají. Bůh zajisté neoblibuje těch, kteříž nadutá[9] srdce mají. Z jedné nepravosti plyne[10] deset jiných. Stůjte pevně u víře, bez té ctnosti nelze líbiti se Bohu. Málo jest těch, jižto se nemocí polepšují, jakož i ti, kteří mnoho po poutěch[11] chodí, zřídka svatosti docházejí[12]. Kdo se za svůj jazyk stydí, hoden potupy všech lidí. Království Boží jest království všech věků. Jsou lidé, kteří každého člověka pomlouvají[13], též jsou lidé, kteří každý poklesek vymlouvají; přátelství nehledej ani jedněch ani druhých.

[1]ausziehen [2]durchschauen [3]undurchsichtig [4]vergelten [5]verlangen [6]ansehen [7]eng [8]schmal [9]aufgeblasen [10]fließen [11]die Wallfahrt [12]erlangen [13]bereden.

Das Glück ist wie ein Fieber[1], es überfällt[2] den, welchen es will. Es ist keine Schande zu lernen von wem immer. Das größte Vorurtheil[3] hat denjenigen erfasst[4], welcher meint, daß er ohne alles Vorurtheil und ohne alle Fehler ist. Die Menschlichkeit ist eine Brücke, die das Herz von dieser Welt in jene baut. Der Müßiggang ist aller Laster Anfang. Der Aufrichtige erwirbt sich Achtung und Zutrauen bei allen

---

*) Des Nachdruckes und der näheren Bestimmung halber wird an das anzeigende Pronomen ten noch die Silbe „to" angehängt.

die ihn kennen. Die Frömmigkeit ist der Grund⁶ aller Tugenden. Fürchtet euch nicht vor denen, welche den Leib tödten, aber die Seele nicht tödten können; sondern fürchtet vielmehr denjenigen, der Leib und Seele ins Verderben stürzen⁷ kann. Womit sich der Jüngling zu sehr ergötzt, das (Genit.) wird der Greis bereuen. Fliehe⁸ diejenigen Menschen, die gerne an dem Namen ihres Nächsten nagen.

¹zimnice ²přepadnouti ³předsudek ⁴posednu ⁵vlídnosť ⁶základ ⁷uvrci ⁸varovati se.

98.
Dativ.

Singular, Einzahl.			Plural, Mehrzahl.		
mascul.	femin.	neutr.	mascul.	femin.	neutr.
t-omu	t-é	t-omu	t-ěm	t-ém	t-ěm
on omu	on-é	on-omu	on-ěm	on-ěm	on-ěm
jedn-omu	jedn-é	jedn-omu	jedn-ěm	jedn-ěm	jedn-ěm
k-omu			vš-em	vš-em	vš-em
			všechn-ěm	všechn-ěm	všechn-ěm
			všeckn-ěm	všeckn-ěm	všeckn-ěm

Blaze tomu, kdo se cizím neštěstím kaje¹. Kdo se v pochlebenství pouští, ten je živ ne sobě, nýbrž tomu, komu pochlebuje. Kdo nerad dělá, tomu vždy svátek. Komu s hůry není dáno, v lékárně nekoupí. Peníze jedněm panují, druhým slouží. Židé i křesťané klaní² se jednomu Bohu. Neubližuj nikomu, chceš-li pokoj s každým míti. Prospívej všechněm, neškoď zádnému, šťastných věcí žádej do jednoho všechněm. Hra žádnému nic nedává, a těm zvláště, kteří po ní nejvíce jdou. Řeči moudrosti životem jsou těm, kteříž je nalézají, a všemu tělu jejich lékařstvím³. Dávejte všem, co jste povinni; komu daň⁴, tomu daň, komu clo⁵, tomu clo; komu bázeň, tomu bázeň; komu česť, tomu česť. Pravda jest rosa nebeská, komu ji dáváš, hleď aby byla i nádoba hezká⁶. Kdo pracují, těm maso, kdo nepracují, těm kosti. Kdo v svých hříších ostávají⁷ a jim odvoliti⁸ nechtějí, těm odpustkové⁹ nic platni nejsou. Ne jednomu Pán všecko dal, ale všechněm všecko. Smutku¹⁰ ulehčujeme, myslíme-li, že se všechno všechněm přihoditi může. Synu můj! znej otce svého a služ jemu s celým srdcem a myslí ochotnou, nebo všecko srdce zpytuje Hospodin a všem myšlením myslí rozumí. Co jedněm lidem škodívá, druhým prospívá. Kdo se bojí Pána, ctí rodiče své a jako pánům slouží těm, kteří ho zrodili. Komu Bůh slíbil, nikdy ho nemine.

¹bereuen, sich warnen lassen ²anbeten ³die Arznei ⁴die Steuer

⁵der Zoll ⁶hübsch, schön ⁷bleiben, verharren ⁸entsagen ⁹der Ablaß ¹⁰die Trauer.

99.

Wer einem eine Grube gräbt, fällt selbst hinein. Wer klopft, dem wird aufgethan. Wem du ein Versprechen gethan², dem halte³ das Wort. Demjenigen nützt die Weisheit nichts, der sie nicht zur Führerin⁴ seiner Handlungen gebraucht. Verlange nicht mächtig zu werden, wenn du dazu nicht zureichenden⁵ Verstand hast. Wem es schwer fällt zu schweigen, dem ist das Sprechen gefährlich. Gebratene⁶ Tauben fliegen niemanden in den Mund. Wem Gott helfen will, dem wird keines Menschen Bosheit zu schaden im Stande sein. Wem nicht zu rathen ist, dem ist nicht zu helfen. Niemand kann allen Menschen gefallen. Denen, die Gott lieben, müßen alle Dinge zum Besten gereichen. Wo du jemanden einen Gefallen⁷ machen kannst, so thue es anspruchslos⁸ und mit Herzlichkeit⁹. Der Tod ist nur denen fürchterlich, deren Leben ganz mit Lastern bedeckt ist. Gott ist nahe denen, die ihn lieben. Gott hilft denen, die sich selbst helfen. Wer Abends gelogen hat, dem wird auch Morgens nicht geglaubt. Dem Gerechten ist Freude, zu thun, was recht¹⁰ ist; denen aber, welche Böses¹¹ thun, ein Schrecken¹². Der Herr ist nahe allen, die ihn anrufen; allen, welche ihn in Wahrheit anrufen. Willst du sündigen, so sieh dir da zu einen Ort aus, wo dich Gott nicht sehen würde.

¹klepati ²slíbiti ³státi v ⁴průvodkyně ⁵dostatečný ⁶p eku ⁷služba, libosť ⁸upřímný ⁹srdečnosť ¹⁰spravedlnosť ¹¹nepravo sť ¹²strach.

100.
Lokal.

Singular, Einzahl.

masculinum	femininum	neutrum
(v) t-om	(v) t-é	(v) t-om
(v) on-om	(v) on-é	(v) on-om
(v) jedn-om	(v) jedn-é	(v) jedn-om
(v) kom		

Plural, Mehrzahl.

masculinum	femininum	neutrum
(v) t-ěch	(v) t-ěch	(v) t-ěch
(v) on-ěch	(v) on-ěch	(v) on-ěch
(v) jedn-ěch	(v) jedn-ěch	(v) jedn-ěch
(v) vš-ech	(v) vš-ech	(v) vš-ech
(v) všechn-ěch	(v) všechn-ěch	(v) všechn-ěch
(v) všeckn-ěch	(v) všecku-ěch	(v) všeckn-ěch

Nebývá vždy zlý, na kom utrhači[1] si jazyk brousí[2]. I rozum tomu odvolává[3], abychom dobře smýšleli o tom, jehož zjevně zlého vidíme. Tresci sám své hříchy v tomto světě, aby je přísný soudce netrestal v budoucím. V kom jsem se jednou sklamal, tomu tak snadno nevěřím. Člověk na jednom Bohu, ale ne na jednom příteli dosti má. Kdo čcho nezkusil, neumí o tom rozprávěti. Hlouposť a pych na jednom stromě rostou. Synové, poslouchejte rodičů ve všech věcech, nebo to jest libé Pánu. Ve všech svých věcech spolchej na Boha a pomůžeť tobě. Mnohý vyniká[4] v tom, jiný v onom. Jsou dvě cesty k věčnosti, po jedné se kráčí k nebi, po druhé k peklu. Věrnýť jest Hospodin ve všech slovích svých a svatý ve všech skutcích svých. Mocný jest Bůh a má při všech věcech svou vůli. Na těch přátelích nic nezáleží, kteří se po páře táhnou. V jedné žádosti se všickni srovnáváme a to v žádosti po blaženosti. V té ctnosti se nejvíce cvič, která se ti nejtěžší býti zdá.

[1]der Verleumder [2]wetzen, schärfen [3]hindern, widersprechen [4]sich auszeichnen.

Von wem du sagen kannst, daß er weise sei, von dem kannst du auch sagen, daß er gut sei. Die Tugend wird in diesem Leben nicht immer belohnt, das Böse nicht immer bestraft. Dann erst lieben wir uns selbst, wenn wir nur nach dem trachten, was uns wahrhaft gut und glücklich macht. Suche dein Heil[1] nur in dem, was unvergänglich[2] ist. Manchem geht es in dieser Welt nicht gut, ja schlecht. Es gibt himmlische und sinnliche Freuden; wer sich nach den einen sehnt[3], sehnt sich nicht nach den andern; strebe nach jenen, in diesen findest du keine Beruhigung. In allen Wissenschaften und Künsten kann kein Sterblicher bewandert[4] sein. Trachte nach jener Glückseligkeit, die keine Wechselfälle[5] des Schicksals zerstören können. Bei wem Glück ist, bei dem sind auch Menschen. Mancher Mensch steht mit einem Fuße bereits im Grabe, und noch denkt er nicht an die Ewigkeit. Solche Freuden taugen[6] nichts, die Schmerz und Leid im Herzen verursachen[7]. In allen deinen Gedanken, Worten und Werken habe Gott vor Augen (očima).

[1]spása, blaho [2]nepominouti [3]toužiti [4]zběhlý [5]změna [6]nebýti pro [7]ploditi, působiti.

101.
Instrumental.

Singular, Einzahl.			Plural, Mehrzahl.		
mascul.	femin.	neutr.	mascul.	femin.	neutr.
t-ím	t-ou	t-ím	t-ěmi	t-ěmi	t-ěmi
on-ím	on-ou	on-ím	on-ěmi	on-ěmi	on-ěmi
jedn-ím	jedn-ou	jedn-ím	jedn-ěmi	jedn-ěmi	jedn-ěmi
k-ým			vše-mi	vše-mi	vše-mi
			všechn-ěmi	všechn-ěmi	všechn-ěmi
			všeckn-ěmi	všeckn-ěmi	všeckn-ěmi

Kdekoli jsi, s kým jsi, pozor dej. Dítky, Bůh tím zakládá jen vaše štěstí, přikazuje-li, abyste ctily rodiče své. Výborná jest zajisté ctnosť i učenosť; této všickni jsou žádostivi, onou ale mnozí pohrdají. Pracovitosť jest užitečnější než lenosť, onou silní se tělo, touto ale slábne. S kým se obíráš a přátelství máš, k tomu buď otevřený a beze lsti[1]. S kým jsi nerostl, s tím nežertuj. Jestliže jsi kdy viděl člověka umírati, považ, že i ty tou cestou půjdeš. S těmi neobcuj, o nichž víš, že jsou bezbožní. Kdo by koli celého zákona ostříhal[2], přestoupil by pak v jediném, učiněn jest všemi vinen. Mezi všemi přáteli jest nejlepší a nejvěrnější Bůh. Drž na uzdě ústa svá, jedním slovem kolikráte zkazí se mnoho. Bůh stvoři[l] člověka podle obrazu svého a dal mu moc nad těmi věcmi, kteréž jsou na zemi. Kdo s Bohem počíná, s tím Bůh končí. Tou se nehonos ctností, která v ohni protivenství a pokušení zkoušena nebyla. Marnotratnosť jako rozsáhlá nádoba; jedním koncem liješ a desíti teče.

¹die List ²halten, bewahren.

Sage mir, mit wem du umgehst, und ich werde dir sagen, wer du bist. Reich ist, wer mit dem, was er hat, zufrieden ist. Bemühet euch mit allen in Eintracht[1] zu leben. Wir haben mehr Ursache uns über diejenigen zu freuen, die uns strafen, als über diejenigen, die uns schmeicheln. Wahre Freundschaft kann nur unter denjenigen bestehen, denen die Tugend heilig ist. Verachte[2] nicht jene (Inst.), die dir untergeordnet sind, sondern gehe mit ihnen schonend[3] um. Vertrage[4] dich mit allen Menschen. Vor allen Dingen strebet nach dem Reiche Gottes. Nicht mit einem einzigen Wort, nicht mit einem einzigen Gedanken sollst du dich gegen Gott versündigen. Über uns alle waltet[5] ein guter Gott. Schwerlich wird der zur Vollkommenheit gelangen, der mit einem Auge nach den sinnlichen Freuden schielt[6], die er verlassen, und mit dem andern den engen Pfad[7] betrachtet, den er betreten soll.

[1]svornosť [2] pohrdati [3]šetrně [4]snášeti se [5]vládnouti [6]šilhati [7]stezka.

102.
Dual (Zweizahl) der Substantiva und Numeralia.

	Oko, ucho	ruka koleno ret	noha rameno prs	dva oba sto*)	dvě obě	dvě obě
N. A. V.	oči uši	ruce rty	noze**) prsy	dva oba	dvě obě	dvě obě
Genitiv	očí uší	rukou kolenou rtou	nohou ramenou prsou	dvou obou	dvou obou	dvou obou
Dativ	očím uším	rukoum kolenoum rtoum	nohoum ramenoum prsoum	dvěma oběma ober	dvěma oběma ober	dvěma oběma ober
Lokal	očích uších	Gleich dem Genitiv		dvoum oboum dvou obou	dvoum oboum dvou obou	dvoum oboum dvou obou
Instrum.	očima ušima	rukama kolenama rtoma	nohama ramenama prsoma	dvěma oběma	dvěma oběma	dvěma oběma

Všecko, co jest na světě, jest žádosť těla a žádosť očí a pýcha života, kteráž není z Otce, ale jest ze života. Hrozné jest upadnouti v ruce Boha živého. Také sluší oči v týle[1] míti. Skutky každého člověka jsou před Bohem a nic není divného před očima jeho. Dluh má nohy, pole oči, les uši; na ty tři věci pozor dáti sluší. Řídcí jsou lidé, jež vichr zisku neb škody neunáší, u kterých skromnosť v očích, stud na jazyku a stálosť v mysli přebývá. Kolik kdo má přátel, tolika očima vidí a tolika ušima slyší a tolika nohama chodí. Když ruka ruku myje, obě budou bílé. Pochlebníci okolo uší knížat jsou jako otravci[2], kteří do studní[3] obecných jed házejí. Na všelikém místě oči Hospodinovy spatřují dobré lidi i zlé. Všecky cesty člověka zjevné jsou očím Hospodinovým. Oplzlými řečmi stydlivé uši, a necudnými (unzüchtig) obrazy stoudné oči se urážejí.

*) sto hat nur den Nominativ, Akkusativ und Vokativ im Dual — sté; die übrigen Kasus sind bloß im Plural üblich.
**) noha, koleno und rameno haben gegenwärtig im Nominativ, Akkusativ und Vokativ keinen Dual.

Lepší vrabec v rukou, než orel v povětří. Nikdo nemůže dvěma pánům sloužiti, nemůže sloužiti Bohu a mamoně. Pravda oči kole[4]. Souditi bude Hospodin ne podle vidění očí, ani podle slyšení uší trestati bude. Nechceš-li na mizinu přijíti, varuj se domů i také rukou lichvářových. Lehkověrnému snadno dělati na oči bělmo[5]. Ošemetník[6] na obou[7] ramenou[8] nosí. Neubližuj židu, pohanu[9], Bůh oběma otcem. Bůh vložil, člověče, do tvých rukou i spasení i odsouzení tvé, i jednej tedy tak, ať povolání svému dostojíš. Kde dva, tu rada, kde tři, tu zrada. Lepší jedno dnes, než dvě zítra. Dvou zákonů přede vším pilni býti musíme; to jest lásky k Bohu a k bližnímu. Lépe trhati[10] konopě[11] rukama než krkem[12]. Nevěřím, kdyby mi pravil, že moře po kolena, leč sám břísti[13] budeš. Jeden dům dvou pánů netrpí[14]. I malé myši mají uši. Nespějí všickni, kteří mají oči zavřeny. Kde milosť[15], tu oči; kde bolesť, tu ruce. Pocty[16] a darové[17] oslepují oči soudců. K vinám cizím rysí[18] oči máme, ale na své jako sovy a krtkové[19] patříme.

[1]der Rücken [2]der Giftmischer [3]der Brunnen [4]stechen [5]das Fell am Auge, blauer Dunst, [6]der Hinterlistige [7]beide [8]Achsel [9]der Heide [10]reißen [11]der Hanf [12]der Hals [13]waten [14]dulden [15]Anmuth, Liebe [16]Ehrenbezeigung [17]das Geschenk, die Gabe, Bestechung [18]Luchs [19]der Maulwurf.

103.

Ein frommer Mann hat Gott stets vor Augen. Deswegen gab dir die Natur eine Zunge, zwei Augen und zwei Ohren, daß du mehr sehen und hören, als reden sollest. Zweien traue nicht — dem Heuchler und dem Schmeichler. Wahre Freundschaft ist gleichsam eine Seele in zwei Körpern. Du Schmeichler, du stellst dich in die Augen schön, hinter dem Rücken aber beredest du. Wer die Augen nicht aufmacht, wird den Beutel aufmachen müßen. Mit zwei Flügeln[1] schwingt[2] sich der Mensch über die irdischen Dinge in die Höhe, mit der Einfalt[3] und mit der Reinigkeit. Das Allergeheimste liegt offen vor Gottes Augen. Die Augen trauen nur sich selbst, die Ohren glauben andern Leuten. Was Hände bauten, können Hände stürzen[4]. Man sieht einem an den Augen, was er im Schilde[5] führt. Ueberall habe Gott vor Augen, vor ihm leuchtet die Nacht wie der Tag. Das Glück ist äußerst unbeständig, ehe du dich versiehst[6], entschlüpft[7] es deinen Händen. Ein Heute ist mehr werth als zwei Morgen. Der menschliche Körper hat zwei hundert[8] und siebenzig[9] Knochen. Ein Pferd kaufe nicht mit den Ohren, sondern mit den Augen. Falsche Freunde sind Fischer[10], die das Wasser vor den Augen trüben. Das Auge des Herrn schafft¹¹ mehr als seine beiden Hände. Gehe nicht auf fremden Füßen, denke nicht mit bezahlten Köpfen, verdiene dein Brot nicht mit deines Nächsten Händen, höre und sieh mit eigenen Ohren und Augen: so wird es dir wohlgehen¹² auf Erden. Wie der Essig den Zähnen und der Rauch den Augen ist, so der Träge denen, die ihn geschickt haben.

¹peruť ²povznesu ³sprostnosť ⁴zrušiti ⁵obmysliti ⁶nadíti se ⁷vymknouti se ⁸sto ⁹sedmdesát ¹⁰rybář ¹¹spomoci ¹²býti, povesti.

104.
Der Transgressiv (přechodnik).

Der Transgressiv wird dann gesetzt, wenn zwei oder mehrere durch Konjunkzionen verbundene Sätze mit Weglassung der Konjunkzion in einen Satz zusammengezogen werden. Dies kann überhaupt dann geschehen, wenn die Sätze ein gleiches Subjekt haben. Für jede Hauptzeit gibt es einen Transgressiv.

Der Transgressiv des Präsens und des Futuri einmomentiger Verba wird gebildet von der 3. Person des Plurals der Präsensform, indem man bei der I. und III. Konjugazion den Auslaut -ou für das Maskulinum in -a, Femininum in -ouc, Neutrum -ouc; und im Plural für alle drei Geschlechter in -ouce verwandelt. Verba der II., IV., V., VI., VII. und VIII. Konjugazion, die sich alle in der 3. Person des Plurals auf -i endigen, verwandeln dieses -i für das Maskulinum in e, Femininum -íc, Neutrum íc, und im Plural für alle drei Geschlechter in -íce, also:

	I.		III.	
Praes. 3. pl.	nesou		nnou	
Transgressv.	singular	plural	singular	plural
masc.	nesa		mna	
fem.	nesouc	nesouce	mnouc	mnouce
neutr.	nesouc		mnouc	

	II.		IV.		V.	
Praes. 3. pl.	pijí		honí		hledí	
Transpressiv	singular	plural	singular	plural	singular	plural
masc.	pije		honě		hledě	
fem.	pijíc	pijíce	honíc	honíce	hledíc	hledíce
neutr.	pijíc		honíc		hledíc	

	VI.	VII.	VIII.
Praes. 3. plur.	shánějí	volají	milují
Transgressiv	singular	plural	singular	plural	singular	plural
masc.	sháněje		volaje		miluje	
fem.	shanějíc	shánějíce	volajíc	volajíce	milujíc	milujíce
neutr.	shánějíc		volajíc		milujíc	

Der Gebrauch der Transgressiva ist folgender:

Entwickeln sich die Handlungen im Nebensatze und Hauptsatze zu gleicher Zeit, so wird das Verbum des Nebensatzes in den Transgressiv Präsens gesetzt; entwickeln sie sich jedoch zu verschiedenen Zeiten, so setzt man es, wenn die Handlung des Nebensatzes zum Hauptsatze gehalten, und eine künftige ist, in den Transgressiv Futuri, und wenn sie bereits eine verflossene ist, in den Transgressiv Perfekti.

Ničemník často sobě lží pomahá, nemoha pravdou. Kdo nechtě a nevěda zlého se dopustil, politování hoden jest. Jarním povětřím okřívá země, nabývajíc nové síly. Všecka zvířata vědí návodem[1] přírody, neučíce*) se tomu, kde a jak potravy si mají hledati. Mlád jsa pomni, že star budeš. Někteří lidé mnoho činíce, nic nečiní. Lakomec vždy potřebný jsa nouzi trpí. Lidé často bojíce se holou pravdu mluviti, slova svá v hedbáví obvíjejí. Lépe jest, abyste dobře činíce trpěli, než zlé. Proti pravdě buďto mlče nebo lhaje rovně prohřešovati se můžeš. Někdo bohatým se dělaje nic nemá. Vědouce, že umříti musíme, proč bychom se báli? Svým služebným ukruten nebuď, mysle na to, že Bůh jest jediný pán tvůj i jejich. Dobří lidé beze strachu živi jsou kladouce v Boha svou důvěru. Bůh nám zajisté milostiv bude, budeme-li jej ctíti, jemu se klaníce[2], jej chválíce, česť, chválu jemu plodíce, za všeliká svá obmeškání oběť jemu vzdávajíce**). Nebývejme marné chvály žádostivi, jedni druhých popouzejíce[3] a jedni druhým závidíce. Mnozí mstíce malého bezpráví, upadají u větší.

[1]Die Anleitung [2]anbeten [3]reizen.

Als Sokrates einen reichen aber unwissenden Jüngling sah, sagte er: Siehe einen goldenen Sklaven! Ein Thor ist, der sich um kleinliche Nebendinge[1] kümmert und die Hauptsachen vernachlässigt[2]. Wer lie-

---

*) Der negative Transgressiv wird im Deutschen am gewöhnlichsten mit dem negativen Infinitiv ohne zu gegeben.
**) Wenn mehrere Transgressive nach einander im Plural stehen, wirft man gern das e weg.

genb ju Gott betet, ben hört Gott schlafend an. Willst du jemanden eine Wohlthat erweisen, so thue es ohne Verzug³. Langsamkeit macht das Geschenk schlechter. Als Christus, der Herr, die Verkäufer aus dem Tempel hinaustrieb, sprach er zu ihnen: Mein Haus ist ein Bethaus, und ihr machet es zu einer Mördergrube⁴. Brüste dich nicht mit dem morgigen Tage, da du nicht weißt, was er bringen wird. Weil ihr leutselig seid, so werdet ihr überall willkommen sein. Da du ein Diener des Müßiggangs bist, so jammere nicht, daß du ein Haberfammler⁵ bist. Die Magnetnadel zeigt den Seefahrern den Weg, weil sie immer gegen Norden sich richtet. Der Mensch, wenn er auch nicht sehen kann, kann noch weinen. Wer einmal den Weg der Tugend betreten hat, der schreite muthig vorwärts, ohne auf menschliche Urtheile zu achten.

¹věc vedlejší ²zanedbati ³odkud ⁴peleš — lotrovská ⁵hadrník.

105.

Šíp smrti přiletě učiní všemu namahání konec. Lépe jest, abys nesliboval, než slibě nesplnil. Snáze jest darů nebráti, nežli vezma je, tomu po vůli nebýti, od koho vezmeš. Lepší jsem, za poctivosť život dada, než bych se pronevěřil¹. Poradíce se s rozumem, choptež se ctnosti, a jí až do smrti se držte. Mnozí mudrci mnohým haněním rozkoš obecnému lidu hyzdí², a to z té příčiny, aby odstrašíce³ jiné od ní, sami jí užívali hojněji. Nikdy dítky nezahálejte, nýbrž naučíce se úlohám buďto něco užitečného čtěte, anebo pište, aneb jinak slušně se zaměstnávejte⁴. Zrno pšeničné⁵ padnouc v zemi, zůstane samo, a pakli nebude porušeno⁶, mnohý užitek vezme.

¹veruntreuen ²schänden, verhaßt machen ³abschrecken ⁴sich beschäftigen ⁵Weizen ⁶zerstören.

Der heilige Apostel Paulus ermahnt uns die Lüge abzulegen und Wahrheit zu reden. Wenn du in fremde Länder kommst, so verleugne nicht dein Vaterland und dein Volk: denn du hast keine Ursache dich ihrer zu schämen. Die lasterhaften Menschen können unmöglich fröhlich sein, wenn sie an ihr Ende gedenken. Christus wird einst kommen mit großer Macht und Herrlichkeit und wird über die Handlungen und Gedanken der Menschen Gericht halten. Wenn die Sonne hinter die Berge wird untergegangen sein, wird sie aufhören unseren Horizont² zu erleuchten. Lernet, Kinder, schon in der Jugend eure Lüste zügeln³, und werdet ihr nur dies eine gelernt haben, so werdet ihr glücklich sein. Wohin du dich immer wenden wirst, wirst du Gott dir entgegenkommen sehen.

¹zapříti ²obzor ³v uzdu pojímati.

106.

Der Transgressiv perfekti wird gebildet vom Partizip perfekti akt., indem das -l des Partizips akt. für das männliche Geschlecht im Singular in -v, im weiblichen in -vši, im sächlichen auch in -vši; im Plural für alle drei Geschlechter in -vše verwandelt wird. Z. B. mnul, Transgressiv des Singulars maskul. mnuv, feminin. mnuvši, neutrum mnuvši; Plural mnuvše u. s. f.

Mnohý teprv stonek¹ utne ubodnuv se oň*), kámen s cesty svrze uraziv se oň. Člověk má vždy toho býti pamětliv, že narodiv se ničehož neměl. Bůh všelikým dobrem naplniv svět, chce aby lidé sobě dobře činíce, blažili sobě život. Jdeš-li nepravou cestou, poznav to, nemeškej se vrátiti, neb ušlechtileji jest přiznati se k chybě, než aby omylným studem zaslepen dále bloudil. V Sibiři tak silně mrzne, že rtuť mrazem ztuhnuvši kouti se může. Seneka kázal sobě v lázni káď oukropu² připraviti, a tu vsed**) kázal sobě žíly zatíti³. Lhář, byť i nebyl zrazen, v sobě samém nese trest; on cítí, že dobrý čin zkaziv sebe snížil. Čiňte dobré, učinivše vrzte do moře třeba ryby tomu nerozuměly. Učiniv dobré nelituj toho; učiniv zlé, vždy se strachuj. Přátely hledejte bedlivě, a našedše chraňte starostlivě. Kristus trpěl za nás, nám pozůstaviv příklad, abychom následovali šlépějí⁴ jeho.

¹der Klotz ²warmes Bad ³öffnen ⁴Fußstapfe.

Der Mensch wird, wenn er Schaden genommen¹ hat, vorsichtiger. Drahomira schickte zwei Mörder auf die Burg Tetin, um dort die hei-

---

*) Nach den Präpositionen na, o, pro, před, za, nad, s und v wird häufig das Pronomen jej oder něj in ein pures -ň abgekürzt; also statt na něj — naň, pro něj — proň, před něj — předeň u. s. f.

**) Bei der ersten Konjugazion kann man den Transgressiv perfekti auch so bilden, daß man vor das auslautende -v einen mildernden Vokal, meist -e, einschaltet, oder daß man das -v überhaupt wegläßt, also im vorliegenden Falle statt vsedv, vsedev — vsedvši oder vsed, vsedši u. s. f.

Prakt. böhm. Sprachlehre 6 Aufl.

lige Ludmila zu fangen und zu tödten. Als der Kaiser Titus sich einst über der Tafel erinnert hatte, daß er den ganzen Tag niemanden eine Wohlthat erwiesen hätte, so sagte er gar schön: „Freunde, ich habe den Tag verloren!" Hast du jemanden etwas versprochen, so halte auch Wort; versprich aber nie etwas, bevor du nicht überlegt hast, ob du auch dein Versprechen halten könntest. Die Israeliten giengen, nachdem sie aus Aegypten ausgezogen waren, durch das rothe Meer. Habt ihr jemanden wider Willen beleidigt, so säumet² nicht, ihm bei der ersten Gelegenheit euer Wohlwollen³ zu zeigen. Wer sein Tagewerk⁴ vollbracht hat, schaue nicht auf das, was er gethan, sondern auf das, was er zu thun hat. Uns soll es ein heiliges Gesetz sein, nie etwas zu unternehmen, ohne uns vorher mit Gott berathen zu haben. Hast du dich bei irgend einer Unternehmung mit Gott und mit weisen Männern berathen, so gehe muthig⁵ ans Werk.

¹utrpěti ²odkládati ³dobrý — vůle ⁴úkol ⁵začíti.

107.

Der Transgressiv futuri mehrmomentiger Verba besteht aus dem Transgressiv buda und dem Infinitiv vom Hauptverbum.

Šlechetný mládenče, milovati buda člověčenstvo, v něm pak svůj národ, mnohé slasti účastna se učiníš. Budoucé povinnosti svého povolání vždy rozšafně plniti a zachovávati, budete též spokojené mysli, nechť vás potká co potká. Nebudouce činiti zlého, nebudete žíti pokutu. Vždycky tak žijme, jako účty klásti budouce. Synu, buda se dobře míti, nezapomínej ubohých bratrů. Dcero, budouc požehnána statky pozemskými, zachovej lásku k bližnímu.

Werdet ihr die Menschen lieben wie euch selbst, so werdet auch ihr von ihnen geliebt werden. Wirst du, o Sohn, stets wachen über deine Neigungen, so wirst du dich leicht vor Fehltritten bewahren¹ können. Werdet ihr auf die weisen Reden der Alten aufmerksam sein, und werdet ihr auch thun, was ihr von ihnen gehört, so werdet ihr sicher auch glücklich werden. Wir werden Gott finden, wenn wir ihn mit Emsigkeit² suchen werden. Wenn du beten willst, so bereite dein Gemüth³.

¹uchovati se (Genitiv) ²bedlivosť ³mysl, srdce.

108.

Die passiven Transgressive bestehen aus dem passiven Partizip einmomentiger oder mehrmomentiger Verba, je nach dem Erfordernis, und aus dem der Zeit entsprechenden Transgressiv des Hilfsverbums býti.
Což kdo, nejsa žádán, tobě poskytá¹, urputně² od sebe nestrkej, abys se pohrdati nezdál. Člověk moudrý nehněvá se, haněn jsa, aniž se vynáší, chválen jsa. Jsouce k dobrému napomínáni, nezatvrzujte srdcí svých; nebo kdo neslyší kázeň, opovržen bude. Dítě od mladosti v moudré kázni jsouc dráno, dokonalé bude, ale syn nekáraný bude nemravný. Lidé, kteří se vymlouvají viněni nejsouce, sami na sebe žalují. Lakomí lidé nikomu nic dobrého nečiní, jsouce láskou k penězům opanováni. Chraňte se, dí sv. Petr, abyste bludem nepravých svedeni byvše, nevypadli ze svého utvrzení³. Dionysius tyran, vypuzen od Syrakusanův, chlapce v Korintě vyučoval. Moudrá Libuša za vládkyni od Čechů zvolena byvši, velmi moudře a laskavě vlasť spravovala. Bděte pilně nad jazykem vědouce, že slovo proneseno byvši v ústa více se nevrátí. Král Saul od Filištínských byv poražen, sám si život vzal.

¹barbieten ²halsstarrig, eigensinnig ³die Festigkeit, die Erhärtung.

Viele Menschen leben gottlos, weil sie schlecht erzogen sind. Der Mensch, weil mit Vernunft und freiem Willen begabt, kann das Gute und Böse erkennen, und das eine oder das andere thun. Da du zur Arbeit erschaffen bist, warum suchest du nur Ruhe und Müßiggang? Wen ein böses Gewissen quält, der läuft davon, ohne verfolgt zu sein. Als Antiochus von den Persern vertrieben worden war, wurde er vor Leid krank und starb. Ein Mensch, der zur Zeit der Noth selbst von seinen Freunden verlassen wurde, kann nur von Gott Hilfe erwarten. Da Josef von seinen Brüdern verkauft worden war, ist er nach Aegypten gebracht worden. Bist du von einem Unglück heimgesucht worden, so suche Hilfe zunächst bei deinen Freunden, und bald wirst du dich überzeugen, ob sie wahre Freunde waren. Wirst du einmal von Gott mit Drangsalen heimgesucht werden, so murre nicht, wohl wissend, daß du ein Sünder bist und der Züchtigung bedarfst. Wirst du einst zum Richter ernannt werden: so siehe nicht auf Fleisch und Blut, sondern auf Recht und Billigkeit. Viele eitle Leute sind der Meinung, daß sie nur dann glücklich sein werden, wenn sie von allen geachtet und geliebt sein werden.

109.

Von den Transgressiven der Präsensform und namentlich vom Plural bildet man Verbalabjektiva kontrakta, indem man den Auslaut -e in -i verwandelt. Auf diese Art wird z. B. aus nesouce—nesoucí, aus volajíce—volajíci.

Eben so bildet man aus dem Partizip perfekti passivi ein Verbalabjektiv, wenn man an den Endkonsonant -ý, -á, -é setzt und den langen Vokal der letzten Silbe verkürzt: so wird z. B. aus nesen — nesen-ý, -á, -é; aus volán—volan-ý, -á, -é. Diese Verbalabjektiva werden dann gesetzt, wenn die Relativa welcher u. dgl. ausgelassen werden. Diese Auslassung geschieht nur dann, wenn das Relativum im Nominativ steht, oder doch in den Nominativ gebracht werden kann, und wenn das Verbum in einer Zeit und Form sich befindet, wo ein Verbalabjektiv möglich ist, also im Präsens oder Perfekt. Sind diese Bedingungen vorhanden, so lässt man das Relativum aus und verwandelt das Verbum in ein Abjektiv und bringt es in Uebereinstimmung mit dem Redetheil, auf den sich das Relativ bezog.

Chtícímu se křivda neděje. Bůh neopouští doufajících v něho. My ustavičně obcujem před tváří Boha vševědoucího. Zákon jest vůle Boží, přikazující šlechetné, nešlechetnostem pak bránící. Oblaka dělají se z par v povětří vystupujících. Vlastencem pravým nemůže býti leč jen muž ctný a šlechetný, poznávající a milující své povinnosti a horlivý v plnění jich. Kdo dává chudému, nebudeť nuzeti: ale kdož nedbá na prosícího, trpěti bude nedostatek. Běda lidem dvojitého srdce a rtům nešlechetným a rukoum zle činícím, a hříšníku na zemi kráčejícímu dvojími cestami. Bůh snáší lid hřešící, proviňujícím promíjí, navracující se přijímá, kajícím odpouští, prosícím dává, neprosícím sám poskytá, tlukoucim otvírá, k netlukoucim sám se tluče, hledajícím nalezti se dává, nehledajícím sám na oči jde. Poslušnu býti zákona, zakládajícího se na pravdě, jest povinností občana.

Die Hoffnung des ewigen Lebens tröstet die Sterbenden. Habe Mitleid mit dem Fehlenden, und vergib dem Manne, der seinen Fehltritt erkennt und bereut, wissend, dass auch du ein Mensch bist, der häufig Sünden begeht. Glücklich der Mensch, der sich von seiner Pflicht weder durch Schmeicheleien, die den Verstand blenden, noch durch Geschenke, die das Gewissen verletzten, abschrecken lässt. Alle, die anders reden und anders handeln, sind Heuchler. Viele Menschen sehen nie die aufgehende Sonne, weil sie die Morgenstunden schlafend im Bette zubringen. Das Glück eines Menschen, der noch lebt, ist nicht weniger zweifelhaft als der Sieg eines Soldaten, der noch kämpft. Der Tugendhafte fürchtet sich nicht vor dem bevorstehenden Tode, da er weiß, dass ein heiliger und gütiger Gott sein Richter sein werde. Diese Erde bietet keine Glückseligkeit, die ewig dauern würde.

Ucho jedno dej žalujícímu, druhé obviněnému. Hospodin pozdvihá všech, kteříž padají a pozdvihuje všechněch poražených. Mnozí lidé užívají rozumu jim daného ku škodě bližních. Věc svěřenou opatruj! Za ztracené cizí lýčko řemenem zaplatíš. Chyby často opakované vejdou ve zvyk. Neodkládej uraženého bratra co nejdříve udobřiti, a slunce zapadající ať nevidí vás se hněvati. Kristus vstoupiv na nebesa, seslal apoštolům slíbeného Ducha svatého. Ošizený stává se opatrnějším, ale kdo ani vlastní ani cizí škodou nezmudřel, blázen jest.

Ein Wort, das man einmal ausgesprochen hat, kann nicht mehr zurückgeworfen werden. Viele Kinder vergeuden leichtsinnig die Reichthümer, welche sie von ihren Aeltern geerbt haben. Der Fleißige denkt an die Jahre, die er gut angewendet hat. Sei zufrieden mit dem Schicksal, das dir Gott gegeben hat. Die Gelegenheit, die einmal versäumt wurde, kehrt nicht mehr zurück. Denkt immer an drei vergangene Sachen: an das begangene Böse, an das unterlassene Gute, an die verlorene Zeit. Nach vollbrachter Arbeit ist die Ruhe angenehm. Von einem schlecht gedüngten Acker lässt sich keine gute Ernte hoffen; und von einem schlecht erzogenen Kinde können wir wenig Gutes erwarten. Der Mensch, der in der Schule der Widerwärtigkeiten und Leiden erprobt wurde, weiß, dass Geduld der beste Tröster ist.

Fabeln und Erzählungen.

1.
Der Wolf und die Kinderwärterin.

Ein junger Wolf suchte Nahrung und kam zufälliger Weise vor ein Haus, in welchem ein Kind schrie. Er hörte jemand sagen: „Wenn du nicht aufhörst zu schreien, so gebe ich dich dem Wolfe, damit er dich fresse." Der Wolf wartete lange auf diesen Schmaus; allein es kam niemand, der ihm das Kind anbot. Das Kind schwieg und er hörte deutlich die Worte: „Wenn jetzt der Wolf kommt, so schlagen wir ihn todt." Da gieng der Wolf fort und dachte: In diesem Hause spricht man anders, als man denkt.

2.
Das Zieglein und der Wolf.

Eine alte Ziege gieng aus ihrem Stalle auf die Weide. Ehe sie fortgieng, sagte sie zu ihrem jungen Zieglein: „Mache ja die Thüre niemanden auf, bis ich wieder komme." Kaum war die alte Ziege fort, so klopfte ein gieriger Wolf an die Thüre des Stalles. Er meckerte wie eine Ziege und bat, man möchte ihm aufmachen. Das Zieglein aber dachte an die Warnung seiner Mutter, schaute durch die Spalte der Thüre und sprach: „Ich mache dir nicht auf, du meckerst wohl wie eine Ziege, aber du bist ein Wolf und willst mich fressen." Der Wolf zog ab und das Zieglein blieb unversehrt, weil es seiner Mutter gefolgt hatte.

3.
Der Hirsch und der Weinstock.

Ein Hirsch, der sich von den Jägern flüchtete, verbarg sich unter einem Weinstocke. Als diese eine Strecke vorüber gezogen waren und der Hirsch sich vollkommen geborgen hielt, machte er sich daran, die Blätter des Weinstockes zu verzehren. Als dadurch ein Geräusch entstand, wandten sich die Jäger um, und indem sie glaubten, es müsse sich irgend ein Thier unter dem Laube des Weinstockes verborgen halten, thaten sie einen Schuſs hinein und der Hirsch fiel. Sterbend rief er noch aus: „Was ich erleide, verdiene ich; denn ich hätte den, der mir Schutz verlieh, nicht verderben sollen."

4.
Das junge Roſs.

Ein junges Roſs, dem die Arbeit nicht behagte, riſs sich vom Wagen los und floh in einen Wald. Hier freute es sich seiner Freiheit und brachte den ganzen Sommer und Herbst im luftigen Müßiggange zu. Aber jetzt kam der Winter, der Sturm entlaubte die Bäume. Die Felder standen leer und der Schnee bedeckte das Land. Das Roſs fand nirgends Futter und überdieß hatte es kein Obdach. Da rief es reuevoll aus: „Ich Thor, wenn ich die Arbeit nicht gescheut hätte, so würde ich Haber, Heu und Obdach haben. Nun aber muſs ich hungern und frieren."

Der Faule leidet bitt're Noth,
Dem Fleiß'gen fehlt es nie an Brot.

5.
Die Henne und ihre Küchlein.

Eine Henne sah in der Luft den Habicht schweben. Da rief sie ihre Küchlein zusammen. Diese sprangen eilig herbei und die Mutter barg sie unter ihre Flügel, nur eins fehlte noch. Dieses stand am Ufer eines Teiches und sah dem Plätschern der Enten zu. Die Henne lockte immer ängstlicher, aber das Küchlein rief: „Ich mag nicht kommen, hier ist es schöner als unter deinen Flügeln." „Ach, Kind!" rief die Mutter, „komm schnell. Siehst du den Habicht über dir?" Das Küchlein sah empor; aber schon schoſs der Habicht herab, erfaſste es mit seinen Krallen und trug es fort. Vergebens schrie das Küchlein, der Habicht fraß es auf.

Wie diesem Küchlein, pflegt es ungehorsamen Kindern zu ergehen.

6.
Der Adler und der Fuchs.

Ein Adler raubte einst dem Fuchse seine Jungen und trug sie in ein hohes Nest, um seine Familie damit zu füttern. Flehentlich bat dieser jenen, er möchte seinen Jungen nicht das Leben nehmen; aber der Adler, stolz auf seinen Wohnsitz im sichern Gipfel hoher Eichen, verachtete diese Bitte. Was that hierauf der Fuchs? Er holte geschwind einen Feuerbrand herbei, legte ihn an die hohe Eiche und drohte sie mit dem Adlerneste zu verbrennen, um Gleiches mit Gleichem zu vergelten. Der Adler gab nun, um seine eigenen Jungen zu retten, dem Fuchse seine Kleinen unversehrt zurück und merkte sich daraus für die Zukunft die heilsame Lehre: Der Stärkere soll auch mit dem Schwächern in Frieden zu leben trachten.

7.
Der Igel und der Maulwurf.

Der Igel spürte, daß der Winter sich nahe; da bat er den Maulwurf ihm ein Plätzchen in seiner Höhle einzuräumen, damit er hier gegen die Kälte geschützt sei. Der Maulwurf war zufrieden; doch kaum hatte der Igel Einlaß erhalten, so machte er es sich bequem, spreitete sich aus und sein Wirt stach sich alle Augenblicke bald hier, bald dort an des neuen Gastes Stacheln. Jetzt erst erkannte der arme Maulwurf seine Uebereilung. Er schwur hoch und theuer, daß dies ihm unerträglich sei, und bat den Igel wieder hinaus zu gehen, weil seine kleine Wohnung unmöglich beide fassen könne. Aber der Igel lachte und sprach: „Wem es hier nicht gefällt, der weiche; ich für meine Person bin wohl zufrieden und bleibe."

Ueberlege ja erst mit Bedacht, wen du in deine nähere Gesellschaft aufnehmen willst; du könntest sonst, wenn es ein Unverträglicher wäre, bald mit deinem Schaden ihm Platz machen müssen.

8.
Die kluge Maus.

Eine Maus kam aus ihrem Loche und sah eine Falle stehen. „Aha!" sagte sie, „da steht eine Falle! Die klugen Menschen wollen uns damit fangen. Ja, wenn wir Mäuse nicht klüger wären. Wir wissen wohl, wenn man den Speck in der Falle fressen will, so fällt die Falle zu und schlägt den Näscher todt. Nein, nein! ich kenne diese List und weiß mich davor zu hüten! Aber," fuhr das Mäuschen fort, "riechen darf man schon daran; vom bloßen Riechen kann die Falle nicht zufallen. Und ich rieche den Speck für mein Leben gern." Es lief sodann an die Falle und roch an dem Specke: die Falle aber war ganz lose gestellt, und kaum berührte es mit dem Näschen den Speck, klaps! fiel sie zusammen und das Mäuschen war zerquetscht.

Wenn du deine Lüsternheit nicht genug und ganz zu bekämpfen verstehst, so bringt sie dich doch immer noch in Gefahr.

9.
Der Esel und der Löwe auf der Jagd.

Der Löwe nahm einst den Esel mit auf die Jagd. Er bedeckte ihn mit Laub und Zweigen und ließ ihn mit lauter Stimme das Wild erschrecken; er selbst wollte auf der andern Seite die flüchtigen Thiere fangen. Der Anschlag gelang vortrefflich. Der Esel schrie aus Leibeskräften. Erschreckt durch die ungewöhnliche Stimme, flohen die Thiere und der Löwe überfiel und tödtete sie. Als er des Würgens müde war, rief er den Esel hervor und hieß ihn schweigen. "Nun was hältst du von meiner Stimme?" fragte dieser übermüthig; "nicht wahr, sie hat dir gute Dienste geleistet?" "O ganz vortrefflich!" erwiederte der Löwe. "Ich wäre gewiß auch vor der fürchterlichen Stimme in voller Furcht davongelaufen, wenn ich nicht gewusst hätte, dass du nur ein Esel bist."

Der leere Schall der Worte kann nur den Unbekannten täuschen; wer aber weiß, dass es nur leere Worte sind, der lacht darüber.

10.
Die Prügel, welche nicht wehe thun.

Ein Weiser in Griechenland, Namens Sokrates, gerieth niemals in Zorn; mochte auch geschehen, was da wollte. Einst erzählte demselben einer seiner Jünger: er habe mit eigenen Ohren gehört, wie ein gewisser Mensch über ihn — den Sokrates — geschimpft, und ihm gedroht habe. "Lass du ihn nur schimpfen und drohen," antwortete Sokrates, "das schadet ja nichts. Er mag mich selbst prügeln, wenn ich nur nicht dabei bin." Bald darauf begegnete Sokrates einem alten Bekannten und grüßte ihn höflich, dieser aber, weil er sich vornehmer dünkte, erwiederte den Gruß nicht. „Warum grüßest du doch einen so unhöflichen Menschen?" sagten die Jünger zu ihrem Meister. „O!" antwortete Sokrates, „ihr werdet doch nicht verlangen, daß ich so grob sein soll wie er?

11.
Zwei Knaben.

Zwei Knaben giengen in's Freie, und kamen zu einem Nußbaum. Unter demselben fanden sie eine Nuß, die sie theilen wollten. Der eine ließ dem andern die Wahl, ob er das Innere oder das Äußere haben wollte. „Das Äußere;" rief dieser schnell, weil er noch nie eine Nuß gesehen hatte. Er bekam es, fand sich aber in seiner Erwartung betrogen, denn die Schale war nicht zu genießen. „Ein andermal will ich klüger sein," sagte er; und sie giengen weiter. — Sie kamen in einen Garten und fanden eine Aprikose, die er ebenfalls nicht kannte. „Diesmal das Innere;" sagte er gleich. „Gut," sagte der andere, und gab ihm den Stein. So war er wieder getäuscht.

Erfahrung macht nicht klug, wenn man nicht nachdenkt.

12.
Der Handkuß.

Eines Tages kehrten einige Züchtlinge auf den Gässen der Residenzstadt Wien das Pflaster. Da kam ein wohlgebildeter, junger Mensch die Straße herauf und nahte sich einem Züchtling und küßte ihm mit Ehrfurcht die Hand. Dies sah aus einem Fenster der Staatsrath N. Er ließ den jungen Menschen zu sich führen und sagte zu ihm: „Junger Mensch, es ist durchaus unschicklich, einem Verbrecher auf öffentlicher Gasse die Hand zu küssen." Der Jüngling war zwar etwas betroffen, faßte sich aber schnell und gestand, dieser Verbrecher sei sein Vater. Gerührt erzählte das der Staatsrath dem Kaiser; und der Kaiser gab den Befehl, dem jungen Menschen, der Krappenberger hieß, ein jährliches Unterstützungsgeld zu reichen, damit er irgend eine Kunst, zu welcher er Lust habe, erlernen könne.

13.
Zwei Freunde.

Zwei Freunde machten mit einander eine Reise. Da begegnete ihnen auf dem Wege ein Bär. Schnell erkletterte der eine, als er den Bären erblickte, einen hohen Baum und entgieng der Gefahr; der andere aber, welchem einfiel, daß Bären todte Körper unberührt lassen, warf sich auf den Boden nieder und stellte sich todt. Der Bär kommt herzu, beschnuffelt den auf dem Boden Liegenden, hält ihm seine Schnauze an Mund und Ohren. Als aber der Hingestreckte seinen Athem an sich hielt, meinte der Bär, derselbe sei eine Leiche, und gieng wieder seines Weges.

Als nachher der vom Baume Herabgestiegene seinen Gefährten fragte, was ihm der Bär in's Ohr gesagt habe, antwortete er: „Er hat mich auf die richtige Wahrheit aufmerksam gemacht, daß ich keinen für meinen Freund halten soll, dessen Treue ich nicht auch in der Noth erfahren hätte."

14.
Alles zum Guten.

Ein frommer Weiser kam vor eine Stadt, deren Thore geschlossen waren. Niemand wollte sie ihm öffnen. Hungrig und durstig mußte er unter freiem Himmel übernachten. Doch sprach er: „Wie es der Höchste fügt, so ist es gut," und er legte sich auf den Boden nieder. Neben ihm stand sein Esel; zu seiner Seite eine brennende Laterne, um der Unsicherheit in jener Gegend willen. Aber ein Sturm erhob sich und löschte das Licht aus; ein Löwe kam und zerriß den Esel. Er erwachte, fand sich allein und sprach: „Was Gott schickt, ist gut." Er erwartete ruhig die Morgenröthe. Als er in die Stadt kam, fand er die Thore offen, die Stadt verwüstet, beraubt und geplündert. Eine Räuberschaar war eingebrochen, und hatte in dieser Nacht die Einwohner gefangen weggeführt oder getödtet.

Der Weise sprach: „Nun sehe ich erst ein, warum mir Gott am gestrigen Abend meinen Wunsch versagt hat."

15.
Der kluge Schäferjunge.

Im siebenjährigen Kriege raubte ein preußischer Soldat einem Schäferjungen einen Hammel von der Weide. Der Knabe bat inständig, ihm seinen Hammel zu lassen. Umsonst; der Soldat schleppte den Hammel fort. Der Knabe ging zum Obersten des Regiments. Dieser versprach den Soldaten strenge strafen zu lassen, sobald der Schäferjunge ihn herausfinden könnte. „Wenn ich ihn sehe", erwiederte dieser, „so werde ich ihn gewiß wieder erkennen." Der Oberst ließ das Regiment antreten. Als es aufgestellt war, gieng der Knabe hinter die Glieder und besah die Leute von hinten. „Ei," sprach der Oberst, „so wirst du den Dieb nicht finden. Auf dem Rücken sieht der eine wie der andere aus." „Der, den ich suche," versetzte der Knabe, „soll anders aussehen." Er gieng weiter, und zeigte endlich den sechsten Mann im dritten Gliede. „Hier, Herr Oberst," rief er, „hier habe ich den Hammeldieb." Er zog ein Stück Rothstein aus der Tasche und fuhr fort: „Mit diesem Röthel zeichnen wir unsere Hammel, und damit habe ich auch dem Soldaten einen Strich hinten auf die Degenkuppel gemacht, um ihn wieder zu erkennen. Sehen Sie, Herr Oberst, hier ist der Strich." „Bravo," sagte der Oberst, „der Einfall ist einen Dukaten wert." „Aber wer wird mir ihn geben?" fragte der Knabe. Der Oberst lachte und sprach: „Ich, du Schlaukopf." Er zog seine Börse und gab dem Knaben das Goldstück. Der Soldat aber mußte den Hammel herausgeben und würde strenge bestraft worden sein, wenn der Knabe nicht Fürbitte für ihn eingelegt hätte.

16.
Das kostbare Kräutlein.

Zwei Mägde, Brigitte und Gertrud, giengen der Stadt zu und eine jede trug einen Korb voll Obst auf dem Kopfe. Brigitte seufzte und murrte beständig; Gertrud aber lachte und scherzte nur. Brigitte sagte: „Wie magst du doch lachen? Dein Korb ist ja so schwer wie der meinige, und du bist um nichts stärker als ich." Gertrud sprach: „Ich habe ein gewisses Kräutlein zu meiner Last gelegt, und so fühle ich sie kaum. Mach es auch so!" „Ei," rief Brigitte, „das muß ein kostbares Kräutlein sein; ich möchte mir meine Last auch gern damit erleichtern. Sag' mir doch einmal, wie es heißt?" Gertrud sagte: „Das kostbare Kräutlein, das alle Beschwerden leichter macht, heißt — Geduld."

17.
Der Blinde und der Lahme.

Ein Blinder traf mit einem Lahmen zufällig auf einer Straße zusammen und war darüber sehr erfreut; denn er hoffte, daß ihn dieser leiten könne. Der Lahme aber sagte zu ihm: „Wie kann ich dir forthelfen? ich bin ja selbst so unglücklich nicht gehen zu können; doch sind, wie es scheint deine Schultern noch stark, und vermögen eine Last zu tragen. Entschließest du dich dazu, mich zu tragen, so will ich dir die Wege zeigen und auf die Weise werden deine guten Füße die meinigen ersetzen, und meine guten Augen werden uns beiden dienen und uns sicher leiten." Der Blinde willigte in diesen Vorschlag ein und der Lahme setzte sich mit seinen Krücken auf dessen kräftige Schultern. So wurde ihnen, da sie sich brüderlich vereinigten, möglich, was keiner von beiden einzeln vermochte.

18.
Der bestrafte Lügner.

Ein junger, muthwilliger Hirte rief oft, blos um andere zu necken und sich zu belustigen, mit lauter Stimme, ein Wolf sei in seine Herde eingefallen und habe schon ein Schaf geraubt. Wenn nun auf sein Jammergeschrei um Hilfe andere Hirten herbeieilten, um ihm gegen das Raubthier beizustehen, dann rief er ihnen gewöhnlich zu, sie sollten nur wieder umkehren; denn er bedürfe ihrer Hilfe nicht, da seine Herde nicht in Gefahr sei. Als nun eines Tages seine Herde wirklich von einem Wolfe angefallen wurde, und eines seiner Schafe schon gefressen worden war, da achtete niemand unter den Hirten auf seinen angstvollen Hilferuf, so laut er auch ertönte; denn man fürchtete wieder von ihm geneckt und verhöhnt zu werden. Nun erst erkannte der muthwillige Lügner, wie thöricht und ungerecht er gehandelt hatte; sein eigener Schaden machte ihn klug und zeigte ihm die Wahrheit des Sprichwortes: daß man dem, der einmal gelogen hat, auch dann nicht glaubt, wenn er die Wahrheit spricht.

19.
Der alte Großvater und der Enkel.

Es war einmal ein steinalter Mann, dem waren die Augen trüb geworden, die Ohren taub und die Kniee zitterten ihm. Wenn er nun bei Tische saß und den Löffel kaum halten konnte, schüttete er oft die Suppe auf das Tischtuch. Seinem Sohne und dessen Frau mißfiel das und deswegen mußte sich der alte Großvater endlich hinter den Ofen in die Ecke setzen und sie gaben ihm sein Essen in einem irdenen Schüsselchen, und noch dazu nicht einmal zur Sättigung. Da sah er betrübt nach dem Tisch und die Augen wurden ihm naß. Einmal aber konnten seine zitternden Hände das Schüsselchen nicht festhalten, es fiel zur Erde und zerbrach. Die junge Frau schalt, er aber sagte nichts und seufzte nur. Da kauften sie ihm ein hölzernes Schüsselchen für ein Paar Heller, daraus mußte er nun essen. Wie sie so da sitzen, so trägt der kleine Enkel von 4 Jahren auf der Erde kleine Brettlein zusammen. „Was machst du da?" fragte der Vater. „Ich mache ein Tröglein", antwortete das Kind, „daraus sollen Vater und Mutter essen, wenn ich groß bin." Da sehen sich Mann und Frau eine Weile an, fiengen endlich an zu weinen, holten alsofort den alten Großvater an den Tisch und ließen ihn von nun an immer mitessen, sagten auch nichts, wenn er ein wenig verschüttete.

20.
Der redliche Handwerksmann.

Ein redlicher Handwerksmann, der sich mit seiner Hände Arbeit ernährte, fand auf der Landstrasse einen Beutel mit einer beträchtlichen Summe Geldes. Er freute sich aber nicht darüber, sondern war recht bekümmert und dachte: wie traurig wird doch derjenige sein, der das Unglück gehabt hat, den Beutel zu verlieren! Darum gab er sich nun alle Mühe, den Eigenthümer des Geldes zu erfahren, und machte es öffentlich bekannt. Der rechtmäßige Herr dieses Geldes meldete sich auch bald, und empfieng dasselbe richtig wieder. Nun aus Freude darüber, daß er das Verlorene wieder erhalten hatte, bot er dem guten Handwerksmann etliche Dukaten zur Belohnung an; aber dieser sagte: „Mein Herr, Sie dürfen mir das nicht bezahlen, was ja meine Schuldigkeit war. Wenn Sie aber gern ein Geschenk machen wollen, so schicken Sie doch die Dukaten der armen Witwe, die hier neben mir wohnt, und die oft nicht Brot hat, um ihre vielen Kinder zu sättigen." Die Bitte des gewissenhaften Handwerksmannes wurde erfüllt: die arme Witwe bekam das Geschenk, das er nicht hatte annehmen wollen; aber der gute Mann freute sich und dankte dem lieben Gott, daß nicht nur jener Herr sein vorlorenes Geld wieder erlangt hatte, sondern auch der armen Witwe eine Hilfe in ihrer Noth zu Theil geworden war.

So weiß der liebe Gott gute Menschen zu Werkzeugen des Segens zu machen. — Willst du nicht auch ein solches werden?

21.
Der Sack voll Erde.

Ein reicher Man brachte eine arme Witwe um ihren einzigen Acker, um damit seinen Garten zu vergrößern. Als er am andern Tage auf dem Acker umhergieng, kam die arme Witwe mit einem leeren Kornsacke, und sprach zu ihm mit weinenden Augen: „Ich bitte euch, laßt mich von meinem väterlichen Erbtheile nur so viel Erde nehmen, als in diesen Sack hineingeht." Der Reiche sagte: „Diese thörichte Bitte kann ich Euch wohl gewähren." Die Witwe füllte den Sack mit Erde, und sprach dann: „Nun habe ich aber noch eine Bitte: seid so gut und helft mir den Sack auf die Schultern!" Der Reiche, der das Arbeiten nicht gewöhnt war, wollte lange nicht daran. Allein die Wittwe ließ mit Bitten und Flehen nicht nach, bis er einwilligte. Als er aber den Sack aufheben wollte, rief er seufzend: „Es ist unmöglich, er ist zu schwer!" Jetzt sprach die Witwe mit großem Nachdrucke: „Da Euch dieser Sack voll Erde zu schwer ist, wie wird erst der ganze Acker — den tausend solche Säcke nicht fassen könnten — Euch in Ewigkeit drücken!" — Der Mann erschrack über diese Rede und gab ihr den Acker wieder zurück.

22.
Die Fahrt über den Strom.

Ein Jüngling kam vor einen breiten Strom, um sich übersetzen zu lassen. Es war die erste Fahrt in seinem Leben. Das Dorf, wohin er begehrte, lag der Anfahrt (přívoz), von welcher er abstieß, gerade gegenüber, der Schiffer aber stemmte sich auf seiner Fahrbarke (pramice) der Strömung des Wassers so mächtig entgegen, daß es schien, als wollte er oberhalb des Zieles landen. Der Reisende fragte daher: „Wo soll es denn hingehen, guter Freund?" „Gerade gegenüber," antwortete der Fährmann. „Wenn es gerade heißt," sprach der Jüngling, „so habe ich alles Augenmaß verloren. Geht es so fort, kommen wir 4—500 Schritte zu weit hinauf." „Ja mein junger Herr! wenn es so fortgeht," versetzte der Fährmann; „die Gewalt des Wassers aber wird uns, wenn wir in die Mitte kommen, weit genug abwärts treiben. Mein Vater sel. Andenkens pflegte zu sagen: Ein guter Fährmann, der gerade über den Strom will, muß wie ein wahrhaft guter Schütz sein Ziel ein wenig zu hoch stecken, sonst kommt er zu tief darunter; denn jenen treibt der Strom des Wassers, diesen der Strom der Welt darunter." Wirklich mußte der Schiffer am Ende alle Kraft anstrengen, um nicht unter dem Ziele zu landen. Der Jüngling aber zahlte das Fahrgeld vierfach. „Eine gute Lehre," sprach er, „ist oft mehr wert, als ein geleisteter Dienst, und Euch, mein guter Freund, gebührt für beides meine Erkenntlichkeit." Immerhin stelle dein Ziel, o Jüngling, hoch — sehr hoch, damit dich weder der Strom der Welt, noch die Fluten der Leidenschaft abwärts, tief unter das Ziel treiben.

23.
Gott erhört das Gebet.

In einem Dorfe lebte ein ehrlicher, gottesfürchtiger Mann, der als Schneider durch 20 Jahre sich und seine Kinder redlich nährte. Nie hatte es ihnen an Kleidern gefehlt und nie hatten sie Hunger gelitten. Da entstand eine große Theuerung im Lande, und er gerieth in große Noth; denn das Brot und alle Lebensmittel waren sehr theuer und sein Verdienst war geringer als sonst, weil die meisten Leute all' ihr Geld auf das liebe Brod verwenden mußten, und daher keine neue Kleider machen lassen konnten. Da saß nun der gute Mann oft drei bis vier Tage ohne Arbeit und ohne Verdienst, und doch wollten er und seine Kinder alle Tage essen. In diesen schweren Zeiten war er ganz kleinmüthig und ängstlich. Schon lange hatten sie nichts anderes mehr gegessen, als Wassersuppe und trockenes Brot. Da er aber auch nicht so viel Geld aufbringen konnte, so mußte er seine besseren Einrichtungsstücke zu verkaufen, um sich mit den Seinigen vor dem Hungertode zu retten. Aber am Ende hatte er nichts mehr übrig. Es kam mit ihm so weit, dass er einmal des Morgens aufstand ohne zu wissen, woher er auch nur einen Bissen Brot nehmen sollte. Seine Kinder traten zu ihm hinzu, drückten ihm die Hände und riefen: „Brot! Lieber Vater! Brot!" — Da hätte ihm das Herz vor Jammer brechen mögen. Allein er fasste sich und tröstete die Kinder mit den Worten: „Diesen Morgen kann ich wohl euch kein Brod geben, aber Mittag sollt ihr Euch alle sättigen." „Und woher wirst Du denn, Vater, Brot bekomen?" fragten die Kinder. Der Vater zeigte gegen Himmel, wandte aber schnell sein Angesicht weg, denn die Thränen flossen ihm über die Wangen herab, und er ging in seine Kammer. Da fiel er auf seine Knie nieder und betete mit bewegtem Gemüthe: „Ach Gott und Vater! Meine Kinder — sie sind ja Deine Kinder! Sollte ich wohl den Jammer sehen, dass meine Kinder vor mir verschmachten? Du ernährst die Vögel in der Luft, und gibst den Raben ihr Futter. Unmöglich kannst Du meine Kinder vor Hunger sterben lassen. Gewiss, das kannst Du nicht; Du wirst mir gewiss Brot für sie gewähren."

So betete er und hoffte zuversichtlich, dass der liebe Gott ihm ein Mittel zeigen würde, seinen Kindern Brot zu verschaffen. Schon eine Viertelstunde dachte er hin und her, wie er die Seinigen sättigen könnte; da kam unvermuthet eines seiner Kinder in die Kammer und sagte es wäre eine Frau da, die wollte ihn sprechen. Der Vater gieng hinaus und traf eine Bauernfrau an, die ihn fragte, ob er sich getraue neue Kleider für sie und ihre Tochter zu verfertigen, die sie nothwendig habe, um den nächsten Sonntag einer Feierlichkeit beiwohnen zu können. „Gern, gern!" antwortete er und nöthigte die Frau in die Stube zu gehen. Sie gieng hinein, und sagte: „Damit ihr aber desto vergnügter arbeiten möget, so habe ich auch hier etwas Lebensmittel für Euch mitgebracht." Bei diesen Worten holte sie einen Korb herbei. Alle Kinder drängten sich hinzu, um zu sehen, was in demselben sein möchte. Da brachte sie Brot heraus, dann Erbsen und Linsen, Butter und geräuchertes Fleisch. Die Kinder schlugen in die Hände, sahen einander an und fingen an zu weinen. Der Vater stand selbst stumm da, und konnte nur mit Thränen antworten. Die Frau fragte, was das bedeute. Da erzählte ihr der kummervolle Vater die betrübten Umstände in welchen er sich und seine Kinder befanden. Die Frau war bis zu Thränen gerührt und freute sich, daſs Gott durch sie diesem ehrlichen Manne und seinen Kindern geholfen habe. Sie faſste sogleich den Entschluſs, die arme Familie noch ferner zu versorgen und sagte: „Von nun an, lieber Mann, sollt Ihr mit den Eurigen keine Noth mehr leiden. Ich habe noch von dem vorigen Jahre so viel Früchte aufbewahrt, daſs ich Euch alle davon ernähren und noch etwas verkaufen kann. Kommet zu mir, so oft ihr Brot brauchet, ich will Euch jederzeit geben, was Ihr bedürftet. Und wenn Ihr andere Lebensmittel brauchet, so werde ich sie Euch nicht abschlagen. Ich will Euch alles um einen billigen Preis anrechnen und Ihr könnet nach und nach mit Euerer Arbeit diese Schuld wieder tilgen. Ich habe ja auch Kinder; wer weiſs, wohin sie kommen und wer ihnen in ihrer Noth beispringet. Lebet wohl und verlaſset Euch auf mein Wort." Die ganze Familie war vor Freuden außer sich. Sobald die gute Frau weg war, bereiteten sie eine Mahlzeit und es schmeckte ihnen herrlich; denn der Hunger würzte ihnen die Speise.

Sie dankten aber auch Gott recht herzlich, der dann mit seiner Hilfe am nächsten ist, wenn wir ihn am wenigsten vermuthen. „Alle eure Sorgen leget auf ihn, denn er sorget für euch." „Darum sollet ihr nicht ängstlich sorgen, und sagen: was werden wir essen? was werden wir trinken? oder womit werden wir uns bekleiden? denn euer himmlischer Vater weiſs, daſs ihr dessen bedürfet."

24.
Die Wasserflut.

In einem Frühjahre schmolzen Schnee und Eis bei einem heftigen Regen und warmem Winde so schnell, daſs fast überal die schrecklichsten Überschwemmungen entstanden. Alle Bäche und Flüsse wuchsen zu reißenden Strömen und verbreiteten Schrecken und Verwüstung in allen Gegenden, durch welche ihr Lauf gieng. Hart am Ufer lag ein Fischerhäuschen, welches ein Mann mit seiner Frau und zwei Kindern bewohnte. Schon am Abende stieg der Fluſs fast mit jeder Minute; allein der Fischer, der schon oft ein großes Wasser erlebt hatte, legte sich ruhig mit den Seinigen zu Bette. Kaum hatte er eine Stunde geschlafen, als seine Frau ihn plötzlich weckte und die Hände ringend ihm zurief:

„Wir sind verloren!" Diesen Augenblick wird das Wasser unser Haus mit sich fortreißen. Die Eisschollen zertrümmern es." Plötzlich sprang er vom Lager (Bette) auf, und als er die Gefahr sah, rief er aus: „Gott erbarme Dich!"

Das Haus lag im Wasser, wie in einer offenen See und von keiner Seite her war Hilfe von Menschen zu erwarten. Das leichtgebaute Haus, das er bewohnte, konnte unmöglich noch lange der Gewalt der Wogen und dem Andrange der Eisschollen Widerstand leisten, und alles Rufen um Hilfe war bei der Größe des Wassers, bei dem Getöse der Wogen und bei dem Sturmgeläute, das von allen benachbarten Orten her erschallte, vergebens.

Der Vater weckte seine Kinder und warf sich mit ihnen und seinem Weibe nieder auf die Erde, um da, wo alle menschliche Hilfe unmöglich schien, von Gott Hilfe und Rettung zu erflehen. Sie lagen noch auf ihren Knien, als auf einmal das ganze Haus erbebte, eine Wand einstürzte und mit dem eindringenden Wasser zugleich die Spitze eines ziemlich großen Kahnes durch die Wand drang. Der Fischer bemerkte den Kahn und mit lautem Freudengeschrei ergriff er seine Frau und seine Kinder und rief: „Geschwind! Geschwind! Gott ist da mit seiner Hilfe." So riß er sie fort und bestieg den Kahn mit ihnen. Er trat an's Ruder, machte den Kahn los und bald trieb ihn der Strom an einen Ort, wo eine Menge Leute sich versammelt hatte. Alle staunten, als sie das Fahrzeug auf den Wasserwogen bahereilen sahen, und bestürmten ihn mit Fragen, als er glücklich gelandet und den Kahn verlassen hatte. „Woher bekamet Ihr den Kahn?" rief alles. Der Fischer erzählte es. „Ein glücklicher Zufall," sagten manche. „Der Strom mußte den Kahn irgendwo losgerissen haben." Aber der Fischer beugte seine Knie, blickte mit Freudenthränen zum Himmel und sprach: „Dir o Vater! der Du alles lenkest und leitest, Dir danke ich meine Rettung und ich werde Dir danken mein Leben lang."

Es gibt keine Lage des Lebens, sei sie noch so gefahrvoll, aus der uns die Allmacht und die Güte Gottes nicht zu retten vermöchten. Gesegnet sei der Mann, der sich auf den Herrn verläßt.

Wo die Noth am größten ist, da ist Gottes Hilfe am nächsten.

25.
Die Versuchung.

Ein Schornsteinfegerjunge mußte im Hause einer Prinzessin fegen. Da er aus dem Kamin heraus kam, befand er sich allein in einem prächtigen Zimmer und betrachtete alles, was immer Schönes und Kostbares darin war. Hier sah er unter andern eine goldene mit Diamanten besetzte Uhr. Neugierig nahm er sie in die Hand. Da erwachte in ihm die böse Begierde, die Uhr mitzunehmen und er fing an mit sich folgendes Gespräch zu führen:

„Nimm sie nur mit," sprach die böse Begierde, „die Prinzessin ist ja reich genug und kann diese Uhr leicht entbehren. Du bist ein armer Junge und mußt dich kümmerlich behelfen. Wenn du diese Uhr verkaufest, so kannst du so viel Geld dafür erhalten, daß du ein glücklicher Mensch werden kannst."

„Aber da würde ich ein Dieb sein, und im siebenten Gebote Gottes heißt es: Du sollst nicht stelen. Die Diebe, sagt die heilige Schrift, kommen nicht in den Himmel. Nein, ich will die Uhr nicht."

„Aber," sagte die böse Begierde, „du würdest ja auf einmal reich werden, und wer weiß es denn, daß du die Uhr genommen hast? Du machst dich gleich fort und zur Stadt hinaus, kein Mensch erfährt es."

„Allein Gott weiß es doch, daß ich ein Dieb bin und das böse Gewissen würde mich mein Leben lang nicht wieder ruhig lassen. Gott will ja, wir sollen jedem das Seinige lassen und geben und frembes Gut nicht einmal begehren."

So sprach er zu sich selbst. Lange stand er da und konnte sich nicht entschließen, ob er seiner Begierde oder seinem Gewissen und dem Gebote Gottes gehorchen solle.

Doch endlich überwand er seine böse Begierde und sagte zu sich selbst: „Nein, ich mag die Uhr nicht haben." Er hängte sie wieder an ihren Ort, stieg durch den Kamin hinauf und ging von seiner Arbeit nach Hause, in der Meinung, daß ihn kein Mensch im Zimmer gesehen habe. Aber die Prinzessin, der die Uhr gehörte, hatte alles gesehen und gehört, denn sie war in einem Nebenzimmer und die Thüre war etwas geöffnet. Wenn er die Uhr genommen hätte, so würde sie schnell hervorgekommen sein; weil er sie aber wieder an die Wand hängte, so hatte sie sich ganz stille gehalten und ließ ihn fortgehen. Doch befahl sie noch denselben

Tag den ehrlichen Jungen kommen zu lassen, lobte seine rechtschaffene Gesinnung, ermahnte ihn ferner Gott zu fürchten und ja in keine Sünde einzuwilligen. Endlich fragte sie ihn, ob er seine Hantirung fortsetzen oder lieber etwas anderes werden wollte. Da er nun ein Verlangen bezeigte, etwas anderes zu lernen, so ließ sie ihn in allem unterrichten, wozu er Freude hatte; und weil er ordentlich, fleißig und redlich war, so wurde er ein angesehener und glücklicher Mann.

26.
Man soll gern ein Vergnügen entbehren und andern helfen.

Ein wohlhabender Bürger wollte mit seiner Frau in eine benachbarte Stadt reisen, um manche Vergnügen und Lustbarkeiten zu genießen. Er nahm ein beträchtliches Reisegeld mit, denn er wußte, daß dergleichen Unterhaltungen ziemlich theuer zu stehen kommen. Als er aber unter Weges in ein Dorf kam, welches nicht lange vorher ganz abgebrannt war, und als er daselbst die Menge Leute sah, die ihr ganzes Vermögen verloren hatten und im Mangel und Elend unter freiem Himmel oder in elenden Hütten herumlagen, da vergieng ihm die Lust in die Stadt zu gehen und sich daselbst durch theure Lustbarkeiten zu ergötzen. Er hielt es für unschicklich, so viel Geld auf Lustbarkeiten zu verwenden und seine Nebenmenschen im größten Mangel schmachten zu lassen. Und was that er? Er nahm alles Geld, das er zur Reise bestimmt hatte, theilte es unter diese Unglücklichen und kehrte dann wieder nach Hause zurück.

Seine Frau ließ sich dieses auch gerne gefallen und sagte: „Gott im Himmel, wie glücklich bin ich, daß ich diesen Unglücklichen helfen kann."

Diese guten Leute entbehrten also gerne die Lustbarkeiten in der Stadt. Es machte ihnen mehr Vergnügen, die Freude und den Trost der Unglücklichen zu sehen, die durch ihre Gabe erquickt wurden. O, daß doch alle Reichen so gesinnt sein möchten! Es ist zwar nicht so gemeint, daß sie alle Vergnügungen entbehren sollten, sondern daß sie nur bei ihren Lustbarkeiten auch an die Armen denken und ihnen gerne auch einen Theil von ihrem Ueberflusse lassen sollten.

Wohlthun und mitzutheilen vergesset nicht, denn solche Opfer gefallen Gott wohl. Hebr. 13, 16.

27.

Der Edelsinn.

Ein Fürst wurde einst auf einer Reise, die er in Italien machte, durch eine schnelle und fürchterliche Ueberschwemmung aufgehalten und war Augenzeuge von dem Unglücke, welches eben dadurch viele Menschen erlitten.

Am meisten gieng ihm aber das Schicksal einer Familie zu Herzen, die ihrem Untergange nahe war. Entschlossen die Rettung dieser Unglücklichen zu bewirken, wenn es nur immer möglich wäre, bot er einem Müller, den er glücklicher Weise traf, zwei hundert Dukaten an, wenn er es wagen würde, jene Familie der Gefahr des Todes zu entreißen. Nach einigem Bedenken und auf die wiederholte Aufforderung des Fürsten, welcher die angebotene Summe noch um hundert Dukaten erhöhte, eilte der Müller den Unglücklichen zu Hilfe, deren Jammergeschrei und Händeringen die Größe ihrer Gefahr anzeigten. Glücklich arbeitete er sich durch die Wogen und es gelang ihm nach und nach alle der Gefahr zu entreißen. Als er sie alle in Sicherheit wußte, sagte er: „Endlich seid ihr, Gott sei Dank, alle gerettet!"

Der Fürst, ganz außer sich vor Freude, eilt dem edlen Retter entgegen. „Nimm hier diese drei hundert Dukaten, obschon Deine Handlung nicht ganz belohnt werden kann."

„Gnädiger Herr!" antwortete der Müller, welcher das Geschenk nicht annahm; „erlauben Sie, daß ich mich erkläre."

„Rede Freund! bist du vielleicht nicht zufrieden?"

„Sie, gnädiger Herr," antwortete der Müller, „denken schlecht von mir. Ich schätze mich überaus glücklich, daß es mir mit Gottes Hilfe gelungen ist, diesen Leuten das Leben zu erhalten. Ich fühle es, wie willkommen mir derjenige wäre, der mich retten würde, wenn ich mich in einer solchen Gefahr befände. Ich empfinde eine unbeschreibliche Freude darüber. Nur hätte ich Sie um ein neues Vergnügen zu bitten."

„Rede, ich will Dir alles gern bewilligen, wenn es anders von mir abhängt," antwortete der Fürst.

„O ja," erwiederte der Müller: „Sie können es, gnädigster Herr! Obschon ich arm bin, so däucht es mir doch, daß diese Unglücklichen noch ärmer seien; ich bitte daher die Summe, die Sie mir anzubieten so gnädig waren, ihnen zukommen zu lassen."

Der Fürst, welcher durch diesen Edelsinn des Müllers innigst gerührt wurde, vergoß Thränen einer seligen Empfindung. Er gibt dem Verlangen des Müllers nach und vertheilt die drei hundert Dukaten unter die Familie, die aus der Todesgefahr gerettet wurde. Der Fürst wandte sich dann an den Retter mit den Worten:

„Würdiger Mann! wie kann ich Deine edle Gesinnung belohnen?"

„Gott hat sie schon belohnt," antwortete der Müller, „da er mir die That gelingen ließ."

Durch die Liebe diene einer dem anderen. Gal. 5, 13.

Lasset uns einander lieben nicht mit bloßen Worten und der Zunge, sondern mit der That und in der Wahrheit. 1. Joh. 3, 48.

28.
Der gewissenhafte Indianer.

Ein Indianer hatte seinen Nachbar um etwas Tabak gebeten. Dieser griff in seine Tasche und gab ihm eine Hand voll. Am andern Morgen kam der erste wieder und brachte ihm einen Viertelthaler, der unter dem Tabak gewesen war, zurück. Als ihm einige rathen wollten, das Geld zu behalten, legte er die Hand auf's Herz und sagte: „Hier im Herzen habe ich einen guten und einen bösen Menschen. Der gute Mensch hat gesagt: Das Geld gehört dir nicht, gibt es seinem Herrn zurück. Der böse Mensch sagte mir: Man hat es dir gegeben, es gehört dir. Der gute sagte darauf: Das ist nicht wahr, der Tabak gehört dir, aber das Geld nicht. Der böse Mensch sagte dann wieder: Beunruhige dich nicht, gehe und kaufe dir Branntwein dafür. — Ich wußte nicht, wozu ich mich entschließen sollte. Endlich um zur Ruhe zu kommen, legte ich mich ins Bette. Aber der böse Mensch und der gute Mensch haben sich die ganze Nacht hindurch gezankt, so daß ich keine Ruhe hatte, ich mußte das Geld wieder bringen."

29.
Der Kuhhirt.

Ein Knabe weidete ein Rind auf einem Grasplatze neben einem Garten. Als er nun in die Höhe sah nach einem Kirschbaum, bemerkte er, daß einige reife Kirschen auf demselben saßen; die glänzten ihm röthlich entgegen, und es gelüstete ihn, sie zu pflücken. Da ließ er das Thier allein und kletterte auf den Baum. Die Kuh aber, da sie den Hirten nicht sah, gieng davon und brach in den Garten und fraß Blumen und Kräuter nach ihrem Gelüste, anderes zertrat sie mit ihren Füßen.

Als der Knabe solches sah, ward er sehr entrüstet, sprang von dem Baume auf die Erde, lief hin, ergriff das Rind und schlug und schmähte es jämmerlich. Da trat der Vater, der alles gesehen hatte, zu dem Knaben, sah ihn ernst an und sprach: „Wem gebührt solche Züchtigung? dir oder dem Thiere, das nicht weiß, was rechts oder links ist? Bist du minder deinem Gelüste gefolgt als das Thier, welches du leiten solltest? Und nun übest du ein so unbarmherziges Gericht und vergissest deiner Vernunft und deiner eigenen Sünde." Da schämte sich der Knabe und erröthete vor dem Vater.

30.
Das bittere Blümchen.

Eine Mutter gieng an einem Frühlingstage mit ihrem Töchterlein hinaus in das Gebirge. Und als sie nun draußen waren, freute sich das Mägblein der vielen Blumen und Pflanzen, die am Wege standen und blüheten. Aber vor andern hatte sie Wohlgefallen an einem Blümchen, das war klein und zart, und seine Farbe war röthlich und schön. Mina — denn so hieß das Mädchen — brach das Blümchen, und betrachtete es mit Freuden und küsste es und roch daran, und konnte nicht aufhören, es zu preisen.

Aber bald wurde sie alles dessen überdrüssig und satt. Sie verlangte noch größere Freude an dem Blümchen zu haben, steckte es in den Mund und wollte es essen. Aber was folgte nun? Mina kam im vollen Laufe zur Mutter und weinte und rief: „O liebe Mutter, das Blümchen war so schön von Gestalt und Farbe, und da aß ich es, aber nun ist es so bitter, dass es mir inwendig den Mund ganz herauszieht. O, pfui der bösen, hässlichen Blumen!"

So sagte das Mägdelein. Aber die Mutter antwortete und sprach „Mein liebes Kind, warum schmähest du die Blümchen? Sie sind doch immer noch so schön von Gestalt und Farbe wie zuvor, und geben einen lieblichen Geruch: ist das nicht viel und genug? Man isset ja auch die Blümchen nicht."

31.

Kindliche Liebe.

Ein berühmter preußischer General war in seiner Jugend Edelknabe an dem Hofe Friedrichs des Großen. Er hatte keinen Vater mehr und seine Mutter nährte sich in ihrem Witwenstande kümmerlich. Als guter Sohn wünschte er sie unterstützen zu können; aber von seinem Gehalte ließ sich nichts enbehren. Doch fand er endlich ein Mittel, etwas für sie zu erwerben. Jede Nacht mußte nämlich einer von den Edelknaben in dem Zimmer vor dem Schlafgemach des Königs wachen, um diesem aufzuwarten, wenn er etwas verlangte. Manchen war dies zu beschwerlich, und sie übertrugen daher, wenn die Reihe sie traf, ihre Wachen gern an andere. Der arme Page (d. i. Edelknabe) fieng an diese Wache für andere zu übernehmen: sie wurde ihm vergütet und das Geld, welches er dafür erhielt, schickte er dann seiner Mutter.

Einst konnte der König des Nachts nicht schlafen, und wollte sich etwas vorlesen lassen. Er klingelte; er rief: allein es kam niemand. Endlich stand er selbst auf und gieng in das Nebenzimmer, um zu sehen, ob kein Page da wäre. Hier fand er den guten Jüngling, der die Wache übernommen hatte, an dem Tische sitzen. Vor ihm lag ein Brief an seine Mutter, den er zu schreiben angefangen; allein er war über dem Schreiben eingeschlafen.

Der König schlich herbei und las den Anfang des Briefes, welcher so lautete: „Meine beste, geliebteste Mutter! Jetzt ist schon die dritte Nacht, da ich für Geld die Wache habe. Beinahe kann ich es nicht mehr aushalten. Indes freue ich mich, dass ich nun wieder zehn Thaler für Sie verdient habe, welche ich Ihnen anbei schicke."

Gerührt über das gute Herz dieses Sohnes läßt der König ihn schlafen, geht in sein Zimmer, holt zwei Rollen mit Dukaten, steckt ihm in jede Tasche eine und legt sich wieder zu Bette.

Als der Edelknabe erwachte, und das Geld in seinen Taschen fand, konnte er wohl denken, woher es gekommen sei. Er freute sich zwar darüber, weil er nun seine Mutter noch besser unterstützen konnte; doch erschrack er auch zugleich, weil der König ihn schlafend gefunden hatte. Am Morgen, sobald er zum Könige kam, hat er demüthig um Vergebung seines Dienstfehlers und dankte ihm für das gnädige Geschenk. Der gute König lobte seine kindliche Liebe, ernannte ihn sogleich zum Offizier und schenkte ihm noch eine Summe Geldes, um sich alles anzuschaffen, was er zu seiner neuen Stelle brauchte.

Der treffliche Sohn stieg hernach immer höher, und diente den preußischen Königen als tapferer General bis in sein hohes Alter.

Wer Wohlthat den Aeltern erzeigt, wird nimmermehr vergessen. Sir. 3, 16.

32.
Der edle Sohn.

Ein Vater und sein Sohn dienten bei derselben Kompagnie, jener als Gemeiner, dieser als Unteroffizier. Als das Regiment eines Tages vor dem Thore exerzirte, bemerkte der General in jener Kompagnie beim Abfeuern der Gewehre einen groben Fehler. Er ritt sogleich auf den Unteroffizier zu und fragte mit zorniger Stimme, wer den Fehler begangen habe. Der Gefragte schwieg. „Kann er nicht sprechen?" rief der General. „Ich werde ihm den Mund öffnen!" Und sogleich befahl er dem Unteroffizier zwanzig Hiebe zu geben. In diesem Augenblicke regte sich jemand im Gliede, als ob er vortreten wollte; doch ein Blick des Unteroffiziers genügte, um jenen in Reih' und Glied zu erhalten. Als die Strafe vollzogen war, fragte der General: „Nun wird er künftig zu antworten wissen?" „Gewiß," versetzte der Unteroffizier, „und auch diesmal hätte ich zu antworten gewußt, wenn nicht mein alter Vater, der sich noch nie eine Strafe zuzog, der Schuldige gewesen wäre." Der General sah den Unteroffizier ernst an, wandte dann sein Pferd und ritt schweigend fort; aber am folgenden Morgen ließ er ihn zu sich kommen, ernannte ihn zum Feldwebel und kündigte ihm an, daß sein alter Vater noch heute den Abschied mit erhöhter Pension erhalten werde.

33.
Der Mantel.

Einige Soldaten kamen zur Zeit des Krieges in ein Dorf und verlangten einen Wegweiser. Ein armer Taglöhner sollte mit ihnen gehen. Es war sehr kalt, es schneite und wehte entsetzlich. Er bat die Bauern flehentlich, ihm einen Mantel zu leihen; allein sie gaben ihm kein Gehör. Nur ein fremder, alter Mann, der durch den Krieg aus seiner Heimat vertrieben worden war und sich kümmerlich als Schmiedegeselle nährte, erbarmte sich des Taglöhners und gab ihm seinen alten Mantel. Die Soldaten zogen fort — und siehe! am späten Abend kam ein junger, schöner Offizier, in prächtiger Uniform und mit einem Ordenskreuz an der Brust, in das Dorf geritten und ließ sich zu dem alten Manne führen, der dem Wegweiser den Mantel geliehen hatte. Der gutherzige Greis that, als er den Offizier erblickte, einen lauten Schrei: „O Gott! das ist ja mein Sohn Rudolf!" rief er, eilte auf ihn zu und umfaßte ihn mit beiden Armen. Rudolf hatte vor mehreren Jahren Soldat werden müßen und war wegen seiner vorzüglichen Geistesgaben, seiner Rechtschaffenheit und Tapferkeit Offizier geworden. Er wußte nichts mehr von seinem Vater, der vormals in einem angesehenen Marktflecken Schmiedemeister gewesen; allein der Sohn hatte den alten Mantel erkannt, und aus der Erzählung des Wegweisers vermuthet, daß sein Vater nunmehr in diesem Dorfe sich aufhalte. Vater und Sohn weinten nun vor Freude, und alle Leute, die umher standen, weinten mit. Rudolf blieb die ganze Nacht hindurch bei seinem Vater, unterredete sich mit ihm bis an den frühen Morgen, gab ihm, bevor er weiter ritt, viel Geld, und versprach, ferner für ihn zu sorgen. Die Leute aber sagten: „Weil der alte Mann so barmherzig war, so hat sich Gott auch über ihn erbarmt und ihn einen Sohn wieder finden laßen, der ihn aus aller Noth errettet."

34.
Gott verläßt die Seinen nicht.

Ein reicher, junger Herr aus England, welcher sich zu Göttingen aufhielt, ritt an einem recht heiteren Wintertage nach Nordheim, einer kleinen Stadt, die zwei Meilen von seinem Wohnorte entfernt war. Als er daselbst ankam (dojeda města), sah er viele Menschen die Rathhaustreppe (po schod — do radnice) hinaufsteigen. Was giebt (díti se) es da oben? dachte er, gab sein Pferd ab, und stieg (jíti) auch mit hinauf. In der großen Rathhausstube war eine Versteigerung (dražba) oder ein Verkauf, wobei dem, der das meiste Geld bot, die Sache überlaßen

wurde. Der junge, reiche Herr wusste nicht, was man verkaufen
wollte*), er hörte aber, daß eben jemand 399 Thaler geboten hatte.
Sogleich dachte er: du willst 400 Thaler voll machen (doplniti), und
bot vier hundert Thaler. Und siehe, da niemand mehr geben wollte,
wurde ihm der Kauf zugeschlagen (přiřknut). „Aber," fragte nun der
betroffene Jüngling, „was habe ich denn eigentlich erstanden (gekauft)?
ich weiß gar nicht, wovon die Rede war." „Ein Haus! ein Haus!"
schreien die Leute mit großem Lachen. „Nun gut," versetzte er, „das kann
man ja brauchen! aber nun führt mich auch hin, daß ich sehe, welches
Haus jetzt mein ist, und was ich für mein Geld bekomme."

Der Rathsdiener schritt ihm voran, und viele Leute folgten nach.
Als man nun in einer engen Gasse angekommen war, stand (zastaviti
se) der Rathsdiener vor einem kleinen Hause still und sprach: „Dies
hier ist Ihr Eigenthum; es thut mir leid, daß es nicht größer und schöner ist." „Nun," sagte der junge Herr, „um 400 Thaler kauft man freilich
kein Schloß." Er trat in das Haus; ach, da fand er in der armseligen
Stube eine alte Frau sitzend, die gar bitterlich weinte, und die Hände
über einem Gebetbuche faltete. „Was fehlt dir, gutes Mütterchen?" fragte
er, „warum weinst du und thust (počínati si) so kläglich?" — „Ach
Gott erbarme sich!" schluchzte sie, „jetzt verkaufen sie auf dem Rathhause
mein Häuslein, weil ich meine Schulden nicht bezahlen kann. Ich soll
heraus, du lieber Gott! und weiß nicht wohin. Ich arme, alte, kranke
Frau! Wer wird mich aufnehmen, wenn es Gott nicht thut? O wenn ich
doch lieber gestorben wäre, dann könnten sie ja die Hütte nehmen, die
harten Menschen!" „Sei ruhig, gute Mutter," sprach der edle Engländer,
„dein Haus soll dir kein Mensch nehmen. Ich habe es gekauft und
schenke es dir wieder. Von meinem Kaufgelde werden deine Schulden
bezahlt werden, und du kannst in Frieden leben. Erlaubst du aber, so will
ich mir in deinem Hause ein kleines Stübchen zurecht machen lassen, und
so oft ich nach Nordheim komme, will ich bei dir wohnen."

---

*) Das deutsche Verb „wollte" bleibt unübersetzt, dafür muß das Hauptverb durch
ein mehrmomentiges, also hier prodávati ausgedrückt werden. Ueberhaupt bezeichnet
das deutsche Verb „wollen" gar oft nur die Dauer und die Zukunft.

35.
Kindes-Dank.

Man findet gar oft, wenn man ein wenig aufmerksam ist, daß Menschen im Alter von ihren Kindern wieder ebenso behandelt werden, wie sie einst ihre alten und kraftlosen Aeltern behandelt haben. Die Kinder lernen es von ihren Aeltern; sie sehen und hören es nicht anders und folgen dem Beispiele. So wird es auf dem natürlichsten und sichersten Wege (spůsob) wahr, daß der Aeltern Segen und Fluch auf den Kindern ruhe und sie nicht verfehle (minouti). Folgende Erzählung beweist es und verdient die Nachachtung.

Ein Fürst traf auf einem Spazierritte einen fleißigen und frohen Landmann bei dem Ackergeschäft an und ließ sich (dáti se do) mit ihm in ein Gespräch ein. Nach einigen Fragen erfuhr er, daß der Acker nicht sein Eigenthum sei, sondern daß er als Taglöhner um 15 Kreuzer arbeite. Der Fürst, der für sein schweres Regierungsgeschäft (vládu) freilich mehr Geld brauchte und zu verzehren hatte, konnte es in der Geschwindigkeit nicht ausrechnen, wie es möglich sei, täglich mit 15 Kreuzern auszureichen, und noch so frohen Muthes dabei zu sein, und wunderte sich darüber. Aber der brave Mensch im Zwillichrocke (halena) erwiederte ihm: „Ich wäre übel daran (zle by bylo), wenn ich so viel brauchte. Mir muß ein Drittel (třetina) genügen. Mit dem zweiten Drittel zahle ich meine Schulden ab, und das dritte Drittel lege ich auf Kapitalien (jistina) an." Das war dem guten Fürsten ein neues Räthsel. Aber der fröhliche Landmann fuhr fort und sagte: „Ich theile meinen Verdienst mit meinen Aeltern, die nicht mehr arbeiten können, und mit meinen Kindern, die erst lernen müßen. Jenen vergelte ich die Liebe, die sie mir in meiner Kindheit erwiesen haben, und an diesen hoffe ich, daß sie mich einst in meinem müden Alter auch nicht verlassen werden." — War das recht artig gesagt und noch schöner gedacht und gehandelt? Der Fürst belohnte die Rechtschaffenheit des wackern Mannes, sorgte für seine Söhne, und der Segen, den ihm seine sterbenden Aeltern gaben, wurde ihm im Alter von seinen dankbaren Kindern durch Unterstützung und Liebe reichlich entrichtet.

86.

Die Reue.

Ein Landmann hatte mit eigenen Händen eine Reihe edler Obstbäume gepflanzt. Zu seiner großen Freude trugen sie die ersten Früchte. Da kam der Sohn des Nachbars, ein böser Bube in den Garten, und lockte den Sohn des Landmanns, also daß sie hingiengen, und die Bäumchen allesammt ihrer Früchte beraubten, ehe denn sie völlig reif waren. Als nun der Herr des Gartens hinzutrat, und die kahlen Bäumchen alle erblickte, da ward er sehr bekümmert und rief: „Ach warum hat man mir das gethan! Böse Buben haben mir meine Freude verdorben!" Diese Worte giengen dem Sohne des Landmannes sehr zu Herzen und er lief zu dem Sohne des Nachbars und sprach: „Ach mein Vater ist betrübt um die That, welche wir verübt haben. Nun hab' ich keine Ruhe mehr in meinem Gemüthe. Mein Vater wird mich nicht mehr lieben, sondern mit Verachtung strafen, wie ich verdient habe." Da antwortete jener: „Du Thor, dein Vater weiß es ja nicht und wird es niemals erfahren; du mußt es ihm sorgfältig verhehlen und auf deiner Hut (pozor) sein." Als aber Gotthold (Bohulib) — so hieß der Knabe — nach Hause kam, und das freundliche Antlitz seines Vaters sah, da vermochte er nicht wieder freundlich zu ihm hinauf zu sehen. Jetzt trat der Vater hinzu und reichte jedem seiner Kinder von den Früchten des Herbstes und Gotthold desgleichen, da hüpften die Kinder herbei, und freuten sich sehr, und aßen. Gotthold aber verbarg sein Antlitz und weinte bitterlich. Da hub der Vater und sprach: „Mein Kind, was weinst du?" — und Gotthold antwortete: „Ach, ich bin nicht wert, daß ich dein Sohn heiße. Ich kann es nicht länger tragen, daß ich vor dir ein anderer erscheine, als ich bin. Lieber Vater, thue mir ferner nicht mehr Gutes, sondern strafe mich, damit ich wieder zu dir kommen darf, und aufhöre, mein eigener Quäler zu sein (mučiti). Laß mich es nur hart büßen, denn siehe, ich habe die jungen Bäumchen beraubt." Da reichte ihm der Vater die Hand, drückte ihn an sein Herz und sprach: „Ich vergebe dir, mein Kind! Gebe Gott, daß dieses das erste- und letztemal sei, daß du etwas zu verhehlen hast; dann soll*) es mir nicht leid sein um die Bäumchen."

---

*) Drückt das Futurum aus: nehude.

37.
Das gute Heilmittel.

Kaiser Josef in Wien war ein weiser und wohlthätiger Monarch, wie jedermann weiß; aber nicht alle Leute wissen, wie er einmal Doktor gewesen ist und eine arme Frau geheilt hat. Eine arme kranke Frau sagte zu ihrem Büblein: „Kind, hol' mir einen Doktor; sonst kann ich's nimmer aushalten vor Schmerzen." Das Büblein lief zum ersten Doktor und zum zweiten; aber keiner wollte kommen; denn in Wien kostet ein Gang zu einem Pazienten einen Gulden und der arme Knabe hatte nichts als Thränen, die wohl im Himmel für gute Münze gelten, aber nicht bei allen Leuten auf der Erde. Als er aber zum dritten Doktor auf dem Wege war, fuhr langsam der Kaiser in einer offenen Kutsche an ihm vorbei. Der Knabe hielt ihn wohl für einen reichen Herrn, ob er gleich nicht wußte, daß es der Kaiser ist, und dachte: ich will's versuchen. „Gnädiger Herr," sagte er, „wollet ihr mir nicht einen Gulden schenken? Seid so barmherzig!" Der Kaiser dachte, der faßt's kurz und denkt, wenn ich den Gulden auf einmal bekomme, so brauch' ich nicht sechzigmal um den Kreuzer zu betteln. „Thut's ein Zwanziger nicht auch?" fragte ihn der Kaiser. Das Büblein sagte: „Nein" und offenbarte ihm, wozu er des Geldes benöthigt wäre.

Also gab ihm der Kaiser den Gulden und ließ sich genau von ihm beschreiben, wie seine Mutter heißt und wo sie wohnt, und während das Büblein zum dritten Doktor springt und die kranke Frau daheim betet, der liebe Gott wolle sie doch nicht verlassen, fährt der Kaiser zu ihrer Wohnung und verhüllt sich ein wenig in seinen Mantel, also, daß man ihn nicht recht erkennen konnte, wer ihn nicht genau ansah. Als er aber zu der kranken Frau in ihr Stübchen kam, und es sah recht leer und betrübt darin aus, meint sie, es sei der Doktor und erzählt ihm ihren Zustand, und wie sie noch dabei arm sei und sich nicht pflegen könne. Der Kaiser sagte: „Ich will euch denn jetzt ein Rezept vorschreiben," und sie sagte ihm, wo des Bübleins Schreibzeug ist. Also schrieb er das Rezept und belehrte die Frau, in welche Apotheke sie es schicken müsse, wenn das Kind heimkomme, und legte es auf den Tisch. Als er kaum eine Minute fort war, kam der rechte Doktor auch. Die Frau verwunderte sich nicht wenig, als sie hörte, er sei auch der Doktor, und entschuldigte sich, es sei schon einer da gewesen, und habe ihr etwas verordnet, und sie habe nur auf ihr Büblein gewartet. Als aber der Doktor das Rezept in die Hand nahm und sehen wollte, wer bei ihr gewesen sei, und was für einen Trank und was für Pillen er ihr verordnet habe, erstaunte er auch nicht wenig und sagte zu ihr: „Frau, ihr seid einem guten Arzte in die Hände gefallen; denn er hat euch fünf und zwanzig Dublonen verordnet, diese sind beim Zahlamte zu erheben, und unten daran steht: Joseph, wenn ihr ihn kennt. Eine solche Arzenei hätte euch nicht vorschreiben können." Da thut die Frau einen Blick gegen Himmel und konnte nichts sagen vor Dankbarkeit und Rührung, und das Geld wurde nachher richtig und ohne Anstand von dem Zahlamte ausbezahlt und der Doktor verordnete ihr einen Trank. Durch die gute Arzenei und durch die gute Pflege, die sie sich jetzt verschaffen konnte, stand sie in wenig Tagen wieder auf gesunden Beinen. Also hat der Doktor die kranke Frau geheilt, und der Kaiser die Arme aus der Noth gerettet.

38.

Der gerettete Jüngling.

Eine schöne Menschenseele finden
ist Gewinn, ein schönerer Gewinn ist,
sie erhalten[1], und der schönste und schwerste,
sie, die schon verloren war, zu retten[2].

Sankt Johannes aus dem öden Pathmos
wiederkehrend, war, was er gewesen,
seiner Herden Hirt. Er ordnet' ihnen
Wächter auf ihr Innerstes aufmerksam.

In der Menge sah er einen schönen
Jüngling; fröhliche Gesundheit glänzte
vom Gesicht ihm, und aus seinen Augen
sprach die liebevollste Feuerseele.

„Diesen Jüngling," sprach er zu dem Bischof,
„nimm in deine Hut[3]. Mit deiner Treue
stehst du mir für ihn! — Hierüber zeuge
mir und dir vor Christo die Gemeine[4]."

Und der Bischof nahm den Jüngling zu sich,
unterwies ihn, sah die schönsten Früchte
in ihm blüh'n, und weil er ihm vertraute,
ließ er nach von seiner strengen Aufsicht.

Und die Freiheit ward[5] ein Netz[6] des Jünglings[7],
angelockt von süßen Schmeicheleien,
ward er müßig, kostete die Weltlust,
dann den Reiz des fröhlichen Betruges,
dann der Herrschaft Reiz; er sammelt um sich
seine Spießgesellen[8], und mit ihnen
zog er in den Wald — ein Haupt der Räuber.

Als Johannes in die Gegend wieder
kam, die erste Frage an ihren Bischof
war: „wo ist mein Sohn?" „Er ist gestorben!"
Sprach der Greis und schlug[9] die Augen nieder.
„Wann und wie?" — „Er ist Gott abgestorben!
Ist, mit Thränen sag' ich es, ein Räuber."
„Dieses Jünglings Seele," sprach Johannes,
„fordre ich einst von dir. Jedoch wo ist er?"
„Auf dem Berge dort!" —

     „Ich muß ihn sehen."
Und Johannes, kaum dem Walde nahend,
ward ergriffen! Eben dieses wollte er.
„Führet" sprach er, „mich zu eurem Führer."
Vor ihn trat er. Und der schöne Jüngling
wandte sich, er konnte diesen Anblick
nicht vertragen. „Fliehe nicht, o Jüngling,
nicht, o Sohn, den waffenlosen Vater,
einen Greis. Ich habe dich gelobet
meinem Herrn, und muß für dich antworten.
Gerne geb' ich, willst du es, mein Leben
für dich hin; nur dich fortan verlassen
kann ich nicht! Ich habe dir vertrauet,
dich mit meiner Seele Gott verpfändet."

Weinend schlang der Jüngling seine Arme
um den Greis, bedeckte sein Antlitz
stumm und starr; dann stürzte statt der Antwort
aus den Augen ihm ein Strom von Thränen.
Auf die Kniee sank Johannes nieder,
küßte seine Hand und seine Wange,
nahm ihn neu geschenket vom Gebirge,
läuterte sein Herz mit süßer Flamme.
Jahre lebten sie nun unzertrennet
mit einander; in den Jüngling
goß sich ganz Johannes schöne Seele.

Sagt, was war es, was das Herz des Jünglings
also tief erkannt' und innig fest hielt,
und es wieder fand, und unbezwingbar
rettete? Ein Sankt Johannes Glaube,
Zutrauen, Festigkeit und Lieb' und Wahrheit.
Herder.

[1]zachovati [2]spasiti [3]ochrana [4]svědkem býti [5]státi
se [6]osidlo [7]Dativ [8]tovaryš, druh, [9]sklopiti.

39.
Der Weg zum Paradiese.

Was will das Kind nur wieder
am Spittel[1] vor dem Thor?
Was pocht es doch nur immer
und wimmert so davor?

„Ich suche meine Mutter,
ach laßt zu ihr mich ein;
sie trugen vor zwei Monden
zu euch sie ja hinein."

„Du armes, armes Mädchen,
du dauerst mich wohl sehr;

doch deine Mutter findest
du nun und nimmermehr.

Die liegt seit sieben Tagen
bereits im kühlen Grund!"
So spricht der alte Pförtner
und schließt das Thor zur Stund!

Wohl steht da vor dem Spittel
das Kind und weint und klagt;
denn nimmer hat's verstanden,
was jener ihm gesagt.

Dann schleicht es still und trauernd
zurück, woher es kam,
zur Alten², die es pfleget,
seit Gott die Mutter nahm.

Doch schon am Morgen wieder
steht's vor dem Spittel dort,
und pocht sich wund die Händchen
und will vom Thor nicht fort.

„O Pförtner, schlimmer Pförtner,
o laß zum Thor mich ein,
kann ja daheim nicht bleiben,
wenn fort das Mütterlein."

„Dein Mütterlein, du Aermste,
für immer dich verließ;
denn wiss' es nur, sie wohnet
ja jetzt im Paradies."

D'rauf schließt das Thor er wieder;
da steht allein das Kind
und sinnt, wie's nur die Straße
zum Paradiese find'.

Und fort mit nackten Füßchen,
im Röckchen dünn und leicht,
geht's dann auf stein'gem Pfade[3],
das Aug' von Thränen feucht.

Und freundlich fragt es jeden,
der seinem Wege sich naht:
„Wo ist zum Paradiese,
o sagt, der rechte Pfad?"

Doch jeder spricht: „Ho, Kindchen,
dein Weg ist rauh und weit,
geb' Gott in seiner Milde
dahin dir das Geleit[4]."

Doch kann auch keiner künden[5]
ihm, wo der theure Ort:
so geht doch unaufhaltsam
das Mägdlein fort und fort.

Schon sinkt mit ihren Schauern[6]
herab die finst're Nacht,
da faltet fromm die Händchen
das Kind und betet sacht.

Dann hinter gold'nen Garben
puppt[7] sich die Kleine ein,
bis wieder mild umschimmert[8]
das Feld der Sonne Schein.

Und wieder geht sie weiter
und fleht: „O saget an,
wo ich zum Paradiese
den Weg nur finden kann?"

Da dauert wohl die Leute
Das Kind in seiner Noth,

manch eine fromme Mutter
beschenkt's mit Obst und Brot.

So wandert immer weiter
von Ort zu Ort das Kind,
schon sind ihm wund von Gehen
die Füßchen zart und lind.

Zerrauft sind seine Härchen,
die Wänglein hohl und blaß,
sein dünnes Röckchen träufelt[9],
wie ist's vom Regen naß!

So sind an vierzehn Tage
entfloh'n im Lauf der Zeit,
seit fort das Kind gewandert
vom Vaterhaus so weit.

Und immer mehr entschwindet
dem Aermsten Muth und Kraft,
kaum hat sich's fort mehr schleppen
auf seiner Pilgerschaft[10].

Doch sieh, da ragt ein Kloster
zum Wolkenzelt[11] hinauf,
im Morgenschimmer flimmert
der Thürme goldner Knauf[12].

Dahin schleppt sich die Kleine,
dort sucht sie Rath und Trost,
schon lehnt sie müd am Thore
und pocht durchbebt vom Frost.

Wohl tritt da eine Nonne
heraus zum Thor geschwind:
„Was suchst du so verlassen
bei uns, du armes Kind!"

„Ich suche meine Mutter,
die mich zum Leid verließ,
und kann den Weg nicht finden
zu ihr ins Paradies."

„Du arme, arme Waise!"
So seufzt die Gottesbraut
und führt hinein die Kleine,
die fragend zu ihr schaut.

Doch ach, wie da nur rüttelt's
mit eins das Kind so wild!
hin sinkt's zum Tod ermattet
ein sterbend Engelsbild.

Wohl eilen all' die Schwestern
voll hast'ger Sorg herbei,
geschäftigfromm ihm bringend
manch kräftige Arznei.

Und jede drängt mit Weinen
sich zu dem Kindlein süß,
doch schon hat es gefunden
den Weg zum Paradies.

Vogel.

[1]špitál, chořinec [2]stařena [3]stezka [4]provoditi [5]udati, říci [6]hrůza [7]zavinouti se, [8]osvítiti [9]kapati z [10]pouť [11]obloha [12]makovice.